"*Aprender a se conhecer é o caminho mais seguro para a felicidade.*"

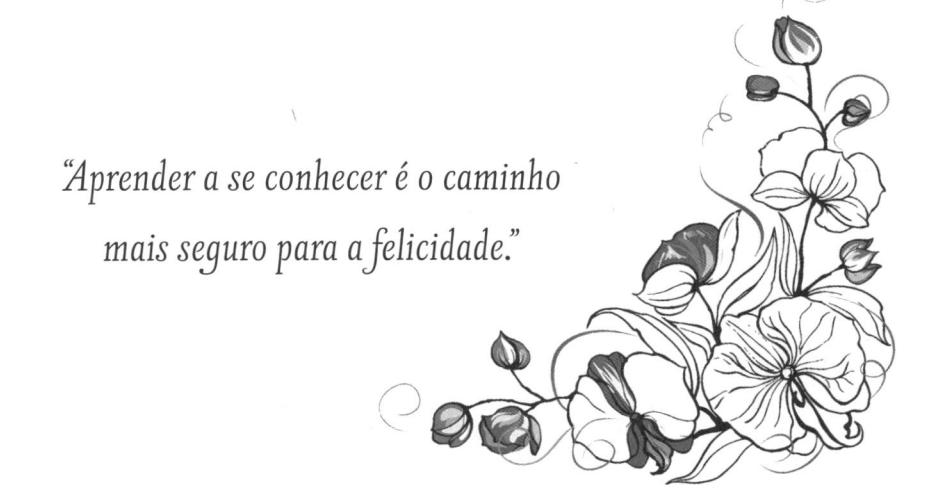

2ª edição - Outubro de 2024

Coordenação editorial
Ronaldo A. Sperdutti

Preparação de originais
Mônica d'Almeida

Revisão
Ana Maria Rael Gambarini
Roberto de Carvalho

Capa
Juliana Mollinari

Imagem Capa
Shutterstock | Anastasia Shkilnyk

Projeto gráfico e diagramação
Juliana Mollinari

Impressão
Gráfica Rettec

Av. Porto Ferreira, 1031 | Parque Iracema
CEP 15809-020 | Catanduva-SP
17 3531.4444

www.**lumeneditorial**.com.br
www.**boanova**.net

atendimento@lumeneditorial.com.br
boanova@boanova.net

Dados Internacionais de Catalogação na Publicação (CIP)
(Câmara Brasileira do Livro, SP, Brasil)

Aurélio, Marrco (Espírito)
   Tudo tem um porquê / [pelo Espírito] Marco
Aurélio, [psicografado por] Marcelo Cezar. --
1. ed. -- Catanduva, SP : Lúmen Editorial, 2021.

   ISBN 978-65-5792-022-0

   1. Obras psicografadas 2. Romance espírita
I. Cezar, Marcelo. II. Título.

22-100143   CDD-133.9

Índices para catálogo sistemático:

1. Romance espírita : Espiritismo   133.9

Aline Graziele Benitez - Bibliotecária - CRB-1/3129

Impresso no Brasil – Printed in Brazil
02-10-24-1.000-4.000

TUDO TEM UM PORQUÊ

MARCELO CEZAR

ROMANCE PELO ESPÍRITO

MARCO AURÉLIO

LÚMEN
EDITORIAL

PRÓLOGO

— Durval me paga!

Berenice apertava o passo na calçada, irritadíssima. Estava cansada de tudo. Mais ainda, estava sentindo um desejo desesperado de não mais viver daquele jeito. Se pudesse, faria uma mágica e sumiria na imensidão do universo, sem deixar rastros, mudando o rumo do seu destino.

— Não tenho coragem para pedir a separação, mas estou decidida a falar! Preciso desabafar. Vou desafiá-lo e botar tudo para fora, dizer tudo de uma vez o que está entalado aqui há anos — fez um gesto aproximando a mão da garganta — nem que para isso tenha de brigar com ele mais uma vez. Dane-se tudo!

O chão da calçada ainda estava molhado pela chuva que caíra até pouco tempo atrás e os chinelos de dedo escorregavam no chão, fazendo-a perder o equilíbrio de vez em quando. O ódio foi crescendo.

Berenice dobrou a rua, ganhou mais duas quadras e chegou ao bar. Lá estava Durval, sorriso fácil, feliz da vida, sentado em volta de uma mesa, conversando animadamente com os amigos e bebendo seu chopinho. Havia duas mulheres ao redor da mesma mesa; contudo, não pareciam estar "dando em cima" dele.

Chegando ao bar, Berenice fuzilou Durval com os olhos injetados de ódio e, mãos na cintura, repreendeu-o, quase aos gritos:

— Que cena! Bebendo e ainda por cima acompanhado por duas sirigaitas!

— Alto lá, vai! Estou com meus amigos Bocão e o Antônio.

Os rapazes acenaram para Berenice. Durval prosseguiu:

— E essas são a Margô, a Joana e...

Ela nem quis saber quem eram as duas, tampouco escutou quando Durval tentou lhe explicar que Margô e Joana eram, respectivamente, as novas namoradas de Bocão e Antônio. Estava irritada, possessa, descontrolada.

As imagens vinham misturadas à mente de Berenice. Ela sentiu tontura, percebeu a vista turva, e a cabeça a ponto de querer rachar-se ao meio.

— Já disse que vou para casa quando eu quiser — Durval gritou e bateu com a caneca sobre a mesa. Um pouco de chope derramou-se e ele praguejou: — Estou entre amigos e não admito que os trate mal. Você não se dá o respeito e não pode exigir que eu a respeite. Só reclama, reclama e reclama! Estou cansado de suas lamúrias. Que mulher chata! Volte para casa já! Depois a gente conversa. Por que me casei com você? Que saco!

Berenice assustou-se com a maneira um tanto estúpida, porém direta e franca, com que Durval lhe dirigira aquelas palavras.

— Ele vai me deixar! — murmurou baixinho, aflita. — Eu me julgava forte, mas não. Sou fraca. Não tenho coragem de me separar. Durval não pode me abandonar!

Nervosa, deu um passo para trás. Deu mais outro. Os rapazes no bar riam, as moças riam. Riam do que estavam conversando havia pouco, sem se importar com a presença de Berenice ou com o que Durval dissera a ela. Não riam *dela*.

Entretanto, para Berenice, era como se todos gargalhassem dela, e ela fosse a atração principal do circo. Um circo de horrores.

Quando ela deu mais outro passo para trás, os chinelos deslizaram na calçada ainda úmida. Berenice ganhou a rua, de costas, bem no momento que uma van dobrava a esquina, na direção do bar.

O rapaz, motorista experiente, conseguiu frear bem a tempo, mas o susto de Berenice foi tão grande, os faróis do veículo a cegaram, que ela se desequilibrou, caiu e bateu com força a cabeça contra a guia da calçada. Foi morte instantânea.

CAPÍTULO 1

Berenice adorava ser dona de casa. Amava cuidar do lar, não sabia fazer outra coisa. Procurava deixar tudo impecável, os cômodos sempre limpos e perfumados, cada coisa guardada no devido lugar, as roupas bem passadas, a comida sempre feita na hora, a despensa cheia e, detalhe, na geladeira, jamais poderia faltar a marca de cerveja a qual Durval tanto apreciava. Na cabeça dela, uma boa esposa deveria agradar ao marido em tudo, principalmente, nas questões ligadas ao ambiente doméstico.

Ela e Durval estavam casados havia cinco anos e não tinham filhos. Logo no comecinho do casamento, Berenice descobriu um enorme cisto no ovário e tivera de fazer uma cirurgia. Durante a operação, constatou-se que o cisto era bem maior do que o detectado em exames anteriores e foi necessária a retirada do útero.

Lamentava-se diariamente por conta dessa perda e ficava chorosa quando alguma vizinha ou algum parente — ou quem quer que fosse, inclusive personagem de novela — anunciasse estar grávida. Era a morte para ela. Entrava em depressão.

Fazia meses que o casamento não estava indo nada bem e o sexo sumira no dia a dia deles. Fazia um ano que não se tocavam. Nem beijinhos se davam. Eram só cumprimentos, bom-dia, boa-noite, oi.

Durval não era de briga, mas também não era de discutir a relação. Entendeu a falta de desejo sexual da esposa como perda de atração por ele. Prático, passou a procurar e encontrar na rua o que não tinha em casa. Já havia tocado na possibilidade da separação, Berenice desconversava, fugia do assunto e creditava a falência do casamento à falta de filhos.

Num domingo em que Durval chegara da padaria com o frango assado nas mãos e um pouco alto pelo excesso de etílicos, Berenice sentiu medo de que o fim da união estivesse mais próximo do que ela poderia imaginar.

Durval foi claro:

— Na virada do ano, vou receber um extra na metalúrgica e vamos nos separar. Vou alugar um quarto em uma pensão, vou para qualquer lugar, menos ficar aqui com você.

— Por quê?

— E precisa perguntar, Berenice?

— Eu faço tudo aqui em casa, cozinho, lavo, passo, deixo a despensa e a geladeira sempre cheias. Nunca lhe falta cerveja. Hoje, por exemplo, eu só pedi para você buscar o frango porque errei a receita do rocambole de carne e...

Durval a cortou, seco:

— Eu não quero uma empregada, e sim uma esposa. Eu me casei com você para ser minha companheira, minha amiga, para namorarmos, me dar e receber prazer...

Ela enrubesceu e gritou:

— E também lhe dar filhos, não é? Eu não pude, fazer o quê?

— Nunca lhe cobrei filhos. Aliás, poderíamos adotar uma criança.

— Jamais! Não se sabe no que vai se transformar — ela asseverava, convicta. — Não tem o nosso sangue, não tem nossa carga genética. E se, ao crescer, tornar-se um psicopata?

Durval atribuía esse pensamento ao excesso de novelas e seriados a que a esposa assistia na tevê. Agastado, colocou o pacote com o frango ainda quente e o saquinho com a farofa sobre a mesa. Moveu a cabeça para os lados.

— Não dá mais. Viver ao seu lado tornou-se um tormento para mim. Faz quase um ano que não transamos. Isso não é vida! Vamos nos separar, vou embora e vamos vender esta casa. Meio a meio, como manda a lei. Também vou lhe dar uma pensão, até porque a lei me obriga. E, depois de nos separarmos, cada um que cuide da sua vida. Eu quero ser feliz, Berenice. Mereço.

Ele saiu, cabeça baixa, desalentado. Ela deixou as lágrimas escorrerem, perdeu o apetite e também, naquela tarde, começou a perder o gosto de viver...

Depois que Durval saiu, Berenice arrumou a cozinha, tentou se entreter com algum programa na televisão, contudo, não conseguia deixar de pensar no pior: Durval estava decidido a se separar dela.

— Ele não pode me largar depois de tanto sacrifício — disse para si, voz amarga. — Eu me abandonei para viver para ele. Só para ele.

Procurou sair e andar pela redondeza, dar uma volta, espairecer. Encontrou uma vizinha que, notando seu semblante triste, indicou-lhe tratamento em um centro espírita.

～✹✹～

Fazia pouco mais de quatro semanas que Berenice estava fazendo tratamento no tal centro espírita. Não era muito ligada às coisas de Deus. Crescera numa família católica não praticante.

Jamais nutriria simpatia pelo espiritismo, não fosse a atendente do centro lhe dizer, ao retornar no último dia de tratamento:

— Os passes lhe fizeram tremendo bem. Seu campo áurico está limpinho. Confesso que, se morresse hoje, por conta da aura limpa, seria encaminhada, no mundo espiritual, para um local de refazimento. Não ficaria perdida, zanzando no umbral.

Berenice sentiu um arrepio. Não gostava de falar sobre a morte. Embora as palavras *aura* e *umbral* fossem, digamos, exóticas para ela, estava, junto ao tratamento, lendo livros espíritas e já não se assustava com os termos que a atendente empregava para se referir às coisas espirituais.

Ela tinha noção de que aura, por exemplo, é o campo energético que envolve o nosso corpo físico e reflete nosso estado emocional, e umbral é um lugar, no mundo espiritual, bem ruinzinho, de aspecto nada agradável, para onde vão aqueles que se sentem perturbados ou desequilibrados emocionalmente depois da morte.

Berenice sorriu para a mulher à sua frente e perguntou, mudando a direção da conversa:

— Você disse que meu marido e eu temos ligação de vidas passadas.

— Tudo indica que sim. Por isso não sugiro a separação.

— Por quê?

— Porque, se vocês se separarem, terão de voltar em próxima encarnação e ficar juntos novamente, ao menos para completar o tempo que interromperam o matrimônio nesta vida. Você já deve ter escutado algo como "O que Deus uniu o homem não separa?", não?

— Já. Mas essa é uma frase cristã.

— Sem dúvida. Já leu a Bíblia alguma vez?

Berenice fez uma negativa com a cabeça.

A atendente, Ondina, uma senhora simpática, gordinha e baixinha, cabelos grisalhos curtinhos, encostando nos sessenta anos, prosseguiu:

— Precisa ler. No Evangelho está tudo de que precisamos para nos aperfeiçoar, no sentido moral. Em relação à nossa conversa, leia o texto do apóstolo Marcos, capítulo 10, versículos 1 a 12. É por entre esses versículos que vai encontrar essa frase.

— Entendi. Então, devo esquecer a separação?

— Sim.

— Creio que Durval não me ame. Tenho certeza de que ele não sente mais nada por mim.

— E você?

— Eu? Eu o quê?

— Você o ama?

Berenice não soube responder de pronto, contudo, em seguida, mexendo a cabeça para cima e para baixo, confessou num tom inseguro:

— Acho que gosto dele. Nunca namorei outro homem. Sou uma moça com vinte e cinco anos de idade...

Ondina a olhava com piedade, compaixão. Era uma mulher que sofria e padecia num casamento pior que o de Berenice. Dizia não à separação como se estivesse afirmando para si mesma que, embora vivesse um casamento sem amor e, mais grave, sem um pingo de respeito do marido por ela, ainda era presa à moral e aos bons costumes.

— Você vai superar essa fase. Sinto isso — tornou Ondina, como se estivesse conversando consigo mesma. Porém, ao pegar nas mãos de Berenice, sentiu um aperto no peito.

Quando Berenice deixou o centro espírita, Ondina fez uma prece sincera para a moça, desejando-lhe o melhor para sua vida. Do fundo do seu coração.

Berenice olhou para o céu, estava escuro, parecia que uma chuva forte estava para cair naquele fim de tarde.

Consultou o relógio:

— Preciso correr. Gosto de caprichar no jantar das sextas-feiras. Vou pensar numa mistura diferente para variar o cardápio. Também não sei se minha irmã vai chegar do serviço com fome. Tenho de fazer um pouco mais, deixar tudo em ordem, impecável.

Ela entrou no mercadinho, comprou o necessário para fazer o que tinha em mente, passou rapidinho pelo caixa, pagou e ensacou as compras. Pegou as sacolas, apertou o passo e, quando botou os pés dentro de casa, a chuva veio com força.

CAPÍTULO 2

Chovia ainda, quando Toninha chegou do trabalho e entrou em casa, atravessou a sala e foi direto para a cozinha. Morava com Berenice e Durval havia dois anos, desde que chegara do interior, e assistia, a cada dia que passava, ao declínio daquele casamento, sem nada poder fazer.

Tentara conversar uma vez com Berenice, mas não houve abertura e Toninha ficou na dela. Respeitava a irmã; afinal, Berenice era dois anos mais velha que ela.

Moça alta, bonita, morena, cabelos crespos e escuros, olhos cor de mel e corpo bem-feito, Toninha era bem diferente de Berenice. Em tudo, tanto na aparência como nas atitudes.

Enquanto Berenice reclamava da vida, dos outros, sentia-se uma pobre coitada em não poder gerar filhos, Toninha era o oposto da irmã: alegre, alto-astral, bem-humorada, ávida por conhecimento.

Tinha vontade de vencer na vida, ganhar seu próprio dinheiro, decidir as coisas por si, sem pedir auxílio ou permissão a quem quer que fosse. Era uma moça determinada. Queria — e iria — vencer na vida porque acreditava piamente que tinha nascido para vencer.

— Que noite! — Toninha colocou a sombrinha aberta no canto da cozinha e voltou à sala para ver se a janela estava bem fechada. — A chuva estava bem forte até há pouco, mas parece que está diminuindo.

Berenice veio da cozinha atrás dela, esfregando a mão no avental.

— Parece estar diminuindo — concordou. — Fiz o jantar, mas esfriou. Vou esquentá-lo para você.

— Não precisa. Comi um sanduíche na rua.

Berenice deu de ombros.

— Bem que eu deveria jogar o jantar no lixo. Ninguém vai comer nada. De que adiantou eu vir correndo do centro espírita e preparar um jantar caprichado? Sou uma idiota, mesmo!

Toninha fez bico. Percebeu o tom de insatisfação na voz da irmã.

— Que foi, Berenice? Que bicho mordeu você? Durval ainda não voltou para casa, como de costume?

— Estou preocupada.

Toninha fez um gesto vago com a mão. Arrumou a alça do vestido com um gesto gracioso. Colocou a mão no ombro da irmã e a conduziu de volta à cozinha.

Enquanto ela apanhava um pouco de água no filtro, Berenice arrastava os chinelos e sentava-se em uma das cadeiras em volta da mesa.

— Preocupar-se com Durval? Já sabe onde ele está. Toda noite é a mesma coisa.

— Não é bem me preocupar com ele. Sabe como é, depois daquela conversa...

— Que ele ensaiava ter com você desde que vim morar aqui por uns tempos, diga-se, de passagem.

— Pode ficar o tempo que quiser — desconversou.

— Já disse que estou passando do prazo de validade — avaliou, num sorriso gracioso. — É um favor que você me concedeu e agradeço de coração, mas quero ter meu canto, minha própria vida, Berenice. Estou esperando a Vera deixar vago o quarto que aluga. Até o comecinho do ano teremos novidade!

— E rachar o apartamento com Esmeralda? Dividir o apartamento com outra pessoa não é o mesmo que viver aqui conosco?

— Não. Não é. E, além do mais, eu e Esmeralda temos a mesma idade, pensamos da mesma forma, o apartamento dela fica bem mais perto do meu trabalho. Só tenho pontos a meu favor.

— Prefere morar com estranhos a morar com sua irmã.

— Não vou entrar no seu jogo dramático — e, mudando de assunto, prosseguiu: — Eu não sou unha e esmalte com seu marido, mas às vezes tenho de admitir que Durval está coberto de razão. Ele falou, naquele domingo, o que sente, ora. Seu marido foi honesto, confessou que não consegue mais segurar essa barra-pesadíssima na qual se tornou o casamento de vocês.

Um raio não teria feito estrago maior sobre a cabeça de Berenice. Ela deu um salto da cadeira.

— Toninha! — exclamou, num tom de censura. — Como ousa afirmar uma sandice dessas? Sou sua irmã! Você deve me defender.

— Você confunde as coisas. Está misturando as estações. Adoro você, sabe disso. Entretanto, ninguém aguenta uma pessoa que só sabe reclamar, o tempo todo.

— Se ao menos pudesse dar um filho a ele, tudo seria diferente.

Toninha revirou os olhos nas órbitas. Berenice não entendia, não queria enxergar que ela própria não movia uma palha para melhorar o casamento com Durval. Considerou:

— Deixou-se influenciar pelos comentários dos outros e depois foi ao centro tomar passes. Acredita que assim vai salvar seu casamento?

— É uma tentativa. Dona Ondina foi categórica hoje: meu casamento não pode ser desfeito assim, de uma hora para outra.

— Ora, francamente! Quem essa mulher pensa que é? E você, minha irmã? Estou surpresa com sua ignorância acerca de certos assuntos da vida. Em vez de abrir os olhos para a espiritualidade, entender as leis universais, melhorar e se dar a chance de viver melhor, fica presa em conceitos antiquados e retrógrados, que só machucam seu coração e atrapalham seu crescimento espiritual.

— Eu?!

— É. Você mesma. Agarrou-se a essa doutrina como tábua de salvação para manter seu casamento. O espiritismo simplesmente nos mostra que a vida não termina com a morte do corpo físico e somos responsáveis por tudo o que atraímos. Também ensina que vamos voltar outras e outras vezes para amadurecer e crescer, até não mais nos incomodar com as ofensas ou "nãos" do próximo ou de quem quer que seja.

— Entendo mais ou menos dessa forma. Tenho lido muitos livros nas últimas semanas. Mas não venha me dizer que estou tentando salvar meu casamento com essa doutrina.

— Claro que está. Seu casamento já foi para o saco. Você e Durval não têm e nunca tiveram absolutamente nada em comum. E, se quer saber, depois que você ficou estéril, o caldo dessa relação entornou de vez.

Berenice sentiu uma pontada no peito.

— Não fale nesse tom. Ainda está difícil de aceitar.

— Aceitar o quê?

— Uma separação.

— Nos dias de hoje? Por favor! Não adianta ficar assim, amuada, minha irmã — Toninha pousou a mão sobre a de Berenice, acariciando-a. — Aceitar o que não podemos mudar revela maturidade e serena o coração. De que vale lutar contra algo que não é possível reverter no momento?

— Nunca passou pela minha cabeça que eu tivesse algum problema, que eu tivesse defeito.

— Não fale dessa forma, não se martirize. Por alguma razão que desconhecemos, você não tem esta função, por ora. Quem sabe, se deixar de lado, não pensar no assunto, logo poderá adotar um bebê?

— Jamais será meu caso. Adotar não é o mesmo que gerar.

Toninha suspirou. Não concordava com Berenice, porém não ia discutir, pela enésima vez. Bebericou mais um pouco de água e disse:

— Pode se separar, arrumar um emprego, namorar outro homem que a ame pelo que você é e concorde em não querer filhos, ou que esteja saindo de um casamento com filhos e não deseje mais ter crianças. Há todo tipo de gente neste mundo. Os afins se atraem.

— Não acredito nisso. Não sei fazer nada, não tenho qualificação. Seria difícil arrumar trabalho. Qual homem se apaixonaria por mim? Nunca iria se envolver com uma mulher estéril.

— Está afirmando com convicção. Isso se torna lei.

— Que lei?

— Tudo em que você acredita se transforma na sua realidade.

— Se pudesse ter um filho, Durval não teria se tornado um homem tão frio e distante.

Toninha meneou a cabeça negativamente.

— Moro aqui há algum tempo. Sem querer me meter, acabo percebendo o dia a dia de vocês. Não há carinho, não percebo cumplicidade. Durval não gosta mais de você. Admita, Berenice. E, se consultar seu coração, perceberá que você também não o ama mais.

Berenice levou a mão ao rosto e começou a chorar. Era horrível ter de admitir a verdade. Ela não amava mais o marido, contudo, estava confusa por conta do que a mulher do centro espírita lhe dissera. Ela não podia se separar de Durval, senão voltariam numa próxima vida. Era imperioso resignar-se.

Berenice limpou as lágrimas com as costas das mãos.

— A mulher do centro falou que eu tenho que aguentar, Toninha. Senão, vou voltar com Durval sei lá quantas vezes. Embaralhou minha cabeça.

Toninha ajuntou:

— Outro dia apanhei sobre sua cômoda *O Livro dos Espíritos*. Abri o livro ao acaso e comecei a me interessar pelas perguntas e respostas que há nele. Tive outra percepção das coisas. A meu ver, Allan Kardec conversa com os espíritos e, ao longo do livro todo, sempre o amor é enaltecido. Ora, se o amor, a caridade — que nada mais é do que o amor em ação, em movimento permanente — são sempre enfatizados como exemplos a serem seguidos, como manter um casamento sem amor, que só traz desarmonia, tristeza e infelicidade? Não vejo lógica em mantê-lo.

Berenice balançou a cabeça para os lados.

— Se seguir os conselhos da mulher, devo continuar casada e infeliz. Se seguir o que acabou de me dizer, o melhor é me separar. Agora fiquei confusa de vez!

— Precisa refletir. Não pode abraçar a ideia do outro e tomá-la como verdadeira. Não pode simplesmente pegar a ideia de ninguém. Precisa sentir no fundo da sua alma — apontou para o peito. — Se perceber que algo não lhe faz sentido, então reflita mais, estude, leia, questione. Você precisa ver o que é bom para você. Só para você. Não pode ficar dando muita trela para o que os outros dizem ou acham o que é melhor para você fazer ou seguir.

— Preciso tomar um copo de água — fugiu do assunto. — A chuva parou.

— Deixe que eu pego para você.

Toninha afastou-se, foi até o filtro e encheu um copo. Enquanto isso, a campainha tocou e Berenice foi atender. Abriu a porta e deu de cara com Inês. Era capaz de atender o capeta, mas não Inês. Não queria vê-la na sua frente nem pintada de ouro. Não engolia aquela garota.

CAPÍTULO 3

Moça nem bonita nem feia, Inês costumava passar pela rua de Berenice aos domingos bem cedinho para cortar caminho e chegar mais rápido à padaria.

E não tinha erro! Lá estava Durval, só de bermuda, sem camisa, exibindo o tronco torneado e os braços fortes, cheio de espuma pelo corpo, lavando o carro do vizinho, seu Adamastor, também dono do bar o qual Durval frequentava.

Para Inês, Durval era um pedação de mau caminho; insinuava-se para ele quando podia e adorava provocar Berenice, sempre que surgia uma oportunidade.

Inês tinha dezenove anos e já era bem esperta, inteligente, articulada, simpática, sabia muito bem o que queria da vida. Caprichava na aparência. Adorava cuidar dos cabelos, das mãos, da pele. Ajudava a mãe nos afazeres domésticos, mas se protegia com luvas de silicone.

Nas horas vagas, fazia o que mais gostava: cortava e tingia, com esmero, os cabelos das amigas. E o dinheiro que ganhava usava para os gastos pessoais. Não gostava de pedir dinheiro ao pai.

Era paquerada e desejada pelos marmanjões do bairro, porém só tinha olhos para Durval. Não fazia por capricho, nutria um sentimento verdadeiro por ele.

Jurava para si que Durval era o homem de sua vida. E mulher, quando cisma com um homem em particular, não sossega até que ele ceda aos seus encantos! Inês estava determinada a seduzi-lo em doses homeopáticas.

E não é que, de uns tempos para cá, Durval estava prestando atenção na moça justamente por conta da simpatia e do sorriso fácil que ela lhe transmitia?

Num desses domingos, voltando da padaria, segurando o pacotinho com os pães, rebolando de shortinho bem curto e blusinha colada ao corpo, Inês percebeu quando Durval virou o rosto, piscou para ela, fez um aceno com a mão, depois cravou os olhos nas suas pernas roliças, assim que ela atravessava a rua. Inês fez que não notou, mas se sentiu a moça mais desejada e feliz do mundo.

Com o tempo, veio a aproximação inocente por parte dele, mas cheia de segundas intenções por parte dela:

— Tudo bom? — indagou ela.

— Tudo. Você sempre passa por aqui aos domingos. Mora aqui perto?

— Não muito longe. É que os pães da padaria perto da sua casa são divinos. Sempre saem bem quentinhos, fofos. Vale o esforço de andar algumas quadras. Aproveito e faço um pouco de exercício também.

— Para quê? Tem o corpo perfeito.

Ela corou.

— Obrigada.

— Prazer. Durval.

— Eu sou a Inês.

Berenice apareceu na porta com o rosto amarrado e Inês se despediu:

— A gente se vê por aí, Durval — deu um beijo no rosto dele e lançou sobre Berenice um olhar desafiador.

Berenice a fuzilou com os olhos e Durval ligou o som do carro, voltando a lavar o automóvel como se nada tivesse acontecido.

∽✷✷✷∽

Por ironia do destino, o pai de Inês, um capitão da polícia militar, naquela fatídica noite de sexta-feira, tinha dado mau jeito na coluna e pedido, encarecidamente, para ela lhe comprar um maço de cigarros. Inês não acatava as ordens do pai, mas lembrou-se de Durval.

— Quem sabe esteja no bar? Ele me disse que geralmente às sextas-feiras gosta de beber um chope com os amigos. Hum...

Para alívio do pai e espanto da mãe, Inês concordou em lhe fazer a gentileza. Esperou a chuva passar, saiu de casa e, minutos depois, entrou triunfante no bar, num outro shortinho curto e blusa grudada ao corpo, emoldurando os seios fartos e empinados, atraindo o olhar de todos os homens dali.

Durval sorriu para ela, Inês aproveitou e, já se sentindo íntima, cumprimentou-o com dois beijos na bochecha, para espanto dos amigos dele, que o olharam com inveja.

Inês, por sua vez, ficou sem jeito, sem fala. Não era tímida, mas Durval tinha uma maneira de encará-la que a desconcertava.

Ela fez um aceno rápido com a mão, afastou-se, pediu o maço de cigarros no balcão para seu Adamastor e só não ficou por ali porque tinha marcado de tingir os cabelos de uma vizinha logo mais. E Inês era profissional. Jamais desmarcava um compromisso, apenas em caso de doença e do tipo que a deixasse acamada.

Suspirou resignada, pagou o cigarro, deu tchauzinho para Durval e, ao sair do bar, teve uma ideia para tirar o sono de Berenice. Passou pela casa dela, tocou a campainha e, quando Berenice abriu a porta, foi logo dizendo:

— Estourou um cano lá em casa. O Durval pode consertar?

Berenice lembrou-se imediatamente da garota que dava em cima do *seu* marido de maneira escancarada. Respondeu já quase batendo a porta na fuça da mocinha:

— Ele não chegou do serviço. E, se chegasse, eu não o avisaria.

Inês sorriu, maliciosa.

— Não tem problema — devolveu, fazendo biquinho, voz lânguida. — Eu vou até o boteco lá da esquina e peço diretamente para o Durval. Aliás, peço para ele e também para as duas amiguinhas dele. Lindas elas, não? E atiradas! Estão lá, jogadas em cima dele, bebendo à custa do dinheiro dele. E você aqui, com essa cara de sonsa, jeitão de mal-amada, toda mal-arrumada, só esperando ele voltar, sabe lá que horas, para esquentar a janta. Aproveite, querida, ponha mais água no feijão e abuse dos acompanhamentos porque pode ser que ele traga as amigas...

Berenice sentiu o sangue subir. Iria falar, mas Inês prosseguiu, num alerta:

— Quem tem cuida. Olhe lá! Pode perder o bofe assim — fez um estalo juntando dois dedos da mão —, num milésimo de segundo. E homem de verdade mesmo, nos dias de hoje, está difícil. Não tem homem como Durval dando sopa na praça e você deixa a coleira solta. Vai perdê-lo. Se é que já não o perdeu. Rodeado de vagabundas...

E saiu rebolando, passando as mãos pelos longos cabelos alourados, acenando com dedos alvos e unhas de um vermelho intenso.

Berenice fuzilou-a, olhos avermelhados. Ficou sem o que dizer. Só conseguiu bater a porta com força.

Voltou à cozinha e Toninha indagou:

— Quem era?

— Inês.

— Que Inês?

— Aquela, Toninha, que dá em cima do Durval todo santo domingo. É tiro e queda. No mesmo dia e horário. Já viraram amiguinhos de infância.

Toninha virou o rosto para a irmã não ver seu riso. Achava graça na picuinha entre a irmã e uma jovem que ela só conhecia de nome, pois nunca vira o rosto de Inês. Toninha também trabalhava aos domingos a partir das dez da manhã, mas saía cedo para tomar café com as amigas.

— Você está muito nervosa. O que ela lhe disse para ficar assim? — Toninha quis saber, enquanto entregava para a irmã o copo com água que havia pegado no filtro.

— Falou que Durval está rodeado de vagabundas. Isso já é demais, né?

— Acha mesmo? Não vejo Durval rodeado de *vagabundas*.

— Preciso ver. Não vou sossegar.

Toninha levantou os ombros.

— Você se deixa influenciar muito facilmente pelo que os outros lhe dizem. Quer dizer que batem na sua porta, falam qualquer coisa e você acredita? Assim?

— Estou de saco cheio.

— Então tome coragem, arrume-se e tenha uma conversa definitiva com seu marido. Resolva a situação. Melhor do que ficar remoendo essa raiva contida. Depois essa raiva fica presa e já viu, né? Pode se transformar em doença.

— Você e suas ideias disparatadas! — retrucou Berenice.

— Faça o que quiser. A vida é sua.

Toninha conhecia bem a irmã e sacou que não adiantava convencer Berenice a nada. Elas tinham pontos de vista muito diferentes e Toninha não era do tipo de convencer ninguém a nada. Cada um tinha o seu modo de pensar e, por mais louco ou irracional que fosse, ela respeitava o próximo. Sempre agira dessa forma.

Levantou-se, abriu a porta da cozinha, saiu para o quintal. A chuva tinha parado e trouxera uma brisa fresca. A noite estava estrelada, a lua cheia convidava a um passeio.

Toninha respirou aquele ar úmido, sorriu e, ao voltar para a cozinha, emendou:

— Quer saber? Vou sair e me encontrar com as meninas no bar.

— Está certa você. Melhor se divertir que esperar um bêbado.

— Não fique assim. Logo, tudo vai se resolver, como sempre.

— Só não venha tarde — pediu Berenice. — Amanhã você pega cedo no batente.

— Não. Amanhã e domingo não vou trabalhar. Dona Elisa pediu para eu não ir porque vai pessoalmente cuidar da papelada e fazer inventário na loja. Quer olhar estoque, planilha de custos e me dispensou. O que é muito estranho, mas...

— O que é estranho? Ser dispensada por dois dias? Por acaso vai lhe descontar os dias?

— Não. Vai me pagar direitinho.

— Levante as mãos para o céu. Tem uma patroa que vale ouro.

— Não sei. Há algo de estranho nesse comportamento de dona Elisa.

— O que seria?

Toninha meneou a cabeça negativamente.

— Nada. Pensei alto. Deixe para lá.

— Vá se divertir. Aproveite, porque, depois que se casar, sua vida vai se resumir a isso — apontou para si mesma. — Um poço de aflição e tormento.

— Não. Eu e você temos uma maneira bem diferente de enxergar o casamento. Além do mais, você deve aprender a se dar apoio. As pessoas passam pela vida da gente, não ficam grudadas. Agora você — apontou para Berenice — vai caminhar consigo para sempre, por toda a eternidade. Cuide melhor de você, valorize o que sente.

Ela bebericou mais um pouco de água. Berenice ficou pensativa. Toninha subiu as escadas, dirigiu-se ao banheiro e tomou um banho rápido. Depois foi até seu quarto, arrumou-se, colocou um vestido florido, um par de sandálias, passou batom, derramou um pouquinho de perfume no pescoço e nos pulsos. Pegou a bolsa, despediu-se da irmã com um beijo no rosto e saiu.

Berenice foi para a sala e ligou a tevê. Ficou pulando os canais. Nada a entretinha. Olhava de cinco em cinco minutos no relógio da parede do corredor.

— Cadê você, Durval? — indagou, impaciente. — Será que está mesmo rodeado de vagabundas?

A campainha tocou e ela correu para atender.

— Deve ser Toninha. Vai ver esqueceu as chaves e...

Mordeu os lábios com raiva ao ver o rosto de Inês.

— O que foi, morta-viva? O zumbi está perdido? Não acha o caminho de casa?

Inês sorriu, segurando uma maleta com os apetrechos de tintura.

— Estava indo à casa de uma colega para tingir os cabelos dela e pensei com meus botões, será que Durval já voltou para casa? — perguntou, num tom provocativo.

Berenice ia falar, mas Inês a cortou:

— Homem solto assim faz o que bem entender. Se fosse você, faria ele comer aqui, na palma da mão. Mostre para ele quem manda em casa. Senão...

Berenice bateu novamente a porta com força. Mastigava a saliva e mordia a língua enquanto subia a escada para se arrumar:

— O capeta veio dar novamente o recado, não? Pois agora eu vou lá ao inferno buscar esse homem.

Berenice não pensou duas vezes. Impaciente e impulsiva, resolveu ir atrás do marido, a todo custo, tirar satisfações, saber mesmo se Durval estava rodeado de mulheres. Trocou de roupa, colocou um vestido simples, manchado com água sanitária, continuou com as sandálias de dedo e saiu, nervosa.

— Durval me paga!

Fechou o portãozinho de casa, ganhou a calçada, tropeçou sobre a sandália durante o percurso e morreu dali a dez minutos.

CAPÍTULO 4

Enquanto Berenice saía de casa fula da vida, em outro ponto da cidade, Elisa empurrava a porta do elevador e entrava em casa aflita, batendo os saltos no assoalho.

Jogou a bolsa enorme sobre um móvel qualquer e correu até a varanda do apartamento. Avistou a árvore imensa de natal instalada nas proximidades do parque do Ibirapuera e deixou-se hipnotizar pelas luzes piscantes.

A aflição não passou. Nem aquela vista indevassável, com todo aquele verde e beleza à sua frente, era capaz de tranquilizá-la.

Será que nunca vou ter sossego nesta vida?, indagou em pensamento, esfregando as mãos, nervosa. *Cometi tantas barbaridades para ter Humberto só para mim, deixei de sentir prazer por anos, até gerei dois filhos — fez uma careta — e, depois de tanto tempo, sinto-me ameaçada de novo?*

Ela rodou nos calcanhares e foi até a copa. Serviu-se de um copo de água. Depois foi até o bar e abriu a porta. Suspirou, irritada:

— Ano passado fui chantageada pelo fantasma da loira do banheiro — uma das maneiras às quais se referia a Paula, ex-namorada de Guilherme, um de seus filhos, que conseguira atormentá-la por alguns meses. — Agora sou ameaçada por uma mulher mais jovem que está assediando meu marido? Que pesadelo é esse? — interrogou para si, escolhendo uma bebida forte por entre as prateleiras.

Uma das empregadas apareceu:

— Deseja alguma coisa, dona Elisa? O jantar está quase pronto.

— Não sinto fome — respondeu seca, sem olhar para a moça. — Se quiser algo, toco a sineta. Agora saia.

— Sim, senhora.

Desejava ficar só, somente só. Porque sozinha, abandonada, para falar a verdade, ela estava já fazia bastante tempo.

⚬❧⚬

Elisa Damasceno Bueno Soares Brandão, conhecida na sociedade como Elisa Brandão, vinha de uma família rica, aliás, podre de rica. Começaram com extração de ouro em jazidas, em Minas Gerais, no século 18.

No século seguinte, a família se mudou para a capital do país, trocando ouro por títulos de nobreza e cargos públicos, fazendo conluio com governantes, cometendo uma série de crimes contra o erário, lesando o fisco, metendo-se em falcatruas. Seus parentes adentraram o século 20 desviando muito dinheiro público para contas particulares abertas em bancos no exterior.

Elisa nascera e fora criada num palacete construído por seu bisavô, no tradicional bairro do Cosme Velho, situado em uma parte alta da zona sul do Rio de Janeiro. Nunca fora ligada aos estudos e mal concluíra a faculdade. As boas e más-línguas da sociedade afirmavam categoricamente que o diploma universitário fora comprado.

Declarava aos quatro cantos do mundo que fizera um curso de extensão universitária em moda, em Paris. Nunca mostrara o certificado do tal curso. Dissera que o perdera em uma de suas mudanças e que a escola francesa havia fechado as portas alguns anos atrás, impossibilitando-a de conseguir uma segunda via. Pura balela.

Na Cidade Luz, Elisa vivera um triângulo amoroso e, depois de uma sucessão de situações que culminaram em tragédias, que serão desvendadas ao longo desta história, ela se casou com Humberto Brandão, um arquiteto boa-pinta, também de tradicional família carioca, e peça-chave desse triste triângulo amoroso.

Ao regressar de Paris, Elisa deu sequência ao preparativo da festa de casamento e logo dera à luz o primeiro filho do casal, Guilherme.

Humberto, por sua vez, montou um escritório de arquitetura e engenharia em São Paulo, em sociedade com o primo Conrado, engenheiro paulistano. O negócio cresceu, prosperou, e Humberto decidiu, alguns anos depois, abandonar a ponte aérea e mudar-se com Elisa e o filho para a capital paulista.

Elisa torceu o nariz, mas não podia nem queria desgrudar do marido. Obcecada por Humberto, acatava de bom grado todas as decisões dele. Desdobrava-se para agradá-lo, gostava de se mostrar à sociedade uma esposa magnânima, mãe exemplar, cordata. Ao menos, era a imagem que ela transmitia às pessoas.

Não era bem assim. O casamento era de fachada. Embora alucinada por Humberto, ele não a amava, de forma declarada. Em relação aos dois filhos, também não havia nada de mãe exemplar. Para começo de conversa, Elisa não suportava o primogênito, Guilherme. Havia uma animosidade genuína entre ambos. O santo dos dois, desde sempre, nunca batera.

Gustavo, que nascera cinco anos depois, por meio de inseminação artificial, era tratado com carinho superficial; quando estava ávida por informações de Humberto, como onde tinha ido, com quem, ou para onde, transformava-se numa mulher amável, tentava comprar o carinho de Gustavo com presentes caros, pois sabia que Humberto confidenciava a ele e também a Guilherme o que fazia fora de casa, mas nunca a ela.

Os filhos, para Elisa, eram peças importantíssimas, coisas, não pessoas, que serviam tão somente para que o casamento dela se prolongasse o máximo de tempo possível.

Elegante desde o berço e apaixonada por grifes, Elisa fora orientada pelos tios — era filha única e os pais tinham morrido num acidente aéreo anos atrás — a engrossar o caldo da fortuna, à maneira tradicional da família, ou seja, fazendo negócios escusos. Como o dinheiro que entrava nos cofres da família não tinha comprovação legal, era ilícito, havia a necessidade de ter negócios de fachada para que esse dinheiro pudesse ressurgir de forma limpa. Era o tal esquema da "lavagem de dinheiro".

Optou por abrir uma grande butique na rua Oscar Freire, ponto conhecido por abrigar lojas de luxo na capital paulista. Humberto nem sequer desconfiava da maneira pouco honesta pela qual a esposa conduzia o próprio negócio. E também não ligava. Eram casados com separação total de bens, por decisão dele, raiva dela e alegria dos tios de Elisa, visto que, como os pais já haviam morrido, no caso da morte ou intervenção de Elisa, todo seu patrimônio permaneceria atrelado à família dela, os tais tios, e agora também aos filhos.

Eram dois, os tios. Um era playboy, autêntico. Edmundo Damasceno Bueno Soares, o Ed, tinha sido casado cinco vezes, engravidara atrizes e modelos, e recusava-se a reconhecer as crianças como filhos legítimos; tinha um monte de processos na Justiça exigindo dele o reconhecimento da paternidade; vivia nas colunas sociais e eventos de todo tipo. Era o típico arroz de festa. Seu rosto aparecia sempre colado ao lado de uma celebridade. Adorava dar festas caríssimas em sua casa no bairro do Joá.

O outro tio, mais comedido, era Eduardo Bueno. Dispensara os outros sobrenomes. Viúvo, sem filhos. Diziam as línguas podres que pagava para ter sexo com travestis que faziam ponto próximo dos arquedutos da Lapa. Eram apenas fofocas. Nunca provaram nada ou não queriam provar. Questão de conveniência.

Eduardo era respeitadíssimo no meio empresarial, sócio de muitas empresas e muita gente sabia, de fato, que ele as usava para lavagem de dinheiro. Como tinha influência até em Brasília, ninguém se preocupava muito com sua vida íntima, seus desejos e taras.

A relação entre Elisa e os tios era bem superficial, sem um pingo de afeto. Tudo girava em torno de dinheiro. Mais nada. Humberto, da mesma forma que Gustavo e Guilherme, não gostava desses tios. Evitava contato.

Se não fosse a obsessão, a cisma em ter Humberto a todo custo ali do lado, mesmo vivendo um casamento sem amor, Elisa bem que poderia ser uma mulher feliz. Havia passado dos cinquenta, mas conservava traços bonitos, a pele bem-cuidada.

Os filhos eram bonitos, educados, formados e chegados ao batente. Não davam um pingo de trabalho. Gustavo era arquiteto, como Humberto, e Guilherme era engenheiro. Ambos trabalhavam na empresa do pai e de Conrado, que carinhosamente chamavam de tio.

E o que a deixava tão aflita?

Por mais que fosse obcecada por Humberto ou cismada com ele, era duro, com o passar dos anos, perceber que o marido não cedera aos encantos dela e, pior, continuava a tratá-la com total indiferença.

Além disso, nos últimos meses, Humberto nem mais ficava em casa. Nas raras vezes em que aparecia, para trazer roupas sujas e pegar limpas, limitava-se a cumprimentá-la.

Desde que se casaram, nunca dormiram no mesmo quarto, o que já era algo estranho para um casal convencional e, quando Elisa pedia carinho, diga-se um simples abraço, Humberto esquivava-se, afastava-se, simplesmente a deixava ali, de braços estendidos, passando vontade.

— Você já vai completar cinquenta e cinco anos. Não acha que está na hora de sentarmos e revermos o nosso acordo? — solicitou ela.

— Não. Trato é trato. Até o fim.

— Eu só quero carinho. Mais nada.

— Nós nos toleramos. Não por muito tempo. Não faça as coisas ficarem mais difíceis do que já são. Ainda somos amigos.

— Não quero um amigo. Nunca quis.

— Você sabe muito bem o porquê de termos nos casado. Teve amnésia?

— Não fuja do assunto, Humberto. Estamos falando de nossa intimidade!

— Que intimidade? — rebateu, encarando-a irritado. — Você sabe que sempre fui franco. Não me cobre aquilo que não posso lhe dar.

Humberto permaneceu sem tirar os olhos de Elisa. Ela gelou. Não tinha como argumentar. Ele prosseguiu:

— Quer que eu lhe avive a memória e recorde como nos conhecemos ou por que você grudou no meu pé? Como me perseguiu e me atormentou com um monte de besteiras em Paris? Não acha que o que vivemos até hoje foi, digamos, um grande esforço de minha parte? Tudo o que fiz até o momento foi apenas por causa de Guilherme.

Elisa deixou uma lágrima verter pelo olho e jogou-se aos pés dele.

— Perdoe-me! Por favor, Humberto. Nunca fiz nada que fosse para prejudicá-lo. Eu o amo. Mais do que tudo. Eu o amo!

— Se me ama, então me liberte, deixe-me livre, por favor. Fizemos um trato. E nossos filhos estão crescidos, adultos. Logo, não haverá mais motivo para ficarmos juntos. Um dia os dois vão se casar e vão embora. Eu também. Você sempre soube que esse dia chegaria.

— É verdade. Está certo — concordou, ocultando o sofrimento e uma ponta de raiva. Elisa não acreditava que um dia Humberto pudesse cumprir com o prometido. Ir embora assim, sem mais nem menos, onde já se viu? Ela não iria deixar. Jamais.

Tentou argumentar, mas Humberto foi categórico:

— Por favor, Elisa. Sem cenas — ele se abaixou gentilmente e a pegou pelos braços. Depois a levou até uma poltrona próximo da cama. Apanhou um copo com água e deu a ela.

Em seguida, de maneira silenciosa, saiu do quarto dela, sem despedir-se. Humberto percebia chegar ao limite. Agora que voltara a se interessar verdadeiramente por alguém, depois de tantos anos, estava disposto a reavaliar o trato, tomar coragem para conversar com os filhos, falar abertamente sobre divórcio e dar um novo rumo a sua vida.

✥

Naquela noite, porém, os pensamentos tumultuavam a mente de Elisa além do habitual. O passado vinha com força, mesclando-se com partes da conversa que tivera com Humberto no dia anterior. E também surgiam cenas de Paula, um ano atrás, atormentando-a com histórias de um passado que ela não desejava mais lembrar. O motivo da chantagem a incomodava profundamente. Estava a ponto de enlouquecer.

Humberto não dormira em casa e mandou avisar, via secretária, que iria viajar no fim de semana. De novo. Tinha assuntos urgentes, de negócios, para tratar.

Nervosa, apanhou um litro de uísque e encheu um copo. Adicionou duas pedras de gelo, mexeu-as com os dedos e voltou à varanda. Apagou todas as luzes.

— Não posso ficar sozinha, depois de trinta anos. Não é justo — resmungou, enquanto bebia.

Custava-lhe acreditar que Humberto desse um passo torto. As pessoas mudam em trinta anos, avaliou. Sentia o cheiro de *alguém* em volta do marido. Seu faro nunca a decepcionava. Do mesmo modo que não a enganava quando uma sirigaita tentava enrabichar-se pelos filhos. Se engatassem namoro sério, era grande a chance de desejarem sair de casa, óbvio. E, se saíssem, Humberto também sairia. Preferia os marmanjões em casa a não ter o marido por perto.

Era um esforço que Elisa fazia, mesmo não tendo apreço pelos filhos. Não se importava com o que eles sentiam, nunca se importara. Eles só lhe serviam para que seu casamento se mantivesse vivo, em pé. Jamais dera importância aos sentimentos dos meninos, se gostavam ou não de alguém, se eram felizes ou não, quais eram suas vontades, seus sonhos, o que queriam de suas vidas.

Para os empregados do apartamento e da loja, era uma louca de pedra. Mas, observando-a com clareza, Elisa tinha traços de personalidade psicopática, ou seja, egocêntrica e indigna de confiança.

Nos últimos tempos, mantinha comportamento estranho, não sentia culpa por nada de errado que fazia. E, pior, o que nunca notaram, nem os familiares, é que ela nunca, jamais, em toda a vida, aprendia com seus erros.

Ela afastou todos os pensamentos, passando a mão pela testa, e voltou o corpo para o peitoril da varanda, segurando o copo de bebida. A ansiedade, no momento, era ter a certeza de que a provável sirigaita que estava ameaçando seu casamento, Vera, fosse mesmo até sua loja no dia seguinte, segundo informações recebidas. Estava alerta, disponível, aguardando... e, caso se concretizasse, Elisa já tinha em mente o que iria fazer com a fulana.

Seus pensamentos foram dispersados por um beijo no pescoço.

— Sozinha aqui no escuro?

Ela se virou e esboçou um sorriso.

— Gustavo. Tudo bom?

Ele acendeu a luz da varanda. Ela espremeu os olhos com a súbita claridade e beijou-o de leve no rosto. Guilherme veio logo atrás e ela simplesmente lhe acenou com um oi sem muito entusiasmo. Guilherme, acostumado com a frieza da mãe e também sem apreço por ela, fez menção de afastar-se. Gustavo o puxou pelo braço.

— Fique aqui.

— Vou tomar banho. Não se esqueça de que marcamos de encontrar nossos amigos no bar. Estamos quase em cima da hora.

Guilherme saiu, rápido. Gustavo a repreendeu:

— Mãe, você e sua mania de tratar Guilherme assim.

— Ora, assim como?

— É um pouco mais carinhosa comigo e o trata com tanta frieza...

— É a sua maneira de ver. Não tem nada de frio— deu de ombros. — Guilherme está sempre chateado, irritado. Depois que a loira do banheiro largou dele, ficou assim, irritadinho.

Gustavo sorriu. Achava graça no fato de a mãe não tocar no nome de Paula, a ex-namorada de Guilherme. Não era bem isso que Gustavo queria escutar, pois sabia que a mãe tratava o irmão e ele com diferenças. Naquele momento, reconheceu que nos últimos meses Guilherme andava mais entristecido que de costume.

De fato, o irmão ficara caidinho por Paula, uma loira de fechar o comércio, que, da noite para o dia, largou-o para namorar João Carlos, uma grande promessa no setor de criação de aplicativos para dispositivos e celulares.

Guilherme ficou tão deprimido que até mudou o número de telefone, pois tinha medo de que Paula pudesse ligar, por um motivo qualquer, e, se ele a atendesse, poderia ter uma recaída. Apaixonou-se, de fato, pela loira.

Estava difícil sobreviver sem aquele mulherão. Além do mais, Guilherme era amigo de João Carlos, o atual namorado de Paula. Não queria confusão, brigar, perder a amizade com seu amigo por causa de mulher. Claro que, por se tratar de Paula, Guilherme evitava ir aos mesmos lugares que os amigos em comum frequentavam, tudo para não dar de cara com a loira. E, de fato, fazia mais de um ano que não a vira mais.

Gustavo tornou, amável:

— Paula poderia ter tido uma conversa com meu irmão. Largá-lo assim, sem mais nem menos.

Elisa sorriu por dentro e replicou:

— Melhor assim. Se quer saber, se fosse para tirar a loira do caminho, até permitiria seu irmão namorar a branquela da Manuela.

Ele riu alto.

— Você permitiria que Danusa fosse sogra do Guilherme? Já não a engole como madrinha dele! Essa eu pagaria para ver.

Elisa rangeu os dentes. Bebeu seu drinque para disfarçar a raiva.

Manuela era filha do primo Conrado. Ele e Humberto viviam grudados, ora Humberto vindo passar férias na casa de Conrado, em São Paulo, e vice-versa. Quando Humberto mudou-se em definitivo para a capital paulista, a amizade estreitou-se ainda mais.

Filhos únicos, Humberto e Conrado tratavam-se como irmãos. O detalhe é que Elisa não se dava com Danusa, esposa de Conrado. Achava-a fútil e com um parafuso a menos na cabeça. Tampouco tinha apreço por Manuela, a filha do casal.

Guilherme tinha sido batizado por Conrado e Danusa, e era apegadíssimo à dinda, maneira usual como o carioca se refere à figura da madrinha. Guilherme, Gustavo e Manuela tratavam-se como primos, pela proximidade e afinidade.

— O que fazer? — tornou Elisa. — Danusa é uma louca, desequilibrada. Tadinha. Eu a entendo. Tem inveja de mim.

Elisa aproveitou o momento. O assunto tomava um rumo que ela não desejava e ela sorriu, maliciosa. Perguntou para Gustavo, de propósito:

— Vai sair com a Regiane?

— Regina, mãe. Terminamos já faz um tempo. Não lhe contei?

Ela virou o rosto para a sacada, a fim de que o filho não visse o sorriso vitorioso estampado no seu semblante.

— Não. Jura? O que foi que aconteceu?

— Descobri um princípio de traição, umas bobagens que minaram a minha confiança. Achava-a tão legal. Estava tão esperançoso...

Elisa o abraçou com carinho.

— Não fique assim. Logo vai aparecer uma moça bem bacana.

— É. Quem sabe — respondeu ele, sem muito entusiasmo.

— Jantaria comigo? Seu tio Ed mandou uma caixa de vinhos importados. Podemos experimentar uma garrafa. Vou pedir para a cozinheira tirar o jantar.

— Não, mãe — ele consultou o relógio. — Estou atrasado! Vou tomar banho e sair com o Guilherme.

Elisa fez uma careta. Ele não percebeu e prosseguiu:

— Pelo menos vamos a um bar que sabemos não ser frequentado por Paula e João Carlos, o que será um alívio para Guilherme. Vamos ver gente bonita, beber, nos divertir. É noite de sexta-feira. E eu não quero ficar triste, trancado em casa, chorando as pitangas por causa da Regina. Ainda mais por conta de traição.

— Isso mesmo, filho. Vá se divertir.

Ela beijou o rosto de Gustavo, deixou o copo de uísque sobre uma mesinha e foi para o quarto. No corredor, sorriu e disse baixinho:

— A tonta da Regiane, Regina, seja lá quem, estava muito animadinha, se achando. Não sabe com quem se meteu. Foi só surrupiar uma foto antiga dela com um amigo, armazenada no telefone dela, dar uns retoques num programa de imagem e pedir para meu amigo Boris enviar para o telefone de Gustavo com uma mensagem anônima. Tudo por celular pré-pago. Boba. Essa já era. Estou pronta para derrotar a próxima. E a próxima. E a...

Entrou no quarto gesticulando, trancou a porta, sentou-se na cama e, embora tivesse feito de tudo para acabar com o namoro de Gustavo, Elisa sentia-se triste. Perturbada e triste. Muito triste.

Atirou-se na cama e sentiu vontade de chorar. Ela não percebeu um vulto irritado sentado na poltrona próximo da cama. Ele a olhava com raiva e mágoa.

— Isso mesmo, Elisa. Sofra. Muito. Quero que você morra de tanto sofrimento. Vai pagar por tudo o que me fez sofrer. Tudinho. Maldita!

CAPÍTULO 5

Toninha saltou do ônibus em uma rua movimentada da Vila Madalena, região descolada e boêmia da cidade. Conhecia o bar e sabia que o estabelecimento ficava ali próximo do ponto. Dobrou a rua, caminhou um pouco e logo viu um grupo de gente jovem, bonita e alegre. Sorriu para as pessoas e entrou.

Ela tinha concluído o curso de secretariado e desejava cursar Relações Internacionais. Poupava para fazer cursinho e tentar, talvez em outro ano, uma vaga em universidade pública, porquanto a mensalidade de uma faculdade particular não dava para custear, no momento. Toninha se interessava por causas humanitárias, em entender os problemas humanos.

Desejava conhecer alguém e viver um romance, mas, por ora, não estava em seus planos, a não ser que aparecesse alguém muito interessante, o que não ocorria fazia um bom tempo.

Primeiro vinha o estudo, depois queria conseguir um emprego melhor. Toninha gostava de trabalhar na loja de roupas de grife de dona Elisa, mas queria progredir, ganhar um salário melhor e talvez até poder se dar ao luxo de pagar uma boa faculdade particular.

Estava com vinte e três anos de idade e cheia de vida. Desejaria viver no mínimo cem anos para realizar metade dos planos que idealizava.

Ao entrar no bar, os olhos masculinos se voltaram para ela. A junção de sua beleza física com a energia boa que emanava era tiro e queda para despertar o interesse das pessoas por ela.

Toninha sorriu mais uma vez, mostrando os dentes alvos e perfeitos. Espremeu os olhos pelo bar lotado e viu num canto suas duas amigas.

Chegou e as cumprimentou. Esmeralda, a mais animada, abraçou-a com efusividade:

— Bom ter vindo. Achava que não iria vir por conta da chuva forte que caiu. Você mora do outro lado da cidade e...

Toninha a cortou com voz amável:

— Berenice continua reclamando do marido, logo mais ele chega em casa e não quero ver cenas desagradáveis. Estou meio cansada de tudo isso, sabe? Amo minha irmã, mas está cada vez mais difícil morar naquela casa. O astral está péssimo.

O garçom aproximou-se, Toninha fez seu pedido e Vera interveio:

— Por que não vai morar com Esmeralda? Ela já a convidou tantas vezes!

Esmeralda emendou:

— Pois é, Toninha. Acabou de conseguir promoção na loja, agora tem condições de arcar com metade do aluguel e outras despesas. Faça um esforço e venha morar comigo na Frei Caneca.

Toninha animou-se e perguntou, encarando Vera:

— O quarto ainda não está sendo ocupado por você? Não ficamos de pensar em mudança na virada do ano?

Vera riu, com gosto.

— Pode pensar em antecipar sua independência. Saí do apartamento no mês passado. Não lhe contei?

— Claro que não!

— Pois é — interveio Esmeralda. — Vera está dividindo apartamento com um *amigo* — enfatizou.

Toninha riu.

— Sei. O tal amigo secreto, oculto. Nunca saberemos quem é esse homem?

Vera meneou a cabeça de forma negativa.

— De jeito nenhum. Pelo menos por enquanto. Quando ele se declarar, de fato, eu contarei tudo para vocês.

— Por acaso é comprometido? — indagou Toninha.

Vera fez sim com a cabeça.

Antes de Toninha fazer qualquer comentário, Esmeralda disse:

— O quarto, portanto, está vago. Pense na possibilidade de ocupá-lo desde já — Esmeralda a tocou no braço e sentiu um arrepio. Procurou disfarçar, pediu licença com jeito e foi para o banheiro.

Toninha nada percebeu e prosseguiu na conversa com Vera:

— Agora que o ano está no fim, vou ter uma conversa séria com minha irmã. Ela está a ponto de se separar, precisa também dar um rumo na vida dela.

— E você precisa dar um rumo na sua — tornou Vera. — Por falar nisso, não acha que está na hora de namorar, encontrar alguém?

— Estou aberta a novas possibilidades, mas não estou desesperada.

⁂

Enquanto isso, no banheiro, Esmeralda, debruçada sobre a pia, jogava água no rosto para aliviar a tensão e, em seguida, olhando para sua imagem refletida no espelho, disse baixinho:

— Nossa! Que visão! Se a cena que vi, ao tocar o braço de Toninha, tornar-se mesmo real, que barra minha amiga vai enfrentar...

Esmeralda era sensitiva, estudava mediunidade havia anos. Trabalhava no escritório do consulado de um país latino-americano. Nas horas vagas, era voluntária em um instituto de pesquisas dedicado aos estudos da paranormalidade.

Desde pequena, Esmeralda tinha premonições, visões. Bastava tocar em uma pessoa, e ela podia sentir e até ver o que poderia ocorrer dali a um curto período de tempo, fosse bom ou não.

Sofrera muito por conta das coisas tristes que via, mas aprendera com o estudo sério da sensibilidade que cada um é responsável pelo que pensa e, consequentemente, atrai para sua vida. Quando sentia que tinha chance de avisar alguém, ela o fazia. Muitas vezes, escutava literalmente seu mentor espiritual dizer que não podia interferir no destino das pessoas.

— Se tenho esse dom, por que não posso alertar as pessoas de um perigo iminente? — questionava seus amigos espirituais que vinham de vez em quando lhe dar um comunicado.

— Poder, pode. Se lhe foi permitido ver, é porque pode, de certa forma, transmitir a visão para a pessoa. Todavia, há casos em que nada poderá dizer ou fazer.

— Como quando eu vejo que alguém próximo ou a própria pessoa que toco vai morrer...

— Você não tem como desviar o destino, só pode alertar, sugerir bons pensamentos, ou pensamentos de conforto para a pessoa.

De certa forma, assim como ocorria com Esmeralda, muitas pessoas com esse tipo de sensibilidade sofriam e sofrem sem saber ao certo como proceder quando se deparam com uma premonição. Afinal, por que é permitido, em alguns casos, que determinados fatos sejam revelados aos encarnados? Os motivos são vários.

Quando a pessoa com premonição tem especial interesse pela situação, é porque há uma abertura da espiritualidade para que ela perceba o próprio risco que está correndo.

Os amigos espirituais sabem que, se a pessoa modificar a sua maneira de agir, de pensar e alterar o seu sistema de crenças, terá chances de evitar que o fato ruim se concretize em sua vida.

Isto posto, o resultado de uma ação pode ser modificado? Então o tal do "quem planta colhe" poderia ser anulado?

Não é bem assim. Acima de tudo, precisamos compreender que Deus é amor. Logo, não castiga; ensina, educa e orienta.

Seguindo essa linha de raciocínio, ao mudar o teor de seus pensamentos, melhorando-os, obviamente, resultando em atitudes mais positivas, você passa a emitir imediatamente energias diferentes das que emitia no passado.

O espaço de tempo entre uma atitude e o retorno das energias dela existe justamente para permitir que você possa aprender e ter a oportunidade de modificar as suas crenças.

Se alterá-las durante esse espaço de tempo, quando o ciclo energético voltar, você vai assimilar apenas as energias que se identificarem com seu novo padrão. Daí, quanto maior a mudança para melhor, menos energias desagradáveis, ruins ou negativas você vai absorver.

Por tudo isso, ao ter premonições ruins para si, Esmeralda passou a se perguntar o que a vida pretendia ensinar-lhe. Adotando essa maneira de estudar as suas premonições, ela teve chances de identificar quais atitudes as provocavam e, dessa forma, procurava modificá-las impedindo que o fato desagradável não lhe acontecesse.

Dessa forma, Esmeralda escapou de poucas e boas. E o treino permitiu-lhe tornar-se uma mulher mais forte, positiva, firme e dona de si.

Também esse treino ajudou-a quando tinha uma premonição ruim em relação a um conhecido; antes ela ficava angustiada, queria a todo custo impedir os fatos de acontecer. Não conseguia, sentia-se impotente e infeliz.

Contava aos envolvidos e, em vez de auxiliá-los, só piorava a situação. Ou porque não acreditavam, ou, quando lhes contava, ficavam tão impressionados e temerosos, que se afundavam no pessimismo, na descrença e no medo.

Esmeralda aprendeu que o melhor era ficar de bico calado, quietinha no seu canto, enviando às pessoas energias de harmonia, amparo, sustentação, equilíbrio e bem-estar. Jamais tirou proveito de uma situação que fosse e aprendeu que ela, como boa médium que era, ética, responsável, tinha o dom da premonição só para fazer um trabalho de apoio às pessoas. Mais nada.

Por orientação espiritual, Esmeralda primeiramente frequentou um grupo espírita, depois estudou uma série de questões relativas à paranormalidade, dedicando-se à pesquisa, colocando sua mediunidade a serviço da ajuda e do esclarecimento espiritual, realizando um excelente trabalho. Recordava-se de seus encontros astrais com fidelidade, o que a maioria dos médiuns não conseguia e ainda não consegue reter na memória.

Juntando-se aos espíritos superiores por meio do trabalho desinteressado em favor do próximo, Esmeralda equilibrou suas energias, aprendeu a viver melhor e conseguiu se livrar das energias negativas ao seu redor.

Como sabemos, muitos são os chamados, poucos os escolhidos. Esmeralda foi chamada, tornou-se espontaneamente um ser escolhido, como um canal efetivo do bem.

Com a sensibilidade à flor da pele, porém bem educada, ultimamente Esmeralda tinha as tais visões somente com pessoas com as quais mantinha forte elo de amizade.

Foi o que acontecera havia pouco. Ela nutria grande estima por Toninha e, ao tocar o braço da amiga, viu Toninha chorando sobre um caixão. E, embora a imagem estivesse um pouco embaçada, tinha certeza de que a pessoa que ali jazia era Berenice.

Ela terminou de se recompor, passou um pouco de batom nos lábios e voltou ao grupo. Até sorriu quando viu Toninha conversando com um moço bonito no balcão do bar.

Entretanto, assim que sua mente se distraía, Esmeralda via a cena de Toninha debruçada sobre um caixão, chorando bastante e muito sentida.

CAPÍTULO 6

Manuela, prima de Gustavo e Guilherme, era uma moça bonita. Pele bem alva, cabelos castanhos que desciam até os ombros, olhos grandes e escuros; o que tinha de bonita, também tinha de insegura.

Ainda era um pouco difícil ter opinião própria. Estava se livrando do hábito de pedir conselho aos outros. Era do tipo que sempre perguntava: "O que você acha?"; "Será que devo?"; "O que os outros vão dizer?"; "Será?" e outras perguntas do mesmo naipe.

Nascera assim, com essas tendências, características de insegurança muito fortes em seu espírito. Fora criada, durante um bom tempo, com muitos cuidados e mimos. Danusa, sua mãe, tivera três gestações interrompidas antes de Manuela nascer.

Por esse motivo, quando a menina veio ao mundo, cheia de saúde, Danusa tratou-a como um bibelô que a qualquer momento pudesse cair e se partir em vários pedaços.

Certo dia, uma amiga, preocupada com a maneira como Danusa tratava a filha, indicou-lhe um psicólogo que fizera fama por pintar telas com as mãos e até com os pés, em alguns minutos, alegando, durante o processo de pintura, estar sob a influência de grandes mestres da pintura já desencarnados — ou mortos.

O psicólogo não atendia mais individualmente, mas tinha preparado um grupo seleto de pessoas e ensinado e transmitido a elas as mais diversas técnicas de terapia bem como suas próprias experiências em atendimento clínico e espiritual, ao longo de mais de trinta anos de prática, no país e no exterior.

Danusa foi até esse espaço clínico, passou a ser atendida por um conselheiro metafísico — nome dado aos terapeutas holísticos treinados por este renomado psicólogo — e, como já tinha tido contato com tudo quanto fora movimento espiritualista anteriormente na juventude, passou a adotar alguns preceitos que aprendera nas valiosas sessões.

Com o passar do tempo, a ficha foi caindo, e ela, com a mente mais aberta a novas ideias, completamente despreocupada em seguir os padrões socialmente preestabelecidos, sem mais se inquietar com os comentários dos outros e, contando com o apoio do marido, passou a utilizar ferramentas que pudessem ajudá-la a criar a filha de maneira mais solta, ao mesmo tempo em que transmitia conceitos para que Manuela pudesse se tornar uma pessoa mais segura, dona de si.

Foi na adolescência da menina que Danusa resolveu mudar a maneira de tratá-la. Manuela podia tudo, desde que assumisse a responsabilidade pelos seus atos, tomando para si a consequência das suas atitudes.

— Tchau, mãe, já vou para a escola.

— Arrumou sua cama?

— Não. Tem a empregada e...

— Nada disso. Acordou, tem de arrumar a cama. Coisa de cinco minutos.

— Mas, mãe, eu não sei...

— Nada de eu não sei. Vamos. Vou lhe ensinar. É bom aprender a ser útil, fazer as coisas, se virar. Amanhã não tem empregada, eu posso adoecer e morrer, depois você vai viver sozinha, precisará aprender a fazer uma cama. Venha comigo.

E ensinava. Manuela aprendia, com seu jeitão inseguro, mas aprendia.

— Acho que a dobra da colcha ficou torta.

— Ficou linda — Danusa retrucava. — Mamãe amou. Agora pode ir para a escola.

Dessa forma, era com o resto. Manuela queria dar uma festa em casa e chamar os amiguinhos? Depois teria de arrumar toda a bagunça, deixar a casa em ordem. Queria uma comida diferente? Danusa a colocava do lado da pia e a ensinava a fazer.

Manuela transformou-se em uma mulher de estatura mignon, bem magrinha, corpo frágil, mas possuía uma beleza clássica.

Estudara pedagogia por estudar, só para ter um canudo nas mãos. Não tinha encontrado sua verdadeira vocação. Danusa acreditava que Manuela um dia, quando estivesse mais segura de si, iria descobrir seus talentos.

E, só para constar, depois que Danusa fez as sessões de terapia e ficou mais amiga e segura de si mesma, sem se preocupar com o que os outros pensavam dela, o casamento com Conrado deu uma turbinada. Ele adorava o jeitão maluquinho dela. Beijava o chão onde a esposa pisava. Enchia-a de presentes, viagens, joias. Uma coisa!

Manuela, depois da faculdade, arrumou trabalho na biblioteca de uma escola particular e trabalhava meio período. Não estava satisfeita nem realizada. Passava o restante do tempo em casa, praticando inglês ou lendo livros em francês, para não perder o contato com o curso que havia concluído na Aliança Francesa.

Ela apanhou o telefone e ligou para Luciano. Danusa, que preparava uma torta, levantou o olho e só comentou:

— Deselegante ligar assim, direto. Não acha melhor enviar uma mensagem antes?

— Ele é meu namorado. Quero falar com ele, ora.

— Já é noite. Seu pai viajou com seu tio Humberto para fiscalizarem uma obra no Rio. Vai ver deixaram algum trabalho nas mãos do seu namorado. Sabe como confiam muito na empresa do Luciano para tocarem determinadas obras.

Manuela ia responder, mas em seguida veio a mensagem no seu telefone: "Estou em reunião. Já ligo de volta".

— Tem razão, mãe. Acabou de enviar uma mensagem de texto. Ele está em reunião.

— Plena noite de sexta-feira e Luciano no trabalho. Realmente, ele faz o que gosta. Ou é um louco estressado — ela riu.

— Ele ama o que faz. Diferente de mim, que trabalho por trabalhar.

— Você tem potencial para tanta coisa! — ponderou Danusa. — A vida tem muita coisa boa para fazermos, filha.

— Eu sei, só que não encontro a minha vocação.

— Um dia vai encontrá-la. Não tenha pressa, filha.

— Nem sei o que é vocação.

Danusa a fitou e sorriu.

— Tudo o que faz com naturalidade, com paixão, com gosto, com alma, é vocação. É talento. Você ainda vai descobrir o seu. Como pode uma mulher tão criativa, que adora línguas, ficar enfurnada numa biblioteca, respirando ácaro e mofo? Me diga? Pra quê?

— Não é bem assim. Sabe que sou meio insegura. Tenho medo de arriscar.

— Enfrente o medo. A única maneira de derrotar o medo é enfrentá-lo, minha filha.

— Será?

Danusa aproximou-se e passou o braço pela cinturinha da moça.

— Confesso que, quando você nasceu, eu entrei em parafuso, em colapso. Havia sofrido três abortos. Ter você nos braços me trouxe uma mistura de responsabilidade com obrigação de fazer o impossível para que nada lhe acontecesse de ruim. Claro que quase enlouqueci, porque o tempo me ensinou que ser mãe é desempenhar uma função, que tem começo, meio e fim.

— Gosto quando você diz que está na função de mãe. Minhas amigas acham isso estranhíssimo, dizem que a senhora é louca de pedra. As mães das minhas amigas ficam indignadas, dizem que mãe é para sempre.

Danusa deu de ombros.

— Sou mesmo, louca e feliz. Não combato as mães das suas amigas. Cada uma que tenha sua opinião. Eu respeito todo mundo, mas não entro mais nesse joguinho de que mãe é padecer no paraíso, ou ser mãe seja sinônimo de sofrimento, ou mãe só será feliz quando os filhos forem felizes. Isso é loucura, é desumano, é pura crueldade. Imagine, eu depender da sua felicidade para ficar bem, Manuela? Como poderia ser assim?

— Tem razão. Por mais insegura que eu seja de vez em quando, ao menos aprendi e acredito que cada um é responsável pela própria felicidade.

— Diante dessa constatação, como posso basear a minha felicidade naquilo que você sente? Eu ficaria louca, literalmente. Portanto, digo que a função de mãe tem data de validade. Você já é adulta, é mulher. Logo vai viver com alguém, ou vai se casar, ou até vai querer viver a sua vida, as suas próprias experiências. E não haverá mais a necessidade de ter uma mãe, cuidando de você. Essas coisas você já aprendeu, já sabe fazer. Você vai precisar de uma amigona, de uma pessoa que a ame acima de tudo, que a compreenda, apoie, aceite, respeite...

Manuela a cortou, com graça:

— E nada melhor do que uma amiga que me trouxe ao mundo, não é?

— É — Danusa estava emocionada. — Não quero viver como vivi com meus pais. Embora eles tenham morrido quando eu era adolescente, éramos muito distantes. Nunca pude ter uma conversa boa com a minha mãe. Os segredos não podiam ser compartilhados. Tudo era feio, proibido. Claro que havia um profundo respeito e sei que você me respeita e a seu pai também. Mas quero que nos veja como pessoas semelhantes a você, que a criaram com amor. Nós lhe demos o melhor que pudemos, dentro do nosso grau de compreensão de vida e de valores. E agora queremos que você seja feliz à sua maneira. Não quero que cheguemos a um ponto em que nossa relação fique limitada a encontros em datas comemorativas e ainda por cima você se sentindo obrigada a comparecer porque senão "fica chato", "minha mãe vai ficar magoada" etc. Quero que você venha à minha casa, com seus filhos, porque você e eu nos amamos, temos um forte elo de afeto e amizade, porque é prazeroso para você vir até minha casa.

Manuela abraçou a mãe com carinho.

— Você é uma doida varrida que me obrigou a arrumar a cama aos treze anos de idade, mas eu amo tanto você!

— Deveria ter aprendido aos cinco. Tome vergonha nessa cara, Manuela Lima Brandão!

— Logo mais Luciano vai me levar para jantar.

— Esse namoro está ficando sério?

— Não sei, mas ele é um gato, né, mãe?

— Venha cá. Gosta dele?

— Gosto — respondeu, com uma voz sem emoção.

— Nossa! Se eu fosse o Luciano e escutasse isso, terminaria hoje esse namoro.

— Ele é legal, bonitão, dez anos mais velho que eu, tem uns gostos mais refinados, apurados. A minha insegurança é potencializada quando estou ao lado dele.

— Por que está com ele?

— Para não ficar sozinha. Todas as minhas amigas já se casaram. Até aquela quatro-olhos, lembra-se dela, mãe?

— A Vilminha?

— É. Casou-se com um executivo. Está feliz da vida e grávida de gêmeos.

— Tem chinelo para tudo quanto é pé, minha filha. Entretanto, está namorando esse moço só porque suas amigas estão casadas? Manuela, depois, a doida sou eu?

— Não. Logo vai ter o casamento da Paula com o João Carlos. Imagine eu aparecer sem ninguém? Nem morta. Nunca.

— A Paula, a peituda, que teve um namorico com o Guilherme, convidou você para o casamento dela?

— Convidou.

— Sei.

— Por quê?

— Por nada. Gosto da Paula. Meio birutinha. Só não entendo...

— O quê?

— Como foi que sua tia permitiu o namoro dela com Guilherme.

— Ah, mãe. Tia Elisa não se mete no namoro dos meninos. Eles são adultos.

— Para cima de mim? Depois eu sou a louca, a desequilibrada — resmungou. — Elisa é a mulher sofisticada, nascida em berço de ouro. Eu bem sei o que essa mulher é capaz de fazer. Adoraria conhecer melhor essa menina, Paula. Ela fez alguma coisa para Elisa não mexer com ela.

— Um trabalho espiritual? — arriscou Manuela.

— Qual nada! Tem gato no meio dessa história. Se soubesse o que a doida da Elisa é capaz de fazer...

— Sei que houve alguma coisa lá atrás, no passado. Você sabe de alguma coisa e nunca me conta. Por quê?

— Porque não é do seu bico. Não interessa — rebateu Danusa, mudando o rumo da conversa. — Sinto uma peninha do Guilherme. No fundo, ele ainda gosta dessa loira.

— Concordo com você. Ele não admite, diz a todo mundo que eles não eram afins, que não tinham nada em comum.

— Ela o largou porque viu nesse João Carlos uma mina de ouro. Só isso. Pode ter certeza.

Manuela simplesmente sorriu e quis saber:

— O que acha de eu usar aquele vestido azul que comprei na loja da Elisa?

— Feio.

— Mãe!

— Não gosto daquele vestido. Não gosto de nada que venha da loja da Elisa. Aquele lugar é esquisito.

Manuela riu com gosto.

— Esquisito? É um dos endereços mais elegantes que conheço.

Danusa rangeu levemente os dentes para não deixar transparecer a raiva. Era uma pessoa bem-resolvida, mas tinha seus limites. Era humana.

— Elegante só se for para você, que não tem muito senso das coisas.

— Além do mais, tia Elisa é o máximo em elegância e sofisticação.

— Ela não é sua tia. Seu pai é primo do Humberto, marido dela. Você pode ser uma prima distante do Humberto, mas não é nada dela. Ela não é da nossa família.

— Sempre a chamei de tia e o Humberto de tio. Guilherme e Gustavo chamam você e papai de tia e tio. Eu e os meninos tratamo-nos como primos. Não sei por que tanta implicância. Sei que tem suas esquisitices, mas sua antipatia por tia Elisa beira as raias da loucura.

— Conheço a peça rara. Elisa não me engana. Dissimulada. Posso ser louca e ter um jeito bem diferente de ser, mas vou lhe dizer uma coisa — aproximou-se de Manuela e a encarou de maneira séria: — Elisa é uma mulher perigosa. A energia daquela loja é esquisita. Os tios da Elisa são bandidos. Tudo que vem de Elisa é ruim. Disse. Pronto.

— Que é isso, mãe! Elisa pode ser uma mulher às vezes arrogante até, mas perigosa? Deixe a energia da loja e os tios dela fora desse assunto.

Danusa lembrou-se de cenas de um passado distante, mas não quis trazer nada à tona. Varreu os pensamentos com a mão. Pegou carona na conversa da filha:

— Essa mulher deveria ser denunciada por maus-tratos. Pena que trinta anos atrás não havia proteção à criança como há agora. Guilherme e até Gustavo, numa escala menor, sofreram muito, pobrezinhos.

— A senhora gosta muito deles. Muito mais do Guilherme, não?

— Amo, como se fosse um filho meu, como se tivesse saído de dentro de mim.

— Às vezes, acho que tia Elisa fica ranzinza com você porque trata Guilherme com muito carinho. Até demais.

— O que posso fazer? Ele é meu afilhado! Eu sou a madrinha dele, a dinda. Embora hoje em dia as pessoas não deem muita importância a isso, os padrinhos assumem a função dos pais caso esses morram, por exemplo. Você sabia disso?

— Não.

— Nas culturas antigas os padrinhos eram valorizados, para dar sustento, apoio e acolher a criança, como os pais adotivos fazem na atualidade. Era natural. A modernidade matou esses costumes, apenas levo muito a sério a questão do batismo. No dia que eu e seu pai batizamos o Guilherme, assumi esse compromisso. Eu o amo — Danusa falou e uma lágrima desceu pelo canto do olho, emocionando Manuela.

— Desculpe, mãe. Não queria deixá-la assim.

— Não deixou — ela limpou a lágrima com as costas da mão. — Eu sou uma doida e, às vezes, uma tola sentimental. E amo muito esse rapaz. Em trinta anos de vida, Guilherme nunca, jamais, recebeu o amor da mãe biológica, aquela psicopata.

— Mas recebeu o seu. E eu nunca tive ciúme.

Danusa abraçou-a com carinho.

— Eu a agradeço por isso.

Beijaram-se. Danusa sorriu, apanhou um produto de limpeza, um pano umedecido e foi cantarolando em direção à sala. Manuela quis segui-la, mas o telefone tocou e ela atendeu, esquecendo, por ora, os devaneios da mãe.

Era Luciano, o namorado, ao telefone.

CAPÍTULO 7

Luciano Trajano Lins era um rapaz bem bonito. Cabelos pretos, olhos escuros, alto, forte, adorava praticar esportes radicais. Tinha simpatia contagiante e uma fala mansa, agradável, sorriso sempre pronto.

Não era filho de família tradicional. Crescera num bairro da periferia, trabalhara desde cedo e dera duro para passar no vestibular e entrar na USP. Estudou sozinho por dois anos, depois de terminar o Ensino Médio e, perseverante, conseguiu a tão sonhada vaga no curso de engenharia de materiais.

Depois de cinco anos e um bom estágio, foi admitido em uma construtora com escritórios espalhados em diversos países; supervisionou duas obras em Dubai, uma na Holanda e retornou ao Brasil. Trabalhou em cidades de Pernambuco e do Mato Grosso do Sul. Fazia pouco mais de três anos que decidira ser consultor autônomo.

Mudou-se para São Paulo, montou um home-office no próprio apartamento que comprara na capital e, com seu ótimo currículo, logo conseguiu ser o prestador de serviços exclusivo para a área de materiais da empresa de Humberto e Conrado.

O negócio prosperou, ele contratou mais dois engenheiros, uma secretária, Vera — que se tornaria, com o tempo, seu braço direito — e alugou uma sala comercial na Vila Olímpia.

Luciano construíra um bom nome no mercado e, aos trinta e cinco anos, era um belo partido. Corria a lenda que fora casado na Holanda e não tivera filhos. Era reservado e discreto em seus relacionamentos.

Imediatamente Luciano apanhou o celular e ligou.

— Oi, Manuela.

— Desculpe, liguei sem querer. Deveria ter mandado mensagem antes de ligar.

— Tudo bem. Estava em reunião. Acabou só agora. Estou representando seu pai e seu tio numa obra de grande porte.

— Imagine. Não precisa se justificar. Entendo. Vamos sair hoje? Dá tempo?

— Quer mesmo sair?

— Sim, por quê?

— Já está meio tarde e, além do mais, você não gosta de ir a teatro, espetáculo...

Os dois riram. Manuela emendou:

— Não é muito o que me atrai, todavia, tenho me esforçado para gostar — ela fez uma careta. Odiava teatro e espetáculos. Bom mesmo era ir ao cinema, assistir a um filme romântico... ou iraniano, paquistanês, daqueles de horas de duração. Luciano preferia filmes de ação.

Manuela suspirou. Ele prosseguiu:

— Se você se esforçar, ótimo porque até dá tempo de irmos — Luciano consultou o relógio. — O espetáculo começa às dez.

— Dez da noite?

— Sim.

— Nossa! Que maravilha! — ela procurou fazer uma voz que ocultasse a total falta de motivação.

— Que bom! Sairei direto do trabalho e a pegarei daqui a meia hora, tudo bem?

— Estarei pronta.

— Ótimo. Um beijo.

— Outro.

Luciano desligou e sorriu. Gostava de Manuela. Queria levá-la ao espetáculo, se desse tempo iriam jantar e depois... Bem, depois, seria bem-educado e terminaria o namoro. Não poderia nem queria enganá-la. Não estava mais apaixonado por ela. Tinha certeza.

Era um rapaz de princípios e não gostava de brincar com os sentimentos dos outros. E também percebia que Manuela não estava assim tão envolvida com ele. Luciano percebera, nesses meses, que o seu relacionamento com Manuela não tinha engatado.

Ele respirou fundo e disse para si:

— Como é bom gostar de mim. E como é bom gostar de outro alguém, de verdade!

❦

A noite seguia ótima. Gustavo e Guilherme estavam se divertindo com os amigos no bar. O telefone de Guilherme tocou. Era Manuela.

— Oi, primo.

— Fala, Manuela — pigarreou, surpreso. — Tudo bem?

— Estou, e você?

— Bem.

— Que barulho é esse?

— Estou num bar com o Gustavo — ele disse enquanto se afastava para fora do estabelecimento. Ganhou a calçada: — Também quero saber, que barulho é esse?

— Estou aqui no intervalo de um espetáculo.

Ele se espantou.

— Você, num teatro? Sozinha é que não está...

— Luciano resolveu me fazer uma surpresa. É musical, confesso que não é muito a minha praia, mas ele foi muito gentil. Depois vamos jantar e...

— Sei — ele a cortou. — Só um babaca a levaria a um musical. Definitivamente, esse cara não a conhece.

Ela riu.

— Não, mesmo. Mas eu liguei porque mamãe morre de saudades de você. Faz tempo que você não passa lá em casa. Veja se reorganiza sua agenda e dá um pulinho lá. A sua madrinha vai adorar sua visita.

Guilherme sentiu muita saudade da madrinha querida. Respondeu, contente:

— Prima, estou com bastante trabalho. Estamos com uma obra grande na marginal. Mas vou arrumar um tempinho e prometo que passo lá, está bem?

— Por favor.

— Pode deixar, Manuela.

— Você é o máximo, Guilherme. Adoro você!

Ele sorriu e disse simplesmente:

— Um beijo. Cuide-se.

— Beijo. Tchau.

Guilherme desligou o telefone esboçando um sorriso. Aos trinta anos, já tinha namorado e saído com muitas garotas e só se apaixonara de verdade por Paula.

Em relação a Manuela, ele sentia algo diferente. Era uma ternura, um carinho muito grande. Não sabia definir se aquilo era amor... Depois de perder Paula, passara a notar mais a prima e até cogitara ter Manuela nos braços; outras vezes, vinha-lhe uma censura, impedindo-o de levar os pensamentos adiante, como se apaixonar-se por Manuela fosse algo proibido. Guilherme tinha a sensação de que Manuela fosse, na verdade, uma irmã. Uma irmã muito querida.

O que sentia quando a via abraçada a outro homem era puro ciúme de irmão mais velho. Ele não sabia direito ainda sobre esse sentimento, mas, com o tempo, iria ter melhor clareza de ideia a respeito.

O sentimento que existia entre ele e Manuela já alcançara um degrau mais alto na escala do amor. Ele, como homem, ainda se perdia um pouco nos sentimentos e confundia as estações.

Manuela, por sua vez, tinha certeza do que sentia pelo primo. Sabia que seu amor por Guilherme era puro, incondicional. Não tinha nada a ver com paixão, com atração física.

Naquele momento, porém, Guilherme sentiu uma saudade tão grande de Danusa e, sabendo que Manuela não chegaria tão cedo em casa, não teve dúvidas, voltou ao bar e despediu-se dos amigos e de Gustavo.

Gustavo estranhou:

— O que foi?

— Nada. Manuela ligou e...

— Aconteceu alguma coisa?

— Não. Está com o namoradinho, coitada, presa num tormento — ele riu. — Esquece. Eu vou visitar a dinda. Bateu saudades.

— Vai a essa hora até a casa da tia Danusa?

— Vou. Ela está sozinha. Tio Conrado viajou com o papai.

— Isso é. Bom, aproveite a noite. Mande um beijo para ela.

Guilherme fez um gesto com os olhos e empurrou o queixo na direção de um grupo de moças. Em seguida asseverou, num tom malicioso:

— Por falar em aproveitar a noite, tem aquela morena linda com quem você já trocou olhares. Já percebi.

Gustavo riu.

— É. Achei-a linda.

— Então. Fique e ofereça um drinque para ela.

Abraçaram-se e Guilherme saiu do bar. Pegou o carro, passou em um supermercado aberto vinte e quatro horas e comprou um vaso de orquídeas brancas.

Era um costume que surgira espontâneo entre ele e Danusa, desde a adolescência. Sabendo que Danusa era fã de orquídeas, Guilherme, sempre que a visitava, levava um vaso de orquídeas.

Tornara-se um hábito e, qualquer que fosse a ocasião, ele sempre ia à casa da madrinha com um vaso de orquídeas, de preferência com pétalas brancas. Escolheu uma que estava começando a desabrochar, com um leve toque róseo ao redor das pétalas. Pagou, acondicionou a caixa com o vaso no chão do passageiro e dirigiu até a casa de Danusa.

⁓ℓℓ⁓

Gustavo, sozinho no bar, sorriu, fez sinal para Toninha.

Toninha meneou a cabeça, também sorriu. Aproximou-se, segurando o drinque na mão, e o rapaz apontou para o copo dela:

— Já temos algo em comum!

— É? — ela indagou curiosa.

— Sim. Gostamos do mesmo drinque. Também sou fã de gim-tônica — ele levantou seu copo.

— Que bom!

— Prazer, meu nome é Gustavo.

— Toninha.

— Nome interessante.

— É apelido.

— E o nome de verdade?

— Ficará para o segundo encontro.

Ele riu alegre.

— Um a zero para mim! Ganhei um segundo encontro!

— Pode ser — ela bebeu seu drinque e sorriu.

— Gostei de Toninha.

— Desde que nasci, todos me chamam pelo apelido. Ele pegou e adotei-o praticamente como nome próprio.

— Toninha. Combina com você.

— Mesmo?

— Morena, cabelos crespos, olhos penetrantes.

— Você também não deixa de ser um homem bonito. Pele alva, olhos castanhos, cabelos meio rebeldes jogados para trás à custa de muito gel...

Os dois riram.

— Meu cabelo é bem rebelde mesmo. Quis deixá-lo mais comprido.

— Combinou com seu rosto. Está perfeito.

— Não fale assim que gamo.

— Sei. Deve dizer isso para todas as moças que encontra, não?

— Até digo — ele riu. — Para ser sincero, hoje não queria saber de nada. Terminei com minha namorada recentemente e estava meio chateado.

— Logo vocês voltam. É normal ter uma briguinha.

— Houve coisas desagradáveis que descobri — o rosto de Gustavo se fechou numa tristeza de fazer gosto. — Quando a confiança se vai, não tem mais volta.

Toninha teve vontade de pegar aquele rapaz e colocá-lo no colo, levá-lo para casa e cobri-lo de carinhos. Porém, conteve-se:

— Que chato! É ruim quando a confiança se vai, se perde. Eu já sou mais direta. Ou confia, ou... confia. Não faz sentido ficar com alguém que amo, mas não confio.

— É sempre assim, super direta?

— Sou. Sincera, para dizer a verdade. Prefiro assim. Dói menos.

A conversa engatou de forma agradável e depois de um bom tempo Vera veio chamá-la para irem embora.

— Vamos, eu lhe dou carona — disse a amiga.

Gustavo levantou-se, apresentou-se a Vera e falou:

— Eu a levarei para casa, pode deixar.

— Nada disso — protestou Toninha. — Acabamos de nos conhecer. Quem sabe em outro momento?

Gustavo sentiu certo desalento, mas concordou:

— Tem razão. É que eu me empolguei. Quer me dar seu número de telefone?

— Prefiro que você me dê o seu.

Gustavo assentiu e sacou do bolso da calça a carteira e dela retirou um cartão.

— Muito chique, você — ela sorriu.

— Tenho os dois cartões: o de negócios e o pessoal. Só dou este, o pessoal, para quem me toca de verdade. Além do mais, só tem meu primeiro nome e telefone. Fazer o quê? Promete me ligar?

— Sim — tornou Toninha. — Agora fiquei curiosa. Nem sei seu sobrenome...

— Se me ligar amanhã, juro que conto! — ele riu. — Precisamos ter nosso segundo encontro. Afinal, temos nossos segredinhos de nomes e sobrenomes para revelar um ao outro.

— Sim — respondeu, sorrindo.

— Vamos sair. Eu a levarei para jantar e assim nos conhecemos melhor. Gostei muito de você!

— Eu também gostei de você. De verdade.

Ela se aproximou do ouvido dele e sussurrou:

— Meu nome é Maria Antônia. Mesmo assim, vou ligar para jantarmos. Daí revelarei meu sobrenome, e você, o seu. Gostei de você — tornou, sincera.

Gustavo sentiu um arrepio pelo corpo. Um arrepio bom. Delicioso. Sentiu uma emoção sem igual. Só conseguiu pensar:

Ela mexeu comigo!

No caminho até Esmeralda, Vera não se conteve:

— Jesus amado, Toninha! Que homem mais interessante! E você não quis ir embora com ele? Podia ter estendido a noite, dar uns amassos.

— Só você, Vera — Toninha sorriu. — Não estou a fim de amassos. Gostei do moço, mas vou devagar. Ligarei para ele amanhã e vamos sair para jantar. E vamos ver no que dá.

— Ele poderá conhecer outra daqui a pouco. E não haverá mais jantar. Pode perdê-lo.

— Não penso assim. O que é meu ninguém tira. Se tivermos de nos encontrar de novo, ótimo. Se não nos virmos mais, também está tudo bem.

— Você e esse seu jeito tão... tão diferente de enxergar a vida.

— Sou feliz assim — concluiu Toninha, abraçando Vera e caminhando para o caixa do bar.

Vera deixou primeiro Esmeralda em casa. Despediram-se. Esmeralda sentiu uma grande tristeza ao abraçar Toninha. Subiu pelo elevador fazendo uma mentalização positiva para a amiga. Entrou em casa, jogou a bolsa sobre o aparador próximo da porta e disse, enquanto tirava os sapatos:

— Logo estarei ao seu lado. Seja forte!

Vera continuou o trajeto e, um tempo depois, estacionou na calçada oposta à casa de Berenice. Estranharam um carro de polícia na porta da casa, vizinhos amontoados na calçada, outros no jardinzinho da casa, consternados, falando baixinho.

Toninha levou a mão ao peito e mordiscou os lábios, aflita:

— Berenice! Só pode ser! Algo terrível aconteceu à minha irmã.

CAPÍTULO 8

Paula poderia ser um enigma. Mas não. Era apenas uma moça que tivera uma vida cheia de poucos altos e muitos baixos. A vida dessa moça não tinha sido nada fácil.

Comecemos a contar sua história pela mãe. Célia tinha sido uma moça que aprontou o que podia e o que não podia, do tipo rebelde sem causa, arruaceira, namoradeira, espevitada, sem modos, sem limites, das que sentavam no fundão da sala de aula e atormentavam alunos inseguros e professores. Mexia com todo mundo, tirava sarro de todos, gostava de fazer tipo, ser a maioral, encrenqueira de primeira. Vivia em suspensão na escola. Foi com muito custo e muita cola que concluiu o Ensino Médio.

Tinha um irmão, três anos mais velho. Era apegadíssima a ele. Renato era a luz da sua vida. Mas um dia, indignado com a morte de muitos amigos — eles morriam de uma doença estranha, que algum tempo depois viria ser diagnosticada como aids — e desiludido porque se apaixonara e o namoro não engatara, Renato deu um basta em tudo, resolveu respirar novos ares, ir embora do país, viver na Europa. Enviou uma única carta, horrível por sinal, dura, pesada, para Célia.

Nela, Renato, revoltadíssimo, exigia que a irmã o esquecesse, porque ele sentia vergonha de ter uma irmã vagabunda e drogada. Nunca mais voltou.

Sentindo-se péssima e humilhada, Célia jamais revelou a Paula que tivera um irmão. Tampouco a menina soubera o que quer que fosse sobre o passado de sua família. Jamais vira uma foto, um documento que ligasse a mãe a parente que fosse. As poucas perguntas feitas a Célia vieram com respostas curtas e secas:

— Meu avô? — Paula queria saber.

— Morreu cedo.

— E minha avó, a sua mãe?

— Também.

— Não tem mais parentes?

— Só o seu tio Edgar, irmão da minha mãe.

— Não é tio. É tio-avô — corrigia Paula.

— Quanta pergunta! Cale a boca. Chega! — Célia terminava assim qualquer assunto sobre seu passado.

Célia e Renato tinham sido criados por um tio solteiro, Edgar, que tentou educá-los de maneira rígida. Ao atingirem a maioridade, tanto ela quanto o irmão libertaram-se das garras do tio e foram viver suas vidas, sem um pingo de limite.

Depois de ir embora para Paris e enviar a carta para Célia, Renato despareceu. Para sempre. Entretanto, a carta enviada por ele surtiu nela um efeito colateral terrível. Célia entregou-se a drogas mais pesadas, passou a fazer sexo com desconhecidos, engravidou sabe-se lá de quem em uma festa e o tio Edgar não quis acolhê-la. Ela foi viver de favor na casa de uma amiga, depois de outra, arrumou um emprego aqui, outro ali.

Foi nesse cenário ruinzinho que Paula nasceu. Demorou um bom tempo para que ela soubesse da existência do tio

Edgar e tivesse contato com ele. Paula o conhecera quando completara dez anos de idade. Quis saber mais sobre o passado, sobre os avós, sobre outros parentes, mas Edgar fora curto e grosso, como a mãe.

— Menina enxerida. Quanta pergunta! Cuide da sua vida e faça de tudo para não terminar como sua mãe.

Era como se a família dela se resumisse a Célia e Edgar, mais ninguém.

Escutara, certa vez, a mãe mencionar o nome Renato. Mas poderia ser o nome de um parente como poderia ter sido um dos inúmeros namorados, casos, ficantes, que Célia tivera, ou até um dos traficantes de quem a mãe comprava droga.

Depois de mudarem de casa, de bairro, inúmeras vezes, já afetada pelo abuso de drogas, Célia recebeu ajuda. Uma amiga dos tempos de orgia, Odete, que, depois de um processo de desintoxicação, trocara as drogas por Jesus, recomendou Célia ao dono de um atacadão, conhecido seu, para preencher a vaga de balconista, e emprestou-lhe uma casinha para morar, no Pari.

Ao menos, Célia tinha emprego e Paula tinha um teto fixo; o tio Edgar, mais idoso e convicto de que a sobrinha se regenerara, mandava um dinheirinho para ajudar a custear os estudos de Paula.

Aos dezoito anos, já moça feita e muito bonita, Paula sonhava participar de um reality show ou coisa do tipo. Queria ser famosa, rica. Ou uma coisa, ou outra, ou as duas. Desejava sair do seu bairro e ganhar o mundo. Ela já era esperta, sabia o que queria da vida.

Célia tivera inúmeras recaídas, não queria usar o dinheiro enviado por Edgar para custear os estudos da menina. Matriculava-a em escolas públicas e o usava para comprar drogas. Todavia, houve um trato depois de uma briga feia entre elas, e Paula ficava com metade do dinheiro do tio para custear um curso de inglês e outro de espanhol.

Se o relacionamento entre as duas não era bom, foi-se deteriorando. Paula sofreu muito nas mãos de Célia. Não recebeu amor, carinho, atenção. Às vezes, Odete passava lá, dava um beijinho, um afago, levava um doce.

E algo que intrigava Paula sobremaneira era não saber quem tinha sido seu pai. Não se importava se fosse porteiro de prédio, taxista de fim de noite, lixeiro, catador de latinha de rua. Só queria saber sua origem, mais nada. Célia não se recusava a dizer, o fato é que nunca soubera de quem engravidara. Transou com mais de dez numa festa, em meio a uma orgia, regada a bebidas e drogas.

Paula fazia de tudo para não criar ressentimentos em relação à mãe.

— Só tem uma coisa — sempre afirmava para si, principalmente quando se olhava no espelho —, seguirei o conselho do tio Edgar: jamais vou ser como você, Célia. Nunca vou ser uma drogada, derrotada.

Por essas e por outras, Paula jamais tocou em um cigarro, provou uma bebida alcoólica ou experimentou qualquer tipo de droga. Tinha pavor. E, se o namorado, mesmo podre de rico, tivesse uma queda por componentes ilícitos, ela logo o descartava.

Na faculdade de pedagogia ela conheceu Manuela. Escolheu estudar naquela instituição por alguns motivos: um dos donos simpatizara com ela e lhe concedera bolsa; a instituição era bem frequentada e poderia fazer amigos pertencentes a uma classe social mais elevada que a dela.

Na sequência, dois fatos interessantes aconteceram: tio Edgar morreu e deixou o apartamento como herança para Célia. Elas se mudaram para lá. Paula viu outro universo descortinar-se à sua frente. Para uma jovem de dezoito anos, ávida por conhecer a vida, morar na praça da República, no centro de São Paulo, era bem mais interessante do que viver no Pari.

A vida foi seguindo, ela começou a se especializar em namorar ricos, novos-ricos, fazendeiros e empresários. Mas se cansava de namorar um, outro... Queria agarrar um peixe graúdo, milionário. Começou a avaliar quem estaria disponível no mercado.

Certo dia, Paula chegou a sua casa e viu Célia andando de um lado para o outro, impaciente.

— O que foi, mãe?

Paula andava desconfiada de que Célia não estivesse batendo bem da cabeça. Às vezes chegava a sua casa e Célia estava presa dentro do banheiro, sem conseguir sair. Não encontrava a fechadura. Ou ligavam para ela, do prédio, assombrados, com Célia andando pelo corredor do andar, de camisola, desesperada e em prantos porque o irmão tinha sido morto.

— Irmão? Que irmão? — indagava. — Minha mãe está ficando louca.

Querendo saber se a mãe estava consciente, insistiu:

— O que foi? Tudo bem?

— Você não faz ideia. Fui enganada esses anos todos.

— Como assim?

— Foi tudo mentira. Elisa Brandão.

— A socialite?

— O filho dela não é do marido.

— Como sabe disso?

— Eu li. Eu li a carta — Célia gritava.

— Que carta, mãe?

— Não lembro onde a guardei.

Paula conversou pacientemente com a mãe. Célia revelou, por fim, que tivera um irmão, Renato. Confidenciou sobre a gravidez de Elisa, que o filho não era de Humberto, que Humberto e Renato foram apaixonados.

Primeiro, assustada com o jeito convicto com que a mãe falava, levou-a a um médico meia-boca. Ele nem pediu chapa, exames, nada. Deu uma lista de remédios fortíssimos para Paula comprar.

— As drogas afetaram a cabeça da sua mãe.

— O doutor nem pediu exames. Como sabe?

— Nem precisa. Olhe o estado dela.

Paula não tinha dinheiro para procurar um especialista e, além do mais, Célia tinha crises, surtos, mania de perseguição e odiava ter de sair. Preferia permanecer em casa. Com as medicações fortíssimas, ficava mais grogue que lúcida e passava boa parte do tempo deitada, assistindo à tevê, pulando os canais.

Célia continuou contando a mesma história para a filha, todo santo dia. Supondo que as informações talvez não fossem alucinações, Paula arriscou e apostou suas fichas em Guilherme Brandão. Era um peixe graúdo e um bom partido.

Fez uma rápida pesquisa sobre a vida do rapaz, descobriu estar solteiro, à época. Não foi difícil seduzi-lo, porém sentiu as garras de Elisa barrando-a, tentando impedir o namoro.

— Não morro de amores pelo meu filho, mas não é qualquer vagabunda que vai entrar em nossa família — Elisa foi direta, durante uma festa em que Guilherme levou a nova namorada para apresentar à família.

Paula logo soube com quem mediria forças. Hesitou, tomou um gole de champanhe para se encher de coragem e sussurrou no ouvido de Elisa:

— Se a sociedade descobrisse que Guilherme não é filho legítimo de Humberto Brandão, que seu marido é bissexual e, portanto, você engravidou de outro homem em Paris, será que me trataria com mais carinho, fofa?

Elisa mordeu a isca e, assustada com as revelações bombásticas, permitiu, a contragosto, que o namoro prosseguisse. Ao mesmo tempo, acionou Boris para tomar as providências cabíveis.

Paula notou, depois daquela festa, que era seguida aonde ia. Sentiu uma pontinha de medo. Só uma pontinha. Ser milionária valia muito a pena, correria todos os riscos. Ela pagaria o preço. Qualquer preço.

No meio das investigações, não é que Boris teve um infarto e precisou parar, por ora, com todo o serviço que levantara sobre a vida da loira? Sorte de Paula.

Certo dia, almoçando com uma amiga, ela viu uma aglomeração de repórteres em cima de um rapaz, jovem, pouco mais velho que ela, até que bonitinho, em uma mesa próximo a delas.

— Quem é? Celebridade instantânea, Big Brother, ou coisa do tipo? — indagou.

— Não — retrucou a amiga. — Não sabe quem é ele?

— Não.

— João Carlos do Amaral Sousa, o nerd de Londrina.

Paula fez cara de interrogação.

— Continuo sem saber quem ele é.

A amiga meneou a cabeça negativamente.

— Paula, você, tão antenada... Agora vive nesse grude com o Guilherme Brandão e nem sabe mais o que acontece no mundo. Aquele rapaz ali — apontou — é o maior gênio em criação de aplicativos. Já foi convidado para trabalhar no Vale do Silício. Um grupo chinês do ramo de tecnologia comprou um aplicativo que ele acabou de desenvolver. Ele acordou hoje cem milhões mais rico. Os jornais não comentam outro assunto.

Os olhos de Paula brilharam.

— Cem milhões? De reais?

— De dólares.

Ela engoliu em seco. Precisou beber um pouco de água para se recompor. Uma semana depois, Paula soube de um evento no qual João Carlos estaria, descolou um convite, aproximou-se do rapaz, ganhou a atenção e simpatia dele e, obviamente, terminaram a noite juntos.

Paula deixou Guilherme sem aviso prévio e envolveu-se com João Carlos, para alívio de Elisa.

CAPÍTULO 9

Guilherme chegou e, quando Danusa o viu, sentiu uma alegria indescritível.

— Não posso acreditar!

— Bateu saudades, dinda — justificou, sem dizer que Manuela ligara havia pouco para ele.

— Falei tanto de você hoje, meu filho. A madrinha estava morrendo de saudades também. Venha, me dê um abraço e um beijão daqueles!

Guilherme estendeu os braços e deixou à mostra o vaso com a orquídea. Danusa meneou a cabeça negativamente.

— Não perde o costume!

— Claro que não! É o nosso segredo — ele sussurrou. — Eu, você e nossas orquídeas!

— Minha estufa vai ficar mais linda.

— Sempre, dinda. Sempre.

Guilherme entregou o vaso, entrou, fechou o portão e, depois que ela colocou o vaso sobre o banco do jardim, abraçaram-se com carinho. Ele adorava a madrinha. Era como se Danusa fosse, de fato, a sua mãe. Quando era pequeno e tinha de ir ao médico ou dentista, Elisa inventava alguma desculpa esfarrapada e o empurrava para Danusa levá-lo.

Quando havia alguma reunião na escola ou apresentação de teatrinho ou festinhas, era Danusa, ao lado de Conrado e Humberto, que estavam presentes. Elisa geralmente sofria de enxaquecas, cólicas menstruais, excesso de trabalho e afins.

No baile de formatura da faculdade, Danusa dançou a valsa com Guilherme porque Elisa tivera um *problema* de última hora na loja. Não pôde ir à cerimônia de colação de grau nem ao jantar de formatura do filho.

Danusa fazia todo tipo de comida para Guilherme, todos os pratos dos quais ele gostava, estava sempre enchendo-o de mimos, de presentes. Chegava a ponto de trocar confidências com Guilherme que não eram do conhecimento de Manuela, tamanha afinidade entre os dois.

Ela apertou tanto as bochechas do rapaz que elas ficaram avermelhadas e ele pegou nas mãos dela:

— Madrinha, que é isso? Vai arrancar um pedaço de mim?

— Arrancaria um por dia! E guardaria em potes só para ter você mais perto de mim.

— Como você é macabra!

— Louca, sinistra!

Os dois caíram na gargalhada. Foram até a estufa. Com carinho, Danusa colocou o vaso sobre uma mesa e depois confidenciou, ao se dirigirem para o interior da casa:

— Tenho dois filmes de suspense ótimos. Antigos. Daqueles temperados com terror psicológico. Estilo Hitchcock.

— Faz tanto tempo que não assisto a um filme desses. Você é o máximo, Danusa. Como eu a adoro.

Ela sentiu uma ponta de emoção e o coração se expandiu.

— Venha, meu querido. Vamos entrar. Vou estourar pipocas e abrir um guaraná. Já vamos para a sala de tevê.

Ele se fez de desentendido:

— E a Manuela?

— Saiu com o namorado com cara de galã de novela.

Guilherme virou o rosto e riu. Adorava Danusa, suas tiradas e suas loucuras.

— Ah, sei.

— Vocês trabalham juntos, não? Veem-se com frequência?

— Não necessariamente. A empresa dele presta serviços para a nossa. Para falar a verdade, dinda, eu só o vi, em carne e osso, na festa de confraternização do escritório. Além do mais, passo muito tempo fora, nas obras. Quando Luciano tem alguma coisa para resolver, vai direto falar com meu pai, ou com tio Conrado. Parece que agora vai supervisionar alguns contratos em outros estados.

— E o seu coração?

Guilherme fechou o cenho.

— Vou indo.

— Conta outra. Ainda pensa naquela loira? Diga-me a verdade, vai... Foram os peitos de silicone que o enfeitiçaram?

Ele riu.

— Só você para me fazer rir desse assunto, Danusa. Se fosse outra pessoa, eu a esganaria.

— De que adianta sofrer?

— Ela mexeu muito comigo.

— Imagino. Mas a vida pode dar tantas voltas, meu filho.

— Que nada! Paula vai casar daqui a uns meses. Não tem mais jeito. Além do mais, sou amigo do João Carlos. Gosto dele. Não quero perder a amizade por causa de mulher.

Ela o fitou com ternura.

— Você tem um bom coração.

— Fazer o quê, dinda? Se Paula escolheu outro...

Danusa percebeu que Guilherme ainda estava bem para baixo, deprimido pela separação. Para tirá-lo daquele estado, resolveu mudar o assunto e contar-lhe algo interessante para animá-lo.

— Quer saber? Vou lhe contar um negócio.

— Conta.

— Eu não sou católica, protestante, nada. Nunca fui. Minha mãe me arrastava até a igreja. Eu ia porque tinha de ir. Era obrigada. Nunca gostei. Passava mal na missa, desmaiava. Tinha pavor quando via uma batina.

— A senhora nunca me disse isso.

— Sempre tive esse medo, desde pequenina. Mas uma das coisas que me impressionaram de maneira positiva foi a questão do batizado. Eu era muito apegada à minha madrinha, sabe? Meus pais morreram quando eu era jovenzinha e minha madrinha foi quem cuidou de mim. Eu e minha irmã Jussara fomos criadas pela minha madrinha e meu padrinho. Ficou essa coisa boa da igreja, sabe, meu filho? Eu não sou ligada a nada, mas levo a sério o papel de madrinha.

Guilherme a beijou no rosto e ela prosseguiu:

— Depois, quando estava na faculdade, eu me envolvi com um grupo ligado ao movimento Hare Krishna.

O rapaz levantou o sobrolho e Danusa continuou, enquanto preparava a panela para estourar o milho:

— Não se espante. Eu passei por tudo quanto foi corrente de conhecimento espiritual e filosófico.

— Esse povo estranho cantando *hare hare*, com aquelas túnicas na cor laranja, sei não, dinda.

— Preconceito, bobagem de quem não conhece. É um movimento bem interessante, que prega a união, a paz entre as pessoas, entre os povos, promove o equilíbrio do ser. Claro que tem suas regras, seus rituais. Eu saí por conta disso. Não gosto de seguir nada. A bem da verdade, eu gostava por dois motivos.

— Quais? — ele estava interessado.

— Um, porque na época em que me interessei, uma das pessoas ligadas ao movimento era a Maria Stella Splendore. Eu a considerava uma das mulheres mais lindas, elegantes e inteligentes da face do planeta. Aliás, considero-a tudo isso até os dias de hoje.

— Quem?

— Foi uma manequim famosa, casada com o estilista Dener Pamplona de Abreu.

— Não sei do que ou de quem está falando — Guilherme tinha uma expressão de interrogação no rosto.

Danusa levantou as mãos para o alto.

— Vocês hoje são tão conectados em tudo, mas tão superficiais! Não conhecem, não sabem nada de nada. Conecte a internet e faça uma busca no Google, está bem? Não vou explicar. Não estou boa para isso, hoje.

Guilherme riu. Abraçou a tia e replicou:

— Está certo. Juro que vou pesquisar sobre Dener e Maria Stella qualquer coisa, mas e o outro motivo que a levou a se interessar pelo movimento, qual foi?

— Ah, a meditação. Eles ensinam você a meditar, a entrar num estado de pura contemplação. É maravilhoso, principalmente para sair de estados de agitação, depressão, ansiedade.

— Madrinha, você não existe. É doidinha. E tem uma boa bagagem cultural.

— Obrigada pela parte que me toca. Sou maluca do meu jeito, vou levando a vida na alegria. Para você ter uma ideia, quando percebi que Manuela estava crescendo muito cheia de mimos e cuidados em excesso e eu estava pirando como mãe, fui fazer terapia. Aprendi muita coisa boa. Relaxei, ensinei sua prima, como você carinhosamente se refere a Manuela, a ser dona de si, a ser mais segura. Claro que todos têm seus limites e desafios. Eu não posso viver por Manuela ou escolher a vida que eu gostaria que ela vivesse. Manuela tem que viver e aprender por si, do jeito dela.

— Manuela passou boa parte da vida insegura...

— Desde bebezinha, ela sempre revelou certa fragilidade na forma de ser, de sentir, de agir, de se comportar.

— Por que não a levou para terapia?

— Conrado teve a mesma ideia. Manuela negou com veemência. Achava que era coisa de maluco, de gente desequilibrada, que ela não precisava, que as amiguinhas iam fazer chacota, enfim. Eu não podia obrigar minha filha a frequentar uma sessão de terapia, ainda mais holística. Muitos torcem o nariz, olham com desdém, difamando os profissionais que misturam psicologia com espiritualidade. Tinha suas amizades, seus namoricos, tirava boas notas, nunca nos deu trabalho. Entretanto, a insegurança dela se fazia notar em cada gesto, em cada passeio com os colegas. Até a decisão pela faculdade foi em meio a um mar de inseguranças que ela teve de enfrentar sozinha. Eu não podia me meter na vida dela. Podia ajudar, ofereci apoio, mas não podia opinar, dizendo a ela o que deveria fazer.

— Tem razão. O que acreditamos ser bom nem sempre é o melhor para o outro.

— Manuela está numa fase melhorzinha. Logo estará mais segura de si. Sinto que está no caminho certo. Contudo...

Danusa iria prosseguir, mas os estalos na panela começaram e a atenção dela voltou-se para o fogão. Ela se desgrudou do afilhado e caminhou em silêncio, a fim de mexer na panela.

Com graça, mudando completamente o assunto, disse, enquanto tamborilava a tampa da panela com as unhas pintada em tons laranja:

— Aprendi com minha madrinha. Bater com as pontas das unhas sobre a tampa faz com que o milho estoure mais rápido.

Guilherme chacoalhou a cabeça e foi até a geladeira. Abriu e pegou uma garrafa de guaraná.

Foram para a sala, sentaram-se confortavelmente no sofá e Danusa apertou a tecla do controle do aparelho. Colocaram atenção no filme e esqueceram-se, por ora, da conversa da cozinha.

CAPÍTULO 10

Depois do espetáculo, mesmo com o avançado da hora, Manuela aceitou o convite para jantar. Tudo corria de maneira agradável e, quando Luciano tomou coragem para terminar o relacionamento, foi surpreendido por Manuela:

— Embora musical não seja lá o que mais aprecio, a noite está sendo mágica. Você é muito gentil, Luciano. Nunca um namorado tinha sido tão cavalheiro assim.

— Obrigado. Eu queria lhe dizer que...

Uma mocinha, bem jovem, aproximou-se com uma cesta de rosas vermelhas e sugeriu:

— O moço não quer presentear sua esposa?

Manuela riu:

— Ele não é meu marido.

— Formam um bonito casal.

— Obrigada.

— O casal ficaria mais bonito se você estivesse com esta rosa na mão — entregou-a para Manuela.

Luciano apertou o olho e perguntou o preço. A menina respondeu. Ele sacou uma nota da carteira e deu a ela:

— Pode ficar com o troco.

— Obrigada — ela piscou para Manuela. — Sejam felizes. Boa noite.

A mocinha afastou-se. Manuela fechou os olhos e aspirou o perfume delicado da flor.

— Adoro rosas.

— As flores são belíssimas, não?

— Maravilhosas. Um espetáculo da natureza.

O garçom aproximou-se e trouxe o cardápio de sobremesas.

— Eu quero um pedaço de torta de nozes-pecã com sorvete de damasco — pediu Luciano. — E você, Manuela?

Ela olhava o cardápio e havia dificuldade em decidir.

— Não sei ao certo.

— Peça o mesmo que eu.

— Não gosto de damasco.

— Troque o sorvete.

Ela mordiscou os lábios.

— Acho que não vou pedir nada.

Luciano deu de ombros e devolveu o cardápio ao garçom. Manuela indagou:

— O que ia me dizer?

— Como?

— Antes de a menina chegar com as rosas, você ia me dizer...

— O sorvete de baunilha está uma delícia. Eu não deixaria de pedir.

Manuela escutou a voz familiar e voltou o rosto para cima. Abriu um imenso sorriso ao ver Fernando. Sem perceber, já tinha se levantado de um salto e o abraçou com imenso carinho.

— O que está fazendo aqui, moço bonito?

— Acabei de chegar de viagem. Vim passar o fim de ano com meus tios. Mas daqui a pouco volto. Estou apaixonado pelo Canadá. Eu me encontrei lá, Manuela.

Ela o abraçou novamente e o apresentou a Luciano. Fernando era a simpatia em pessoa. Alto, forte, bonito, formara-se em educação física e dava aulas em uma academia badalada na cidade. Era amigo de Manuela desde a adolescência. Sem vislumbrar perspectivas boas para o futuro no país, decidira fazer intercâmbio no exterior e, depois, tentar viver em outro lugar, adaptar-se a uma nova cultura.

— Como vai? — Luciano o cumprimentou.

— Prazer. Fernando. Eu e Manuela somos amigos há muitos anos.

Manuela deu uma risadinha.

— Bote anos nisso! Mas cadê a namorada? Você foi fazer o intercâmbio com a Rafaela, não?

Fernando fez uma cara engraçada.

— Depois de dois meses de curso, ela se interessou por um chileno, me dispensou e se mandou com ele para Santiago, acredita?

Luciano não pôde deixar de notar o belo homem à sua frente e, o mais intrigante, o quanto os olhos de Manuela brilhavam enquanto conversava com Fernando.

— Você tem uma beleza clássica, chama muito a atenção. Parece artista de filme europeu. Nunca pensou em ser modelo?

— Não. Já fui convidado, cheguei a fazer uma peça publicitária aqui mesmo no Brasil. O meu negócio é um trabalho estável, carreira, casamento, filhos. Por isso escolhi Montreal. É a cidade onde penso me estabelecer até morrer.

— Que determinação! — observou Luciano, admirado. — Gosto desse tipo de atitude.

— Eu também — ajuntou Manuela. — Sou tão insegura.

— Que nada! — interveio Fernando. — Lembra-se de quando conversávamos e fazíamos planos sobre viagens, conhecer culturas, outros povos? Foi você quem me arrastou para o curso de francês na Aliança Francesa.

— É verdade — ela concordou, sorrindo.

— Não sabia que Manuela fala francês — Luciano estava impressionado.

— Francês, inglês e arrasta no espanhol. É uma moça culta, inteligente, sensível, carinhosa. Você tem sorte de ter uma mulher como ela ao seu lado.

Manuela encheu-se de orgulho. Luciano, se não estivesse convicto de terminar o namoro, naquele momento morreria de ciúmes. Estava na cara que Fernando era apaixonado por Manuela. Quis saber:

— Quando volta a Montreal?

— Em fevereiro, ou março. Tudo depende — Fernando respondeu com o olhar fixo em Manuela.

Ela, percebendo o climão que se instalara, pigarreou e comentou:

— Mamãe vai adorar saber que está aqui.

— Danusa! — Fernando suspirou feliz. — Como adoro sua mãe! Quanta saudade.

— Farei questão de recebê-lo para um almoço em casa. Vamos combinar. Você tem um número de telefone?

— Tenho. Mas guardo o seu ainda. Mudou?

— Não. É o mesmo. O endereço também.

— Então, quando posso ligar para você?

— Quando quiser. Sinta-se à vontade. E sabe que é sempre bem-vindo em nossa casa.

Fernando despediu-se deles e, quando estava quase na porta do restaurante, Luciano comentou:

— Que amigão, não?

— Um amor de pessoa. Adoro o Fernando. Sempre combinamos em tudo.

— Nunca tiveram nada?

— Não. Sempre fomos amigos. Por que pergunta?

— Por nada. Curiosidade. Só.

— Estou tão animada que vou pedir o sorvete de baunilha.

— Agora gostei! — observou Luciano. — Fernando operou um milagre! Injetou-lhe uma dose de segurança!

Os dois riram. Luciano chamou o garçom e refez o pedido. Logo a sobremesa chegou e Manuela indagou:

— Ainda não me disse o que queria conversar comigo.

Luciano perdeu o pique, ficou sem jeito, completamente sem graça. Depois da alegria de Manuela em rever o amigo, de estar se sentindo segura, de estar num fim de noite com uma energia tão agradável para os dois, não teve coragem para terminar o relacionamento.

Deixaria para a noite seguinte.

⚬≈⚬

Eram quase duas da manhã quando Manuela entrou em casa. Danusa terminava de dar uma ajeitada na sala. O filme tinha acabado havia uns quinze minutos.

— Adivinha quem está aqui?

Manuela ouviu barulho de descarga vindo do lavabo. Danusa sorriu, maliciosa:

— Quem?

— Guilherme!

Manuela sorriu contente. Guilherme acatara seu pedido e fora visitar Danusa. O rapaz saiu do lavabo e, ao ver Manuela, correu a abraçá-la:

— Que presentão de fim de noite encontrar você! Não esperava.

— Como não? Moro aqui, ora.

— Pensei que...

— Ele pensou o mesmo que eu — tornou Danusa. — Que você fosse dormir na casa do seu namorado.

— Querem monitorar até a minha vida sexual?

— Eu? Imagina. Sou sua mãe. Já é um cargo de muita responsabilidade. Não vejo a hora de me aposentar dele. Acha que vou ficar me preocupando com sua vida íntima? Que é isso? Século 19?

— As mães das minhas amigas monitoram.

— Disse bem. As mães das suas amigas. Eu não faço parte dessa lista. Por isso estão todas assim, velhas, ranzinzas, acabadas, mal-amadas, doentes.

— A senhora está linda. Parece a Bruna Lombardi — emendou Guilherme.

— Menos, meu filho.

— E sua autoestima, dinda?

— Menos. Sou mais jovem que a Lombardi. Tem que me comparar com uma da minha faixa etária. Tipo as Cláudias: Raia, Ohana e por aí vai.

Os três riram.

— Essa é minha mãe — disse Manuela.

— Que eu adoro — tornou Guilherme. — De paixão — ele se aproximou de Danusa e lhe deu um beijão na bochecha.

Danusa sorriu emocionada e perguntou à filha:

— Que cara é essa?

— Como, que cara?

— Não sei. Você está diferente. Os olhos estão mais brilhantes. Luciano se declarou? Pediu-a em casamento?

— Imagine, mãe.

— Você está diferente, sim — ajuntou Guilherme. — Para melhor, é claro.

— Luciano me levou para ver um musical e depois fomos jantar — Manuela levou a mão até a cabeça e, num gesto gracioso, muito seu, completou: — Ah! Encontrei o Fernando no restaurante.

— Que Fernando? — Guilherme não se lembrava.

— Meu amigo de escola, de adolescência.

— Aquele bonitão que se formou em educação física? — quis saber Danusa.

— É, mãe.

— Adoro ele! É uma graça de pessoa — elogiou Danusa. — Foi criado pelos tios, tadinho. Os pais morreram cedo. Sempre tive carinho pelo Fernando. Mas ele não estava no Canadá?

— Estava, mãe. Veio visitar os tios. Vai voltar logo para lá. Não quer mais viver aqui no país. Está tão feliz.

— Quem está feliz é você — percebeu Guilherme.

— É mesmo — concordou Danusa. — Demais.

— Sabe que é, enquanto ele falava sobre viver em outro país, fiquei imaginando umas coisas. Me deu vontade... Ah, deixa pra lá. Vocês grudam no meu pé. Eu, hein?

Guilherme despediu-se delas rindo muito e foi para casa sentindo enorme bem-estar. Manuela foi para seu quarto e, por mais que evitasse pensar em Fernando, a imagem dele aparecia sorrindo, como se estivesse na frente dela.

Manuela esboçou um sorriso, virou do lado e adormeceu tendo sonhos para lá de agradáveis.

CAPÍTULO 11

Paula sentia-se uma mulher linda, loira e milionária. Vislumbrava uma vida segura até que... certo dia, sem querer, viu apitar o aparelho celular do noivo e, mesmo tentando evitar ler, seus olhos foram atraídos para a mensagem. Encostou o dedo no aparelho e leu.

Nela, o sócio relatava a João Carlos, em detalhes, como os negócios estavam indo de mal a pior. O aplicativo que tinham criado havia apresentado uma falha; tanto ele como o sócio não conseguiam resolver o problema. A empresa patrocinadora poderia deixá-los e, como a notícia já havia vazado na imprensa, as ações da companhia deles despencaram na Bolsa, e eles já não eram mais tão milionários.

Esperta e rápida que só ela, Paula começou a rastrear outras mensagens do amado e descobriu, em poucas semanas, que João Carlos havia feito vários empréstimos para manter as aparências e estava praticamente arruinado em termos financeiros. Encostou-o na parede.

— Está me enganando por quê?

— Quem disse? — rebateu nervoso. — Eu amo você.

— Se me ama de verdade, por que me esconde que perdeu quase todo seu dinheiro? Como cem milhões podem evaporar assim, da noite para o dia?

— Porque faz parte. No ramo de criação de aplicativos, é comum perder e ganhar dinheiro de maneira rápida. Eu já consegui novos investidores. Coreanos. Vai dar tudo certo. E não foi dinheiro que evaporou, foram ações. O valor flutua. Logo recuperarei o prestígio, as ações na Bolsa voltarão a subir e ficaremos mais que milionários. Bilionários. Prometo.

Paula hesitou, mas não acreditou muito. O fato é que o rapaz falava a verdade. Havia conhecido um grupo de executivos sul-coreanos que estava com muita vontade de investir em um novo aplicativo que João Carlos desenvolvia em segredo de estado com seu sócio.

Ela saiu até a varanda e foi respirar. Olhou ao redor, admirando a vista privilegiada lá no alto do apartamento que João Carlos tinha comprado havia pouco e suspirou:

— De que adianta ter essa vista belíssima hoje? Amanhã poderei não tê-la mais. De repente teremos de vender o apartamento, vai saber... — refletiu. — João Carlos foi a melhor aposta que fiz na vida, deixei o pote de ouro do Guilherme Brandão por causa do nerd milionário. Troquei um pote por um caldeirão de cem milhões. Mas não gosto de viver assim, num clima de instabilidade, numa gangorra. Já basta a vida de cão que tive. Gosto de tudo sólido, certinho. Estou vendo que meu casamento será de altos e baixos. Preciso tomar providências. Começo a me arrepender de ter abandonado o pote de ouro — confessou, amuada.

Aproveitou que João Carlos entrara no banho, apanhou a bolsa e saiu, sem se despedir. Não se importava que já fosse madrugada.

— Eu me cansei de você — murmurou, quando entrou no elevador. — Bem que Deus podia me ajudar, me dar uma luz. Queria tanto poder largá-lo como larguei o Guilherme!

Pegou um táxi, chegou a sua casa e, surpresa, encontrou Célia debruçada sobre o que parecia ser uma carta, aparentemente antiga, folhas amareladas. A mulher chorava e se lamentava.

Paula aproximou-se e notou que uma folha, provavelmente já lida, estava caída no chão e fora do alcance dos olhos de Célia, ao pé do sofá. Ela correu até a mãe, abaixou-se e com uma das mãos empurrou o papel amarelado para debaixo do sofá.

— O que está lendo, mãe?

Célia deu um grito que ecoou por todo o apartamento. Logo o interfone tocou na cozinha e Paula correu a atender.

— Não. Está tudo bem. Mamãe teve só um acesso. Está se acostumando ainda com o ambiente. Acordou e assustou o vizinho. Sim. Sei que é madrugada. Desculpe. Pode deixar. Não vai se repetir. Obrigada. Boa noite.

Desligou, tomou um copo de água, atravessou o corredor, foi ao quarto trocar de roupa e colocar o pijama.

— Vou ter de caprichar na medicação. Hoje ela está impossível! Preciso fazer o bicho dormir feito pedra.

Quando voltou à sala, Célia voltava da cozinha e não tinha mais nada nas mãos. Paula discretamente olhou em volta, abaixou-se e viu o papel embaixo do sofá.

Menos mal, pensou.

— Onde a senhora guardou o que estava lendo? — quis saber.

— Não interessa. Aquilo é coisa minha. Só minha.

— Só queria saber o que você...

Célia abriu a boca e Paula correu para silenciá-la, abraçando-a e fazendo carinho nos cabelos.

— Desculpe, mãe. Não queria deixá-la nervosa. Quer um chá? Vou lhe fazer um chá. Pode ser?

— Pode.

— Vamos cantar uma musiquinha do Hare Krishna?

— Vamos.

Célia acalmou-se, foram para a cozinha. Enquanto Paula cantarolava a canção para a mãe e lhe preparava o chá, mordiscava os lábios curiosíssima para saber o que estava escrito naquela folha embaixo do sofá. Puxou conversa:

— Nunca mais me falou nada sobre seu irmão — arriscou.

— Lembra que eu lhe contei coisas do meu irmão Renato e da Elisa Brandão?

Paula fez o possível para manter o tom natural da voz.

— Sim. O que tem?

— Pensei que tivesse perdido a carta. Ando esquecida, a medicação me deixa grogue. Outro dia, fui pegar umas calcinhas e, lá no fundo da gaveta, encontrei o envelope. Depois a caixa também. Mas queria mesmo o envelope com a *minha* carta — enfatizou.

— Quer seu chá com açúcar, mãe? — Paula indagou, como se não estivesse dando trela. Estava se mordendo de curiosidade.

— Prefiro tomar puro, filha.

— Eu também. Aliás, nem sei por que temos açúcar em casa. De vez em quando uso adoçante. Preciso manter a forma.

Célia sorriu para Paula, um sorriso enigmático. Apanhou sua xícara de chá e bebeu. Concluiu:

— E tudo o que eu lhe disse, tempos atrás, está ali na carta. Não estou louca.

— Você nunca foi maluca, mãe. Quem disse? Agora tome seus comprimidos. Hora de nanar.

Célia concordou, pegou e engoliu os comprimidos com o resto de chá. Meia hora depois, Paula colocou-a na cama.

— Durma bem. Sonhe com os anjos.

Célia nem escutou. Quando Paula encostou a porta do quarto, a mãe já dormia a solto sono e roncava alto. Paula correu até a sala, agachou-se e apanhou o papel.

Sentou-se no sofá e engoliu cada palavra, com olhos arregalados de contentamento. Riu e leu de novo.

— Mal posso acreditar!

Descobriu ser uma carta de Renato para Célia, mas se tratava da primeira parte, porque no alto estava marcado o número um, depois vinha uma barra e, na sequência, o número um novamente.

Provavelmente, deve haver a continuação, o número um barra dois, no mínimo, pensou.

Ao ler o conteúdo dessa primeira parte, Paula teve certeza de que as informações que transmitira a Elisa, um ano antes, eram todas verdadeiras.

Só que agora começava a entender melhor o quebra-cabeça. Renato era, de fato, irmão de Célia. Esse irmão morava, na época da carta, em Amsterdã, estava doente e dizia que seus dias estavam chegando ao fim.

Ali, Paula tinha evidência em mãos. Naquela folha de papel, Renato afirmava ainda estar apaixonado por Humberto, que Guilherme não era filho dele, Renato, tampouco de Humberto, mas de...

— Filho de quem? — Paula indagou, morta de curiosidade.

Aquela folha terminava daquele jeito. Provavelmente, Célia deveria ter escondido a outra folha, a parte dois da carta que revelava o resto em algum lugar.

Ela precisava saber direitinho, tim-tim por tim-tim. A resposta de quem seria o pai de Guilherme era a chave que lhe abriria a porta para uma vida cheia de riqueza e felicidade, acreditava.

— Descobrir todo o podre de Elisa Brandão é como ganhar na loteria, sozinha.

Naquela noite, Paula começou a arquitetar seu plano. Primeiro, pegaria leve com a mãe. Seria mais amável com Célia, faria um esforço tremendo para tratá-la com mais carinho, a fim de tentar arrancar mais informações do passado, se houvesse, e descobrir onde ela tinha guardado a outra parte da carta.

Segundo, com uma bela cópia dessa folha amarelada em mãos, poderia esfregá-la na cara de Elisa e provar à megera que tinha prova concreta em mãos.

— Agora estou por cima da carne-seca, de novo! Elisa não terá como me derrubar. Vou fazer com que ela me aproxime do filho e, dessa forma, eu me case com Guilherme. E vou pedir um extra para ficar de bico calado, tipo um dote. Também vou exigir que pague uma clínica para me livrar de vez de Célia. Não dá para me concentrar em namoro e cuidar de doente ao mesmo tempo. É demais! Meu Deus! — exultou. — É muita coisa boa em tão pouco tempo! Mas vou com calma, porque sei que a cobra fofa é venenosa.

⚜

Na manhã seguinte, durante o café da manhã, Paula ouviu de Célia:

— A caixinha chegou pelos correios. Não lembra?

— Qual caixinha?

— A caixa com as cartas. Uma era para mim. As outras estavam endereçadas para meu tio, mas escritas para outra pessoa.

Paula estava determinada a mudar o tom e começar a ser mais amável, tolerar as sandices de Célia. Embora a mãe estivesse, de fato, contando a verdade, Paula jurava para si que Célia misturava verdades com algumas abobrinhas. Nunca vira caixa de cartas, por exemplo.

Célia, por sua vez, prosseguia:

— Fiquei com a minha carta. As outras, que não me pertenciam, eu mandei para uma amiga.

— Como?

— Bom, chamei o porteiro, seu João. Ele me ajudou com a lista telefônica, só que o prefixo do número tinha mudado.

— Sério?

— É. Sabia que todos os números de telefone da cidade agora têm oito dígitos?

Fazia anos que os números haviam mudado, mas Paula não estava no pique de discutir, muito pelo contrário. Resolveu ser cordata.

— Fiquei sabendo por alto, mãe. E como você localizou essa amiga?

— O seu João ligou para a companhia telefônica e conseguiu o número correto. Disquei, a filha dela atendeu, veio aqui e entreguei a caixa a ela.

Paula não estava interessada nas outras cartas. O que ela queria era a outra parte da carta de Célia. Mais nada. Perguntou, com voz dócil:

— Quero a outra parte da carta que seu irmão lhe escreveu, mãe.

— Não. Posso estar doente, mas louca, não. É coisa minha.

— Mãe — Paula percebeu que Célia estava irredutível, fingiu chorar e arriscou, num tom melodramático: — Fiquei tão surpresa em saber que tinha um irmão. Queria tanto conhecê-lo! Quando me afirmou ontem, com convicção, que tinha tido um irmão, chorei tanto... — Paula pousou as mãos nas da mãe, de forma carinhosa e começou a chorar.

Célia arregalou os olhos.

— Não fique assim, filha. Eu lhe causei tanto mal nesta vida! Achei que Renato não gostava mais de mim. Fiquei com raiva dele, por isso nunca falei nada...

— Imagine — mentiu Paula. — Foi uma mãe de ouro. Entendo que fez o que fez porque não sabia onde estava seu irmãozinho e também porque sentiu raiva dele. Sabe, fiquei tão comovida que hoje bem cedinho fui à igreja da Consolação e acendi uma vela para a alma dele. Pobrezinho...

Célia teve um lampejo e afagou os cabelos de Paula.

— Que gesto lindo! A alma dele precisa.

— Obrigada, mãe. Fiz de coração.

— Vamos fazer um trato? — propôs Célia.

— Que trato?

— Se prometer me internar numa boa clínica, eu lhe direi onde escondi a carta. Mas confesso que só tenho uma parte. Juro que a primeira folha eu perdi. Não consigo lembrar onde a deixei ou guardei. Acho que voou pela janela.

— Mesmo? — Paula queria gritar de felicidade. Até sentiu um pouco de peninha da mãe. Célia julgava ter perdido a primeira parte da carta. Tadinha. Já estava nas mãos dela. Se juntasse com a outra parte...

Paula sempre tivera a intenção de um dia jogar Célia dentro de uma clínica e livrar-se daquele *pacote*, mas não tinha dinheiro para bancar esse grande sonho. Agora que pensava em pôr o plano em ação, não via problema em gastar com a mãe.

Elisa não vai se furtar a me fazer também essa gentileza, pensou.

— Está bem, mamãe. Eu vou interná-la. Irei hoje mesmo pesquisar uma excelente clínica na cidade.

Célia abraçou-a de uma maneira carinhosa como nunca fizera na vida. Paula até sentiu uma emoção estranha.

— É uma filha maravilhosa! Não precisa pesquisar. Quero ir para uma em Araraquara.

— Tão longe? Por que não escolhe uma aqui na cidade, onde poderei visitá-la com mais regularidade? Além do mais, não tenho carro.

— Porque é lá onde está minha amiga Odete, que encarecidamente nos emprestou a casa no Pari, me arrumou emprego no atacadão...

— Dona Odete nos ajudou bastante, gosto dela — tornou, agradecida. — Bom, se quer ir para Araraquara, por que não? O seu desejo é uma ordem!

Paula queria beijar a mãe. Quanto mais longe, melhor. Estava muito feliz, nem que tivesse de, raras vezes, viajar de ônibus para visitá-la. Célia, por sua vez, também estava contente. Ficou tão radiante que disparou, tentando apontar para o armário atrás de Paula, mas não teve força:

— A outra folha da carta está no p...

Célia escorregou pela cadeira, tombou no chão, teve um ataque. Apagou. Quando voltou a si, minutos depois, já falava palavras desconexas, babava. Paula teve de adiar os planos de procurar Elisa por ora e foi obrigada a chamar uma ambulância.

— Minha mãe não pode morrer. Agora, não!

CAPÍTULO 12

Esmeralda olhou para o lado e viu, agora de fato, a mesma cena que contemplara na noite anterior, ao tocar o braço de Toninha, no bar. Exceto alguns detalhes, Toninha estava debruçada sobre o caixão, chorando a morte da irmã.

Era uma cena triste.

Durval, mais afastado, estava de óculos escuros, desolado; era amparado por seu Adamastor. A ficha ainda não caíra direito. Nem mesmo quando tivera de ir ao Instituto Médico Legal para liberar o corpo da esposa, Durval acreditava no que tinha ocorrido.

— É tudo muito surreal — revelou para Bocão e Antônio, os amigos do boteco que o acompanharam na delegacia e depois até o IML — Berenice estava lá, na minha frente, reclamando, falando sem parar, e de repente caiu, bateu a cabeça e morreu. Acabou. Como pode?

Bocão passou o braço pelo ombro do amigo.

— Coisas da vida, Durval. Era a hora dela.

— Deus quis assim — tornou Antônio, meio sem jeito.

Os dois amigos queriam consolar Durval, porém não sabiam o que dizer. Estavam bastante comovidos, mesmo assim se dispuseram a ajudá-lo a realizar todos os trâmites, da liberação do corpo até o enterro, num jazigo oferecido carinhosamente pela família de Antônio.

Durval não tinha parentes enterrados na cidade e também não queria que Berenice fosse enterrada no interior, mesmo a contragosto da família dela.

A família de Berenice chegou a tempo de acompanhar a cerimônia fúnebre. Os pais, idosos e profundamente abalados, não vieram. Os irmãos abraçaram Toninha e choraram muito. O velório estava cheio de gente, encarnada e desencarnada.

Um dos trabalhadores espirituais do cemitério aproximou-se de um espírito em forma de mulher. Tratava-se de uma morena de cabelos lisos, pretos e olhos escuros; embora esbelta, tinha estatura baixa. Contudo, havia uma luminosidade em volta dela que, dependendo do ângulo pelo qual fosse vista, tornava a moça imensa.

Ele se aproximou e abraçou-a com efusividade:

— Seja bem-vinda, Sumailla. Quanto tempo não a vejo por estas bandas!

Ela sorriu e devolveu:

— Como vai, meu amigo? — cumprimentou-o, com um leve sotaque. — Fazia tempo mesmo que não vinha.

Ele apontou para o caixão:

— É conhecida sua?

— Sim. Uma amiga de longa data. Vim terminar de desligar os fios que ainda prendem o perispírito ao corpo físico dela. Quer me ajudar?

— Pois claro! Será um prazer.

Ignorando o ambiente pesado, carregado por tristeza e dor, Sumailla fez um gesto gracioso com as mãos; uma espécie de capa luminosa, branca, surgiu e envolveu Sumailla, o trabalhador espiritual e o corpo de Berenice, protegendo-os das energias saturadas do ambiente.

Logo, Sumailla fez uma prece numa língua estranhíssima. A luz ficou mais intensa e, conforme o rapaz fazia movimentos com as mãos, como se estivesse dando um passe sobre o corpo de Berenice, Sumailla concentrou-se nos centros de força — chacras — do corpo físico de Berenice e, lentamente, com movimentos sutis com as mãos, desprendeu o perispírito.

O rapaz deitou gentilmente o corpo espiritual de Berenice nos braços e, com indicação de Sumailla, seguiram para um posto de tratamento no astral. Os três sumiram no horizonte.

Quase ninguém percebeu nada do que ocorria no plano invisível. Só Esmeralda teve a capacidade de perceber a boa energia que dos dois espíritos emanava. Ela notou que estiveram ali desligando Berenice e sorriu, aliviada.

Aproximou-se de Toninha e abraçou-a com carinho:

— Acabaram de desligar o espírito de sua irmã.

— Você viu?

— Não, Toninha. Estou muito emocionada e, nesses momentos, não consigo ver, só sentir. Percebi há pouco dois bons espíritos levando Berenice embora daqui. Sua irmã não vai ficar presa ao corpo físico. Graças a Deus!

Toninha era bem receptiva no tocante à espiritualidade, mas não estudava nada com profundidade. Algo dentro dela acreditava piamente na vida após a morte e na reencarnação. Abraçou Esmeralda e, com lágrimas, confessou:

— Não entendo muito de espiritualidade; no entanto, tenho certeza de que a vida aqui no planeta não estava sendo nada boa para minha irmã. Que, pelo menos, ela tenha uma vida melhor onde quer que seja ou fique bem nesse mundo espiritual que você tanto diz existir.

— Não importa o mundo em que vivemos, querida. Importa a maneira como vivemos. Seja aqui ou em qualquer lugar, em qualquer dimensão. Eu torço sinceramente para Berenice entender que tudo na vida é perfeito, pleno e completo. Nada está errado. E que ela pode viver melhor, se quiser.

Continuaram conversando um pouco mais até a chegada de um padre para fazer uma oração antes de fecharem o caixão. Foi um pedido dos irmãos de Berenice. Embora não fossem católicos praticantes, achavam que tinham de seguir alguns protocolos sociais. O padre veio, falou umas palavras bonitas, as pessoas se emocionaram e o ambiente ficou mais aprazível, porque a oração, quando sincera, independentemente da fé que as pessoas professam, sempre é bem-vinda, acalma e alivia o peso nos corações entristecidos.

Em seguida, o cortejo seguiu até o jazigo da família de Antônio.

Quando os coveiros terminaram de cimentar a lápide e colocaram as coroas de flores sobre o túmulo, as pessoas foram se dispersando. Os irmãos de Toninha se despediram dela e decidiram retornar para o interior.

— Você não vai comigo para casa? — indagou Durval a Toninha.

— Não. Vou para a casa de Esmeralda. Amanhã, domingo, se me permitir, gostaria de pegar minhas coisas.

— Mas já?

— Sim. Chegou a minha hora de partir também.

— Não há necessidade de ir embora, Toninha, só porque sua irmã mor... — Durval não conseguiu terminar. Estava emocionado.

Toninha colocou a mão sobre o braço dele:

— Eu já estava me programando para ir embora da casa de vocês. Só estou antecipando a mudança. Vou morar com Esmeralda. Você agora é viúvo, pode fazer o que quiser com a casa, inclusive vendê-la. Tem a vida toda pela frente.

— Minha cabeça está anestesiada. Ainda não sei ao certo que rumo tomar.

— Entendo-o. Espere o tempo passar. Não faça nada com a cabeça quente, ligada a fortes emoções. Dê um tempo para digerir tudo isso. Você tem um bom emprego, é jovem, não tem filhos...

Uma lágrima escapuliu pelo canto do olho de Durval:

— Sua irmã não quis adotar porque era birrenta. Era muito teimosa. Se Berenice fosse menos reclamona, se ela fosse...

Toninha colocou o dedo nos lábios do cunhado:

— Disse bem. Se Berenice *fosse* — enfatizou —, mas não foi. As coisas foram como tinham de ser. Nada de lamentações. Sei que brigavam bastante, que o casamento estava por um fio...

Durval a olhou assustado, como se Toninha não percebesse o que acontecia entre as quatro paredes daquele sobrado. A cunhada prosseguiu:

— Mas havia um sentimento, por menor que fosse, que os mantinha juntos. Conviveram por alguns anos. Entretanto, logo você se refaz. Agora é o momento de se despedir do passado. Pense na sua vida daqui para a frente!

Durval abraçou-a forte e, choroso, tornou:

— Nunca fomos muito ligados, sempre tivemos muitas diferenças. Mas eu a respeito e tenho grande carinho por você, Toninha. Não quero que suma da minha vida.

— Não vou prometer nada. Vamos viver a vida. É o que importa. Amanhã, talvez no fim do dia, passarei para retirar minhas coisas.

Despediram-se e, poucos minutos depois, Toninha entrava no carro de Vera.

— Quer comer alguma coisa? — indagou Vera.

— Não. Estou sem fome.

— Precisa se alimentar — tornou Esmeralda.

— Não quero ir a lugar nenhum. O dia todo foi muito pesado. Gostaria de um banho e de descansar. Mais nada.

— Vamos para casa — pediu Esmeralda.

— Está bem — concordou Vera.

Foram para o apartamento de Esmeralda. Lá chegando, conversaram um pouco. Deram força, apoio e carinho para Toninha. Ela agradeceu, começou a bocejar, sentiu cansaço, tomou um comprimido para dor de cabeça e pediu licença para um banho.

Esmeralda separou a toalha para ela e, enquanto Toninha banhava-se, ela terminou de arrumar o quarto onde ela ficaria.

— Está tudo pronto. Ela poderá descansar quanto quiser.

— Precisa de mais alguma coisa? — quis saber Vera. — Posso lhe dar uma carona.

— Tenho de fazer compras para a casa, mas vou esperar Toninha deitar-se. Depois eu desço e vou ao mercado que tem ali no subsolo do shopping.

— Bom, então, eu já vou.

Esmeralda abraçou-a e, quando iria agradecê-la, viu uma cena que não lhe agradou.

— Você sabe que ele não a ama. Por que insiste?

— O que disse?

— O que está fazendo, Vera? Por que insiste em iludir-se?

— Não sei do que está falando — Vera consultou o relógio. — Está tarde. Preciso ir.

Despediram-se e, assim que fechou a porta, Esmeralda ficou intrigada. Gostava de Vera. A moça vivera em seu apartamento por mais de um ano. Era uma boa pessoa. Tinha boa índole, mas afirmava estar namorando um homem que não a amava. A troco de quê?

— Por que Vera está envolvida com ele? Que diabos essa menina está aprontando? Por que se envolver com quem não a ama?

A sensibilidade de Esmeralda não conseguia captar. Em todo caso, ela deu de ombros e disse para si:

— Cada um com seus problemas. Infelizmente, cada um de nós é a sua própria lei, ou seja, vive de acordo com o que crê, de verdade.

Vera tinha pensamentos conturbados acerca dos sentimentos, de como entendia e lidava com a afetividade. Isso poderia lhe trazer problemas.

Quando a pessoa cisma com o outro, quando deseja alguém desesperadamente sem ser correspondida, está iludida. Contudo, a ilusão é temporária. Chega um momento em que, tudo o que é falso, a vida tira da pessoa, a fim de que ela possa enxergar a verdade. Às vezes, o preço a pagar é bem alto.

Esmeralda sentiu um calafrio percorrer-lhe o corpo. Fez um sinal da cruz e pediu proteção para Vera, na medida do possível.

Vera entrou no carro, deu partida e, julgando estar apaixonada e acreditando que logo seria correspondida, já havia trocado confidências com uma amiga, por telefone, na semana, que iria, neste sábado, comprar um mimo para seu pretendente.

A fim de facilitar as coisas, ela iria pedir ajuda para Toninha e fazer a compra na loja de Elisa. Mas e agora? Qual funcionária procurar?

— Chegando lá, eu me viro. Agora vou passar no mercado e comprar um vinho para brindarmos, quando ele voltar de viagem — disse para si, enquanto descia com o carro pela rua da Consolação, sem perceber que seu carro era, discretamente, seguido por outro.

෴

Durval despediu-se dos parentes da esposa, que decidiram retornar ao interior na mesma tarde. Seu Adamastor precisava abrir o bar e Antônio lhe ofereceu carona. Durante o trajeto, mal conversaram.

Assim que Durval entrou em casa, jogou-se no sofá, abraçou-se a uma almofada e chorou.

Pouco antes, Inês olhava para a casa dele, encostada em um poste, na esquina. Por mais triste que fosse o cenário, vibrava de contentamento:

— Fiquei passada quando soube da tragédia! Pobre Berenice. Que Deus a tenha. Vou escrever o nome dela num papel e pedir para minha mãe colocá-lo na caixa de orações no centro espírita em que trabalha. Mas... ela morreu e eu estou aqui, vivinha da silva. Linda e loira! — riu com graça. — Vou esperar só um pouquinho e fazer uma visitinha. E, de visita em visita, eu vou conquistar esse homem. Durval vai ser meu. E eu vou fazê-lo o homem mais feliz do mundo.

Sorriu e em sua mente vinham cenas e cenas, inclusive proibidas para menores, em que ela aparecia com Durval, ora fazendo estripulias na cama, ora lavando o carro do seu Adamastor, um jogando espuma no outro... Ela só não viajou mais nos sonhos picantes porque Leônidas apareceu e freou o carro com força. Os pneus cantaram e ele gritou:

— Desencoste desse poste e entre já no carro! Sua mãe nos espera para o jantar. Que faz parada aí na esquina feito uma oferecida? Quem mandou colocar esse short curtinho de novo? Já falei...

Ela fez um esgar de incredulidade, fuzilou o pai com os olhos:

— A oferecida estava... — preferiu não arrumar briga. — Estava divagando.

— O quê?

— Nada, pai — Inês rebolou na frente do carro, entrou e sentou-se no banco do passageiro.

Leônidas ia protestar, mas ela foi rápida e o silenciou encostando um dos dedos nos lábios dele, encarando-o de maneira que Leônidas engoliu em seco e baixou os olhos.

— Toca logo esse carro, velho. O jantar vai esfriar.

CAPÍTULO 13

Era fim de tarde. Elisa bateu na porta sem esperar resposta, já entrando:

— Gustavo, posso entrar?

— Oi, mãe, pode. Já entrou...

— Queria saber como foi a sua noite. Fiz tanta coisa hoje, já saí, fiz compras, voltei. Nem almoçou comigo. Conheceu alguém? Ela é bonita? Marcaram novo encontro?

Gustavo ajeitou o corpo na cama e sentou-se. Chacoalhou a cabeça.

— Calma. Devagar. Uma pergunta por vez.

— Fiquei ansiosa. Só queria saber se conheceu alguém porque, quando sai com Guilherme, sempre arrumam confusão.

— Não é verdade. Guilherme é ótima companhia.

Elisa torceu as mãos para evitar demonstrar tamanha contrariedade. Não gostava da amizade entre os dois irmãos. Respirou fundo e indagou:

— Conheceu alguma garota?

Os olhos do rapaz brilharam e ele sorriu:

— Sim. Conheci. Uma moça linda.

— Nossa! Já? Esqueceu rápido a Regiane, não?

— Regina, mãe — corrigiu. — Eu a namorei quase um ano e você sempre trocou o nome dela.

— Não gostava dela. Tenho dificuldade de guardar o nome de gente de que não gosto.

— Com exceção de tia Danusa.

Os olhos de Elisa giraram nas órbitas.

— Resolveu me aporrinhar? Quer deixar sua mãe mais triste ainda?

Ele assegurou:

— De forma alguma. Foi só uma brincadeira.

— Sabe o quanto fico irritada só de escutar o nome daquela sonsa que, além, de ter um parafuso a menos, acredita no sobrenatural, fenômenos paranormais. Um porre.

— Posso lhe perguntar uma coisa, uma coisinha só? Promete que não vai ficar mais brava?

— O que é? Depende...

— Por que você tem tanta birra da Danusa?

Elisa virou o rosto na direção da janela para Gustavo não se assustar com a sua fisionomia. Elisa não tinha birra de Danusa. Sentia ódio mesmo. Declarado.

O fato é que a outra peça que completava o triângulo amoroso do qual Elisa fizera parte em Paris era Renato que, por conta das tramas da vida, tinha sido amicíssimo de quem? De Danusa, claro.

Jamais Elisa e Danusa conversaram sobre o ocorrido em Paris, mas Danusa e Conrado eram as únicas pessoas da face do planeta, com exceção de Elisa, que souberam de um envolvimento amoroso entre Renato e Humberto.

Renato morreu não muito depois que Elisa e Humberto regressaram de Paris. Não havia jeito de Renato ter tido contato, enviado uma carta, caso contrário, Danusa já teria dado com a língua nos dentes e destruído o casamento dela com Humberto.

Como precaução em excesso nunca é demais, Elisa procurava manter uma boa distância e evitar relações com Danusa e sua família.

Ela deu uma fungada e em seguida sorriu, como se nada tivesse pensado:

— Temos a mesma idade, mas tivemos criação bem diferente. Eu vim de uma família muito tradicional e essa mulher que você chama de tia é de origem humilde, perdeu os pais, foi criada por padrinhos, não tem classe. Não temos afinidades e nossos gostos são bem distintos.

— Só?

— E ela vive de amores pelo seu irmão. Uma coisa.

— É verdade. Apaixonada desde sempre pelo Guilherme.

— Outro absurdo! Por mais que o meu santo não bata com o do seu irmão, se um dia ele se casar — eu disse se —, queria que Guilherme se casasse com alguém de sociedade, com um belo sobrenome, de peso.

— Coisa mais antiga. As pessoas não ligam mais para isso nos dias de hoje.

— Eu ligo. O sobrenome para mim ainda é importante.

— Você fala como se fôssemos separados por uma espécie de selo, raça, condição social.

— E não? Claro que somos. O mundo pode ter evoluído bastante e ter mudado muito nos últimos anos; contudo, as pessoas ainda valorizam as classes sociais, os nomes de família, a origem.

— Está por fora, mãe. Hoje as pessoas se ligam no caráter, nos valores bons que o outro tem para oferecer, para trocar. Dinheiro, posição social, nome de família, tudo caiu por terra, para a maioria das pessoas, ainda bem. Ninguém mais diz que fulano é da família tal e por conta disso tem mais regalias.

— Na minha loja existem regalias, sim. Tenho uma caderneta com o nome das famílias tradicionais de São Paulo, Rio, Beagá, Salvador, Porto Alegre e Recife. É gente que vem de ponte aérea, helicóptero, jatinho; desce, faz compras comigo, almoça e volta para casa, carregada de sacolas, realizada e feliz.

— Pode haver nesse meio alguém que fez fortuna por merecer, porque é inteligente, deu duro, subiu na vida honestamente, ganhou dinheiro no mercado de capitais, no agronegócio, comanda empresas de tecnologia, preocupa-se com o bem-estar dos menos favorecidos...

— Não sei. Eu tenho outra mentalidade, bem diferente da geração de vocês. Bem, preciso voltar à loja para organizar uma papelada, conferir uma chegada de material. Não quer me acompanhar e depois vamos lanchar juntos? — quis saber, mudando o rumo da conversa, olhando para o telefone, na palma da mão.

— Não sei. Sempre diz que não gosta que seus filhos entrem em contato com as funcionárias, para não criar nenhum tipo de vínculo.

— Faço isso para protegê-los das oportunistas. Hoje você é homem feito, não vai cair na lábia de qualquer uma e, pela sua cara, parece que tem alguém que não sai de seu pensamento.

— Verdade — ele sorriu. — Posso ir à sua loja hoje e não vou me encantar com nenhuma funcionária. Além do mais, pode ser que a To... — ele parou de falar. Se dissesse o apelido dela, Elisa o condenaria, com certeza. Conhecia a mãe. Sabia o quanto Elisa era preconceituosa. Quanto menos falasse a respeito da moça, melhor.

— Hum, sei. A moça ficou de ligar?

— É.

— Façamos assim. Você me deixa na loja, vai dar uma volta, baixa um pouco essa ansiedade. Depois me pega e vamos lanchar. Se nesse meio tempo a moça ligar, eu mudo o meu roteiro. Sabe, seu tio Ed ligou do Rio e pediu para eu passar em uma galeria de arte, adquirir em leilão obras de Lina Bo Bardi, Di Cavalcanti, Portinari.

— Tio Edmundo gosta de arte, não?

— Ele tem gosto apurado — ela comentou, afetada, enquanto se levantava para sair.

— Que legal!

Elisa já estava com um pé fora do quarto quando perguntou de novo:

— Qual é o nome da moça, mesmo?

— Maria Antônia.

Ela saiu, fechou a porta e dirigiu-se até seu quarto, passou pelo closet, avançou para dentro do banheiro. Descansou o telefone num aparador e encarou sua imagem no espelho sobre a pia.

— Maria Antônia. Hum, gostei do nome. Deve ser de alguma família tradicional. Meu filho não iria se envolver com uma qualquer. Nem por cima do meu cadáver. Em todo caso, farei a boa mãe apenas para conhecê-la, do mesmo jeito como fiz com a Regina, ou Regiane, depois acabo com essa paixonite. Nem ele nem o pulha do Guilherme podem sair de casa. O meu casamento com Humberto vem sempre em primeiro lugar.

Abriu o armário espelhado à sua frente. Sorriu:

— Preciso mesmo ir a uma galeria de arte. Edmundo pediu para eu comprar quadros caros porque recebemos dinheiro extra pela triangulação de compras das roupas que abastecem minha loja. Como é bom driblar e lesar o fisco! — gargalhou.

Procurou os produtos à sua frente e prosseguiu:

— Dessa forma, também me acalmo um pouco. Passei o dia ansiosa. Há pouco recebi uma mensagem de Boris e me acalmei um pouco. A sirigaita da Vera está no mercado. Não vejo a hora de receber a mensagem do momento em que vai chegar à loja. Hoje eu só quero olhá-la, conferir com a foto que tenho dela no meu telefone, talvez ficar cara a cara, sentir o cheiro da rival.

Elisa apanhou um pote de creme, abriu-o e, ao colocá-lo sob a pia enquanto aplicava um pouco de creme no rosto, o pote veio ao chão, espatifando-se.

Ela fez um muxoxo.

— Esse pote custou uma nota. Mandei trazer de Paris. Será que sobrou alguma coisa?

Enquanto recolhia os cacos e tentava apanhar um pouco do creme espalhado pelo chão e colocá-lo em outra vasilha, um vulto escurecido gargalhava na porta do banheiro:

— Desgraçada! Depois de muito tempo aprendi a mover as coisas no seu mundo. Consegui derrubar esse potinho. Quem sabe, amanhã, eu consiga empurrar você na frente de um ônibus em movimento?

A figura continuou a gargalhar. Elisa levantou-se, sentiu leve mal-estar e atribuiu o mal súbito ao fato de ter se levantado rápido demais. O espírito, raivoso, mas muito triste, logo saiu do banheiro. Elisa abriu a ducha, entrou e deixou a água morna banhar o corpo. Não sentiu mais nenhuma indisposição.

CAPÍTULO 14

Gustavo embicou o carro no estacionamento conveniado com a loja, no meio do quarteirão. Elisa saltou e disse:

— Até o convidaria para entrar, para conhecer as reformas que fiz, mas sabe como é... Tem de atravessar a loja toda e ir até o fundo; não gosto que tenha contato com as funcionárias. Ficará para quando a loja estiver vazia, sem ninguém.

— Qual é o problema, mãe?

— Por mais que confie nelas, pode sempre haver uma oportunista no meio dessa gente. Todas são bonitas, solícitas. Basta jogar um charme para vocês, homens, caírem de quatro.

Gustavo riu.

— Não sou assim. Papai também não. Só o Guilherme é mais atirado.

Ela não gostou do comentário e fez uma careta.

— Não sei a quem seu irmão puxou. Em todo caso, prefiro que você vá fazer um passeio nos arredores. Só preciso de um tempo para checar umas planilhas. Dei folga para a minha assistente.

— Eu vou dar uma volta, olhar as vitrines.

— Certo — Elisa observou o filho, curiosa. — Está muito ansioso pela ligação da moça, não?

— Estou, mãe. Fazia tempo que não me sentia assim, sabia?

Elisa sentiu uma pontada de raiva.

Preciso logo tomar medidas para afastar essa moça, pensou.

Alcançaram a entrada da loja.

— Volto daqui a uma hora, pode ser? — Gustavo quis saber.

— Está ótimo.

✧✧✧

Tão logo se despediu da mãe, Gustavo caminhou pela calçada, olhando as vitrines, sorrindo para as pessoas. O ambiente era alegre, agradável. A tarde se despedia com um bonito pôr do sol.

No entanto, num determinado momento, imaginou como seria gostoso se estivesse caminhando de braços dados com Toninha e sentiu um aperto no peito. Teve a sensação de que a moça não estava bem. Sentiu uma vontade louca de estar ao lado dela, abraçá-la, confortá-la. Mas como encontrá-la?

Gustavo sentiu desespero e ligou para Guilherme.

— Ocupado?

— Não. Estava aqui lendo as notícias do dia pela internet.

— Lembra-se daquela moça que fiquei de olho, no bar, ontem?

— Lembro. Acabou conhecendo-a?

— Sim e fiquei caidinho por ela.

— Marcaram alguma coisa, Gustavo?

— O pior foi que ela pediu meu telefone e ficou de ligar hoje para sairmos para jantar. Mas até agora, nada.

— Será que vai tomar um cano?

— Estou morrendo de ansiedade, Guilherme.

— Calma, meu irmão. Se essa moça gostou mesmo de você, por que não ligaria?

— Tem razão.

— Onde está?

— Aqui na esquina da Oscar Freire. Vim acompanhar mamãe até a loja.

— Deixou você entrar?

— Não — os dois riram. — Ela quer lanchar. Você podia se juntar a nós.

— Eu!? Sairia briga na certa.

— Está certo — concordou Gustavo. — Eu resolvi acompanhá-la por compaixão. Sinto que anda carente. Nosso pai tem estado muito ausente ultimamente.

— Sabe o que isso significa, não?

— Que papai tem uma amante?

— Sim.

— Penso como você, só que ele não dá trela para nenhuma secretária, nunca o vimos dar em cima de ninguém. Sempre foi muito respeitoso com as mulheres, que eu me lembre.

— O tempo passa, as pessoas mudam. Esse casamento de fachada está ruindo.

— De fato, o relacionamento deles nunca foi um modelo que eu queira seguir. Ultimamente andam bem afastados.

— Pode reparar, Gustavo, papai sempre arruma uma desculpa para inspecionar as obras fora de São Paulo. Por que não deixa essa tarefa a cargo de outro funcionário? Não precisaria se deslocar, ainda mais sendo um dos donos da empresa.

Gustavo olhou para o alto, pensativo e devolveu:

— É verdade. Então, vou lanchar com ela. Assim, também o tempo passa mais rápido. Não tiro aquela garota da cabeça.

— Ficou a fim dela. Quem diria! Mas acredite no que sempre me diz.

— O quê? — indagou Gustavo, tentando se lembrar.

— O que é seu é seu. Ninguém tira. Se tiver de conhecer essa moça e ficar com ela, nada vai impedi-lo. Portanto, anime-se!

— Obrigado pelo apoio.

Despediram-se. Gustavo desligou o telefone e o colocou no bolso da calça. Sentia-se mais confiante e menos ansioso; contudo, a sensação de aperto no peito ainda persistia, mas agora estava bem menor.

Os dois se davam muito bem e também com o pai. Humberto era um pai presente, porquanto percebia a maneira estranha como Elisa tratava os filhos; entretanto, depois que se tornaram adultos, Humberto passou a dedicar-se inteiramente aos negócios e, sempre que podia, reunia-se com os dois para uma conversa, um jantar, um churrasco.

Ele só evitava confraternizar-se com os meninos se Elisa estivesse junto, pois sabia que ela arrumaria uma maneira de implicar com os filhos. E Humberto era adepto da paz, faria de tudo para manter a harmonia dentro de casa.

Humberto tinha um carinho especial por Guilherme. Elisa sabia disso e, conforme os anos passavam e esse sentimento ficava mais patente, mais ela destratava o filho, assim criava o ambiente perfeito para brigas, discussões e, naturalmente, permitir que energias não muito boas invadissem aquele lar.

Foi dessa forma que esse espírito perdido e ainda preso às ilusões do mundo conseguiu livre acesso à casa de Elisa. Fazia pouco mais de cinco anos que Renato chegara ali, tão somente para importuná-la. Só queria saber de atrapalhar a vida de Elisa, de mais ninguém.

Claro que os outros moradores da casa sentiam, mesmo que em um grau bem menor, a energia desagradável, mas que não comprometia tanto o sistema energético deles da forma como alterava o de Elisa.

Esse espírito — ou entidade, ou encosto, ou qual seja lá o nome que se queira dar a um desencarnado desorientado — vez ou outra acompanhava Elisa também quando ela saía, dependendo do teor dos pensamentos dela.

Se os pensamentos estivessem bons, positivos — coisa raríssima —, Renato não conseguia via de acesso e ficava ali, preso no quarto dela. Agora, se Elisa entrasse numa vibração de negatividade, sentisse ódio, brigasse com um dos filhos, discutisse com os empregados, ficasse com raiva de alguém pelo telefone, pronto: era abertura ideal para Renato acompanhá-la e atormentá-la, ou mesmo influenciá-la a ficar mais raivosa, mais negativa, mais nervosa, mais irritada.

⁓ৎ৶⁓

Elisa despediu-se do filho com certa animosidade. Ao botar o primeiro pé na beirada da porta da loja, sentiu tontura. Precisou colocar a mão no batente para não cair. A visão ficou levemente turva. Respirou fundo, levantou a cabeça e pisou firme.

Forçou um sorriso para duas clientes que ali estavam e foi para seu escritório, nos fundos. Encarou uma das funcionárias e disse baixinho:

— Não quero ser incomodada durante uma hora. Nada de bater na porta, nada de confusão com cliente. Virem-se. São pagas para resolverem todos os problemas.

A funcionária continuava encarando Elisa com o rosto consternado.

— O que foi, criatura? Que cara é essa? Morreu alguém?

— Sim.

— O quê?

— A irmã da Toninha faleceu ontem à noite. Duas das meninas foram ao enterro e só virão amanhã. Apenas queria que a senhora soubesse.

Elisa fez uma cara de espanto e logo em seguida um ar de mofa.

— Tem certeza de que a irmã dela morreu? Porque eu dispensei a Toninha, vai saber... De repente essas duas souberam, resolveram cair na gandaia e inventaram essa desculpa esfarrapada e de mau gosto.

A funcionária esbugalhou os olhos.

— Não, dona Elisa. É verdade!

— Não foi pegadinha?

— Dona Elisa, a senhora...

— Vai, escreve um cartão de condolências, peça para o motorista entregar na casa da Toninha. Agora feche essa porta e suma.

— Sim, senhora...

A moça saiu de forma ligeira e fechou a porta. Elisa sentou-se à sua mesa, colocou a bolsa sobre uma bancada atrás de si. Colocou os óculos, ligou o computador e, instantes depois, começou a mexer em algumas planilhas.

— Por que Boris não manda mensagem? Onde está a fulana? Será que não vem? Quero só ver a cara dela. Só para constar. Mais nada.

Pegou o telefone e mexeu com os dedos:

— Oi, tio Ed. Sou eu. Quanto posso gastar na galeria? Não sei se vai dar tempo de ir hoje ainda. Semana que vem, sei...

Renato, ao seu lado, se divertia. Sussurrava e a sugestionava:

— Esse bando de funcionárias incompetentes! Como podem! Eu mandava todo mundo para o olho da rua.

— Eu tinha de mandar todo mundo embora — dizia Elisa para si.

— O que foi que disse? — indagou o tio.

— Nada, tio.

O espírito continuava:

— E deveria ficar sozinha. Porque você merece ficar sozinha, sem ninguém.

— Eu deveria ficar sozinha.

— Vai ficar mesmo sozinha — prosseguia Renato. — Humberto vai deixá-la. Quer dizer, já deixou. De que adiantou fazer malabarismos mil para ficar com ele? Hã? Me diga? De que adiantou acabar com a minha vida, piranha? Acha que conseguiu o quê? Tê-lo por alguns anos ao seu lado? Mas será que ficou mesmo ao seu lado? Pouco mais de trinta anos sem amor, sem companheirismo, sem amizade, sem sexo...

Ele deu um tapa na cabeça dela. E prosseguiu:

— Sua louca desequilibrada! Psicopata! Você deveria ser presa, ou melhor, internada e confinada num sanatório. Só porque é rica acha que pode tudo? Pode nada. Ainda vou me vingar de você.

Elisa sentiu uma pontada na cabeça. Fechou os olhos, mas parecia que a dor não passava. Espremeu os olhos e cenas do passado vieram à mente. Lembrou-se do namoro com Humberto, de Paris...

Ela levou a mão à testa como se quisesse arrancar os pensamentos.

— Saia daqui! Saia! — vociferou, aturdida.

— O que foi que disse, Elisa? — perguntou Edmundo, do outro lado da linha, sem nada entender.

— Nada, tio. Uma dor de cabeça infernal.

— Melhor continuarmos a conversa depois. Senti tontura.

— Está bem, tio. Tchau.

Desligaram os telefones. Elisa virou o pescoço para os lados e fez massagem na nuca para ver se a dor passava. Resolveu levantar e dar uma volta na loja.

— Boris não manda mensagem. Cadê essa sirigaita? Empacou no mercado?

Caminhou, cumprimentou uma cliente assídua, mostrou a uma vendedora novata como arrumar melhor uma das gôndolas.

O celular tremeu na mão e Elisa leu no visor: "Acabou de entrar".

Foi nesse instante que ela viu Vera pisar na loja.

Então essa é a vagabunda que quer destruir meu lar, pensou. *Em carne e osso.*

Elisa apanhou o celular e foi direto ao arquivo de fotos. Passou os dedos, procurou, procurou e... *voilá!* A foto batia com a imagem à sua frente.

— É ela, sem dúvida — deduziu, rangendo os dentes.

Elisa estava desconfiada de Humberto. E contava com os préstimos de uma espécie de detetive particular, Boris, conhecido dela e da família havia muitos anos. Ele se dizia ou se apresentava ora como investigador, ora como detetive particular, mas era tudo fachada.

Na verdade, Boris era um cara barra-pesadíssima, metido no submundo do crime, que fazia qualquer coisa — qualquer coisa mesmo — por uma boa soma em dinheiro.

Ele já havia prestado muitos serviços sujos para a família, principalmente para Elisa e para os tios dela, Edmundo e Eduardo. Também atendia a um ou outro político indicado a dedo por Eduardo. Era um profissional de primeira. Executava seu serviço sem deixar rastros nem vestígios.

Se quisesse contatá-lo, era preciso deixar mensagem escrita em papel, dentro de um envelope e depositá-lo na caixa postal de uma agência dos correios, na praça da Sé. Lida a mensagem, Boris ligava de um telefone orelhão ou telefone pré-pago e acertava o trabalho.

Não havia empecilhos: senhas descobertas, conversas telefônicas grampeadas, falsificações de assinaturas, fotos ou imagens adulteradas, acidentes, mortes. Muitas mortes no currículo. Boris era capaz de executar qualquer tipo de serviço, desde que também fosse pago à altura.

Ele já estava monitorando a vida de Vera havia uns meses. Enviara, recentemente, foto do rosto dela para o telefone de Elisa. Avisara que, de acordo com gravações telefônicas grampeadas, Vera iria à loja neste sábado. Ele colocaria alguém seguindo todos os passos da moça e enviaria mensagens para Elisa de hora em hora, atualizando-a sobre o paradeiro da dita-cuja.

Boris garantiu que logo iria conseguir o que Elisa mais desejava para dar uma lição na moça: fotos de Vera com Humberto. Era só Elisa dar o aval e Boris realizaria o serviço. Mas precisava de uma foto, de evidência. Não iria sujar suas mãos por meras suspeitas.

Vera aproximou-se do balcão. Elisa ficou de espreita, mirando-a de cima a baixo.

Feia, ela não é, pensou.

A moça escolheu uma camisa polo azul-marinho com gola vermelha. Era peça exclusiva da loja. Pagou em dinheiro e saiu de maneira rápida.

O espírito sussurrou no ouvido de Elisa:

— Corre lá. Vá atrás dela. A polo vai ficar linda nele. Chifruda!

Elisa sentiu o sangue sumir e correu até o balcão. Perguntou à funcionária que tinha acabado de atender Vera:

— A moça que saiu daqui...

— O que tem, dona Elisa?

— Disse o nome?

— Não.

— Pagou com cartão?

— Não. Em dinheiro.

— Qual o tamanho da camisa?

— Média.

Elisa sentiu certo alívio.

— Humberto usa tamanho grande — murmurou, sorrindo.

Outra cliente entrou, a mesma vendedora a atendeu. Ela pediu uma polo e a moça lhe mostrou uma da mesma marca que vendera a Vera, havia poucos minutos. Elisa só ficou observando.

A senhora disse:

— Vou levar uma cor de vinho. Tamanho grande.

— Senhora, eu levaria a média — interveio a vendedora.

— Por quê? Meu marido é encorpado. Usa tamanho grande.

— Os tamanhos dessa marca, em particular, são diferentes. Uma cliente acabou de pedir o mesmo que a senhora, tamanho grande, e eu sugeri que ela levasse a média.

— Tem certeza?

— Não tem erro. Pode confiar.

— Está bem. Levarei a média.

— Qualquer problema, poderá me ligar que irei pessoalmente efetuar a troca. Meu nome é Glória — a vendedora sorriu e entregou à senhora um cartão da loja com seu nome e telefone.

— Muito gentil de sua parte.

Elisa entrou em um dos provadores e sentou-se. Não conseguiu esconder as lágrimas.

— Estou sendo traída!

— Está. Claro que está — escarnecia Renato, ao lado dela. — Você merece ser a mais infeliz das criaturas deste planeta. Maldita!

CAPÍTULO 15

Quando Elisa ligou para Gustavo e disse que estava livre para lanchar, Renato não pôde ir junto.

— Gustavo tem cabeça boa, é um bom rapaz e tem proteção. E, além do mais, o meu problema é com Elisa. Melhor eu voltar para o apartamento, para o quarto da madame — ponderou e sumiu.

Elisa entrou no carro, meio deprimida, e foram para um bistrô ali perto. Ela fez o possível para ocultar a raiva e tristeza que sentia. Não queria, de forma alguma, mostrar ao filho sua fraqueza, ou mesmo que desconfiava da traição de Humberto. Afinal, era só uma suspeita.

Botou um sorriso nos lábios, como mandava o figurino. Esforçou-se para conversar amenidades e o telefone de Gustavo tocou. Ele sentiu um frêmito de emoção:

— Será que é ela?

— Se não atender, não vai saber — asseverou ela, ocultando a raiva e curiosíssima para saber quem era a eleita.

Gustavo olhou no visor e o semblante entristeceu.

— É o papai. Alô!

Conversaram e, assim que desligou, Elisa quis saber:

— Como assim, seu pai? Por que não quis falar comigo?

— Não sei — deu de ombros. — Ele está tentando falar com o Guilherme, mas só dá caixa postal. Vai ver o telefone está carregando.

— Seu pai e essa mania de falar primeiro com Guilherme ou com você.

— Somos filhos. Tão natural.

Elisa fez um ar de desagrado.

— Pode ser. Mas eu sou a esposa. Deveria ligar para mim, em primeiro lugar. Onde já se viu?

Gustavo já sabia qual seria o rumo e mudou o curso da conversa.

— Eu e o Guilherme somos bem crescidinhos — comentou. — Homens já. Guilherme está pensando em alugar um apartamento.

— Sério? — adoraria ver Guilherme longe de casa. De preferência, do outro lado do mundo ou... em outro mundo. Ao mesmo tempo, ter os filhos em casa era garantia de manter Humberto preso a ela. Elisa respirou e ralhou com Gustavo:
— Como assim?

— Está com muita vontade.

— Por que não compra um? Seu pai tem um escritório de renome. Conhece tanta gente, tantas construtoras. Pode conseguir para Guilherme um desconto, quem sabe?

— Papai já mexeu seus pauzinhos e Guilherme está para fazer um bom negócio, mas, nesse meio tempo, alugou um imóvel. Quer ter vida própria, ser independente.

— Que mais? Não me enrole, Gustavo.

Ele suspirou fundo e disparou:

— Eu vou dividir o aluguel com ele.

Elisa bebericou sua bebida e devolveu:

— Daqui a uns anos, tudo isso será possível.

— Não. Você não está entendendo. Eu vou morar com o Guilherme. Daqui a uns meses. Para ser mais exato, depois do carnaval.

Elisa engasgou com a bebida. Pensou que fosse perder o fôlego.

Gustavo assustou-se e um garçom se aproximou:

— Precisam de alguma coisa?

— Não. Está tudo bem — Elisa era o cão dentro da loja com as funcionárias, mas portava-se como uma dama em ambientes públicos. Tossiu mais um pouco e se recompôs.

Gustavo emendou:

— Sou adulto. Tenho um bom emprego, ganho bem e chegou a hora de eu viver a minha vida.

— Não se esqueça de que tem toda a liberdade do mundo em casa. Nunca lhe cobrei nada. Pode entrar e sair a hora que bem entender, pode levar quem e quando quiser — Elisa sentia que o desespero tentava tomar conta dela.

— Sei disso, mãe. E agradeço a sua generosidade. Mas quero ter o meu espaço, cuidar das minhas coisas, ter a minha vida. Queira ou não, aquela é a sua casa, o seu apartamento e do papai. Tem os seus móveis, a sua decoração, a sua cara. É o *seu* espaço — enfatizou. — Eu quero agora ter o meu.

— Então eu lhe darei um apartamento de presente. Por que diabos tem de viver grudado ao seu irmão? — foi o que conseguiu dizer, no momento, tamanho descontrole mental.

— Porque eu e Guilherme nos damos muito bem. E é uma experiência nova. Vamos alugar um de três quartos. Ficaremos com uma suíte cada um e o terceiro quarto será um escritório de uso comum. Já temos tudo esquematizado aqui — fez um gesto gracioso apontando para a cabeça. — Afinal, sou o arquiteto da família!

Elisa não estava nem um pouco interessada se era um apartamento, um cubículo, um buraco. Aquilo não podia ser verdade. E não podia acontecer.

— Se quer ter a experiência de viver de maneira independente, viva sozinho, ora. Eu o ajudo nas despesas de aluguel — a voz saiu um pouco tremida, mas Gustavo não percebeu.

— Esse não é o ponto, mãe. Eu quero ter o prazer de pagar o meu aluguel, custear as despesas da minha vida diária. Quero ter essa responsabilidade, sentir-me digno, útil, um homem de valor que batalha pelas suas coisas. Não quero ficar preso à barra da saia da mãe pelo resto da vida.

— Mas eu...

Ele a interrompeu:

— Sei que tem dinheiro, aliás, você é quem tem dinheiro. Eu não. Não estou desprezando o seu dinheiro e sei que um dia, talvez, vou herdar um naco da sua fortuna, mas quero criar a minha prosperidade. Sei que sou capaz, que sou inteligente, esperto, quero contribuir para a vida, dando o melhor de mim, sendo um bom trabalhador, um homem de bem, cultivando valores prósperos, ajudando o mundo a ser um pouquinho melhor, fazendo a minha parte.

Elisa odiava esse tom idealista do filho. Achava que o mundo era dividido entre os que tinham nascido ricos e os que tinham nascido sem nada. Ponto. Mas estava tão chocada com a notícia que não sabia o que articular.

A vontade dos filhos não valia nada; o seu casamento valia muito mais. Era muita coisa para resolver de uma só vez. Tinha de manter os filhos em casa para segurar o marido.

Antes de mais nada, precisava manter Humberto ao seu lado, qualquer que fosse o preço que tivesse de pagar, nem que tivesse de fazer os filhos sofrerem. No momento, porém, precisava concentrar-se em Vera. Tirá-la do caminho, se fosse necessário.

Bebericou um pouco mais da bebida.

— Está bem. Se pensa assim, o que posso fazer, além de ficar triste? — admitiu, num tom fingido.

— Não quero que fique triste. Quero que fique alegre, que torça por mim.

— Difícil pedir para uma mãe torcer para um filho quando ele a abandona.

— Não seja dramática. Não a estou abandonando.

— Se está indo embora de casa sem motivos, está fazendo o quê? Abandonando sua mãe.

— Guilherme está indo embora e você não disse nada a respeito.

— Porque seu irmão faz de tudo para tripudiar sobre mim. Quanto mais puder me infernizar, melhor. Por que eu deveria me preocupar com ele?

— Não é bem assim.

— Mudando de assunto, seu pai, por acaso, sabe disso?

Gustavo fez sim com a cabeça.

— Ele ligou porque o dono do imóvel o aceitou como nosso fiador.

— Fizeram tudo pelas minhas costas.

— Não leve para o lado pessoal, mãe — Gustavo apoiou a mão sobre a de Elisa.

Ela puxou a mão para si, deixou uma lágrima escapulir pelo canto do olho. Seu mundo parecia começar a ruir.

— Nossa família é o que mais amo nesta vida. E agora você, seu irmão... vão embora. Logo, seu pai também vai...

— Não. Quem disse isso?

— Eu sei. Eu sinto. Seu pai tem outra. E acho que sei quem é.

— Não fique assim, mãe. Venha cá.

Gustavo levantou-se e deu a volta na mesa. Abaixou-se e abraçou a mãe com carinho. Elisa deixou-se abraçar e também deixou que as lágrimas escorressem livremente pelo rosto. Estava preocupada. Mas estava preocupada com ela. Apenas com ela e com mais ninguém. E começava a ter medo do futuro. Muito medo.

CAPÍTULO 16

Era começo de noite quando Vera entrou no apartamento, colocou a bolsa e as chaves sobre uma poltrona. Depois colocou a sacola com o presente e a garrafa de vinho sobre a mesa de jantar. Foi à cozinha, pegou um copo, encostou-o no filtro embutido na geladeira.

Sorveu a água gelada com gosto. Estalou a língua no céu da boca e deu um gritinho de susto ao ver a sombra parada na porta da cozinha:

— Você, aqui?!

— Boa noite para você também, Vera.

Luciano aproximou-se e a beijou com carinho no rosto.

Ela sorriu após desfazer-se do susto.

— Não era para estar aqui, bonitão.

— Eu sei. Mudança de planos. Ontem tive um compromisso com Manuela e hoje cedo eu precisaria checar uma obra no interior. Não foi necessário.

— Saí cedo. Pensei que estivesse dormindo e iria viajar.

— Não quis ir. Não estava com vontade. Mandei um funcionário no meu lugar.

— Venha cá, querido — ela puxou o braço dele até chegarem à sala.

Sentaram-se confortavelmente no sofá. Vera apanhou a mão de Luciano e colocou-a sobre a dela:

— Teve coragem?

— De quê?

— Hum, não me faça de boba, Luciano. Eu sou bem paciente — os dois riram. — Terminou o namoro ou não?

— Tentei. Não consegui.

— Precisa ser mais direto. E dar menos volta.

— Por isso não quis viajar. Minha cabeça não está boa.

— Então, seja rápido. Faça logo. Acabe com esse tormento de uma vez por todas. Seja leal consigo e, por conseguinte, com Manuela. Você, tampouco ela, merece viver uma mentira.

— Concordo.

— Sei que gostava dela a princípio. Não tenho dúvidas de que você se afeiçoou dela. Só que o danado do coração é um bichinho dos mais estranhos e faz escolhas inusitadas. Quando vai aprender que a cabeça não manda no coração?

— É o que estou aprendendo.

— Você é livre.

— E você?

— O que tem eu? — indagou Vera.

— O que me diz?

— Não digo nada. Vim morar no apartamento, conforme o convite. Já não basta? Já não é o suficiente? Por ora, creio que seja o melhor.

— Suas amigas não perguntaram nada?

— Perguntaram, claro. Esmeralda tem o sexto sentido afiadíssimo, você bem sabe. Ficou desconfiada. Toninha até ficou feliz com minha saída do apartamento porque precisava se mudar — os olhos de Vera ficaram tristes, naquele momento.

— O que foi?

— A irmã da Toninha morreu ontem à noite.

— Lamento.

— Saí cedo, vi que chegou de madrugada e não quis acordá--lo. Fui ao velório, depois ao enterro. Foi um dia triste, pesado.

— Imagino.

— Isso me fez pensar como a vida aqui é tão curta, Luciano. Devemos viver intensamente o que desejamos!

— Desde que o outro também queira viver o mesmo. Além do mais, tenho medo de ferir outras pessoas, você bem sabe.

— Quando o amor está em jogo, não existe machucado algum, porque o amor não fere. O amor cura, liberta, faz bem, jamais causa mal. Sabe, quando vi o caixão da Berenice, irmã de Toninha, baixar na sepultura, me veio essa vontade enorme de fazer, de construir, de realizar coisas boas por mim nesta vida. Parece que a morte de alguém próximo mexe com a gente, faz pensar, refletir, olhar como estamos levando a vida.

— Tem razão — ele puxou Vera para junto dele e a abraçou.

Vera sentiu um calafrio percorrer-lhe o corpo. Fechou os olhos. Como adorava ser abraçada, tocada por Luciano. Se ele soubesse como ela o amava!

— Está arrependida de ter vindo morar aqui? — ele questionou.

— De forma alguma. Também acredito no amor. Estou do seu lado. Mudando o assunto, você tem sido tão generoso que resolvi lhe comprar um presente.

— Como assim?

Vera levantou-se e entregou a sacola para Luciano.

— Foi um dia triste. Mas no fim da tarde, depois que deixei minha amiga na casa dela, fui até uma loja e comprei para você. É de coração. Por tudo o que tem feito por mim.

Luciano ficou pensativo por instantes.

— O que está pensando? — quis saber Vera.

— Nada — ele apanhou a sacola, abriu a caixa e sorriu ao ver a camisa. — É linda. Obrigado.

Luciano a beijou no rosto e foi para a suíte. Fechou a porta. Apanhou o telefone e ligou para Manuela. Estava decidido a colocar um ponto final naquela história.

Vera esperou que ele entrasse no banheiro e, quando fechou a porta, pegou a garrafa de vinho, guardou-a no armário e, em seguida, atirou-se no sofá da sala, chorosa:

— Será que um dia ainda vai ver o quanto o amo, Luciano? Será que não percebe que fomos feitos um para o outro? Eu sou a mulher da sua vida, perfeita para você! Ainda vou lhe provar isso...

⁓⟐⟐⁓

Passava das nove da noite quando Elisa e Gustavo entraram no apartamento. Ela estava com cara amarrada, uma ruga imensa formara-se na testa.

Guilherme estava sentado na varanda, lendo uma revista. Levantou-se e veio até eles. Elisa o mirou com desdém e foi para o quarto em silêncio.

Gustavo o cumprimentou com um abraço e disse:

— Tentei ligar e seu telefone só dava caixa postal.

— Deixei-o carregando lá no quarto. Acabei pegando no sono.

— Está tudo certo em relação ao apartamento — anunciou Gustavo.

Os olhos de Guilherme brilharam emotivos.

— Jura?

— Sim.

— Por acaso, você...

— Falei para mamãe? Falei.

— Por isso me fuzilou e nem me cumprimentou.

— Foi. Ficou possessa. Não imaginava que fosse ter uma atitude dessas.

— Como não, Gustavo? Se eu mudar de casa, mamãe não irá ligar, mas você? Dona Elisa deve estar se sentindo péssima, abandonada.

— Não poderei viver ao lado dela para sempre, concorda?

— Creio que nunca passou pela cabeça dela que um dia você fosse crescer e querer sair de casa. Ou casar.

— Não sei. Acho que não nasci para o amor — admitiu Gustavo. — Sou bom para os negócios, mas não para atrair bons relacionamentos. Nunca consegui levar um namoro adiante.

Guilherme tinha lá suas desconfianças em relação aos términos dos namoros dele e do irmão. Depois de que namorou Paula, e Elisa não interferira, parou de desconfiar da mãe em relação aos términos dos relacionamentos dele.

Contudo, Guilherme tinha praticamente certeza de que havia o dedo podre de Elisa no meio dos términos dos namoros de Gustavo, porém não tinha como provar.

Ele ficara de ter um bate-papo com Regina, porque ficaram amigos e, mesmo com o término do namoro dela com Gustavo, não iam deixar de ser amigos. Com jeito, em momento oportuno, Guilherme iria sondá-la para saber o que de fato havia acontecido, visto que o namoro dos dois ia superbem.

Voltou-se para Gustavo e indagou:

— A moça do bar ligou?

O outro fez uma cara triste.

— Não. Nada. Nem uma mensagem.

— Vai ver ela ligará para você amanhã.

— Não, Guilherme. Ela ficou de me ligar hoje para sairmos para jantar. Tenho certeza de que pensou bem e perdeu a vontade de ligar, perdeu o interesse em mim. Fazer o quê? Acontece, não é?

— Não fique desse jeito. Você é um cara boa-pinta, legal, decente. Não vai faltar mulher no pedaço.

— Obrigado pelo incentivo e apoio, mas confesso que estou bem caído, meio para baixo. Eu criei uma baita expectativa em relação a essa moça. É como se eu a tivesse reencontrado, sabe? Não sei explicar. Pode parecer bobagens melodramáticas, entretanto, é a mais pura verdade. Fiquei muito a fim de conhecer essa mulher.

— Quem sabe uma hora ela te liga. Vai saber.

— É, vai saber — Gustavo repetiu sem muita convicção.

— Vamos ao cinema?

— Não, Guilherme. Prefiro ver tevê e depois dormir.

Gustavo deu um tapinha no ombro do irmão e foi para o quarto. Jogou-se na cama, olhou para o telefone e nada. Colocou o aparelho sobre a mesa de cabeceira e apanhou o controle remoto. Ligou a tevê em um canal de notícias e procurou esquecer Toninha, por ora.

CAPÍTULO 17

Manuela atendeu o telefone. Era Luciano.

— Tudo bem?

— Tudo.

— Vamos sair hoje?

— Eu gostaria de conversar com você. Pode ser?

Manuela percebeu o tom sério na voz. Sentiu leve sensação desagradável, que procurou ocultar:

— Pode. Mas não vamos a nenhum musical, certo? — fez a pergunta mais para quebrar o clima sério.

— Não — ele respondeu sério. — Pensei em jantarmos, mas mudei de ideia. Podemos ir a um café. Tem um perto da sua casa. Eu apanho você às nove e meia, pode ser?

Ela mordiscou os lábios, insegura.

— Tu... tudo bem.

— Está certo. Nove e meia passarei na sua casa.

Manuela desligou o telefone e, assim que pousou o aparelho sobre a mesinha lateral, ao lado da poltrona, sentiu leve mal-estar. Danusa entrou na sala e indagou:

— Que bicho te mordeu? Que cara é essa, minha filha?

— Nada.

— Nada. Sei. Parece que vai ter um ataque apoplético. Desembucha, anda.

— O Luciano acabou de ligar e marcou um encontro.

— Devia ficar contente.

— Senti pela voz dele que não é coisa boa. Papo sério, sabe?

— Ah, entendi. Marcou um café para discutir a relação ou algo do tipo?

— Marcou de me pegar e irmos àquele café perto de casa.

— Já sabe o desfecho desse filme, né, filha?

Manuela levou as mãos ao rosto. Danusa aproximou-se, sentou-se ao lado dela na outra poltrona e pegou nas suas mãos.

— Querida, você sabia, lá no fundo, que esse namoro estava com a data de validade praticamente vencida.

— Sei, mãe — concordou a moça, tristonha. — É que eu não dou uma dentro. E, quando isso acontece, a minha insegurança quintuplica. Eu perco o rumo.

— Não fique desse jeito. Venha cá — Danusa abraçou-a e beijou-lhe a testa.

Manuela aconchegou-se no abraço terno e pousou a cabeça sobre o ombro da mãe. Danusa prosseguiu:

— A vida é feita de desafios, Manuela. Jamais ficaremos parados. Sempre vem um desafio para cutucar nosso espírito e nos estimular, nos colocar para agir, pensar, refletir, utilizar nossos potenciais para usar mais a inteligência a fim de sentir menos dor.

— Ah, mãe! Você é tão louca e ao mesmo tempo tão verdadeira. Tudo o que sempre me disse e me diz bate aqui dentro de mim como verdade, sempre alimenta minha alma.

— Sei que é difícil agir sozinha. Muitas vezes eu queria estar aí dentro de você e fazer a parte que lhe cabe. Uma mãe daria tudo para não ver sua cria sofrer. Eu faria tudo para vê-la feliz, mas isso não passa de utopia, de uma grande arrogância do meu espírito. Você é única, é um milagre da natureza, não tem um único ser e jamais terá uma única pessoa com características iguais às suas no mundo, nem hoje, nem nunca. Nunca teve nem nunca terá. Percebe como você é única e ao mesmo tempo importante do ponto de vista da criação, Manuela?

— Nunca tinha pensado dessa forma. De onde tirou isso?

— Fazendo meus cursos, aprendendo no dia a dia, por meio de minhas próprias experiências. Sabe, filha, a lei da unidade é a mais importante lei das muitas que devemos aprender para viver bem.

— Por quê?

— Porque tudo é único e, por isso mesmo, nada é igual em todo o universo. Nadinha de nada.

— Não tem uma canção antiga e famosa que afirma: "Somos todos iguais braços dados ou não"?

— Tem. E é linda, pois reflete uma época pela qual saímos às ruas para exigir nossos direitos, lutar pela liberdade em todos os seus aspectos. Mas o que quero lhe mostrar é que pense por um instante e perceba, de fato, que não somos todos iguais, somos semelhantes. Parecemos iguais, porém não somos.

— Não?

— Não. Pegue um microscópio e você verá que até um minúsculo grão de areia é diferente de outro. Nada, portanto, é igual neste mundo. Já a semelhança é funcional, necessária. Imagine se cada um de nós morresse de uma doença diferente? Seriam necessárias mais de sete bilhões de doenças. Não haveria pesquisador ou possibilidade mínima para se desenvolver um remédio, uma cura. No entanto, a maneira como você se relaciona com um resfriado, por exemplo, é única, individual.

— Acho que dessa forma começo a entender a diferença entre igual e semelhante.

— Sim, porque partindo desse entendimento, de que tudo é único, e levar esse entendimento para nossa vida diária, para as atitudes que temos a todo momento, se nada é igual, logo...

Manuela completou:

— Não pode haver comparação.

— Isso mesmo, minha filha! Não existe comparação. Comparar-se a algo ou a alguém é antinatural, é desumano, é cruel, é pura perda de tempo, é prejudicial à saúde emocional e espiritual do ser, atrasa a vida de qualquer um. Comparar-se é se pôr para baixo, é rejeitar-se, é não se dar o mínimo valor, ou seja, é desvalorizar-se. E a valorização, a individualidade, são atributos essenciais do espírito.

Manuela limpou uma lágrima, que teimara em cair, com as costas da mão e levantou o rosto. Danusa pegou delicadamente a mão da filha. Levantaram-se e caminharam até a cozinha.

— Vou fazer um chá de camomila com mel. Acalma. Quer?

— Quero sim.

— Fiz uns biscoitinhos de massa fina com gergelim, tudo bem estilo natureba, como você gosta.

Manuela sorriu.

— Quer me botar para cima.

— Claro! Para baixo é que não. Quem ama quer sempre ver o outro bem. Se eu puder ajudá-la a sorrir, será um enorme prazer para mim. O bem gera o bem. Vamos nos ligar em coisas boas.

— Você não existe, mamãe.

— Existo. Sou de carne e osso. Ultimamente, mais carne do que osso.

As duas riram.

— Precisa voltar às aulas de hidroginástica lá do clube.

— Depois das festas de fim de ano.

— Voltando à conversa, se eu não devo me comparar...

— Acabou o drama, acabou a pegação no pé.

— O mundo diz que sou insegura.

— Comece a usar frases de autoapoio, filha.

— Como assim?

— Insegurança é não estar seguro, certo?

— Sim.

— Diga para si mesma: "Não me seguro em nada e em ninguém. Eu vivo do meu jeito, sou responsável pelas minhas próprias escolhas. Eu me assumo cem por cento".

— E quando eu falhar?

— Diga: "Eu sempre estou fazendo o melhor para mim. Tudo na vida é experiência. Estou sempre aprendendo. Tudo é válido".

— Às vezes escuto, pelo fato de ser bem branquinha, que não sou essa beleza toda. Que não faço parte do padrão estabelecido.

— "Minha beleza é diferente". "Sou bonita do meu jeito". "Eu me aceito e me apoio cem por cento".

— Desse jeito vou me tornar minha própria fã.

— Esse é o objetivo de você estar neste mundo, Manuela. Está aqui para ser sua melhor amiga, viver bem consigo mesma. Chega de se pôr para baixo, de colocar os outros em primeiro lugar. Você merece ser a primeira da fila. E não venha me dizer que aprendeu esses chavões de baixa autoestima aqui em nossa casa.

— Não. Aqui, não. Mas na rua é só o que escuto.

— Não dê ouvidos ao que escuta lá fora. Crie sua própria realidade. Você é dona do seu pedaço. Cuide do seu quadrado. E faça dele o que bem entender. Prefere que seja um campo árido, deserto, sofrido, ou um campo ajardinado, florido, bem-cuidado? Você é quem escolhe como vai ser seu mundinho.

O chá ficou pronto e Danusa as serviu. Manuela pegou um biscoitinho e continuaram a conversar.

— Está melhor?

— Sim. Estou entendendo bastante coisa. Sabe que até penso que, se Luciano quiser terminar esse namoro insípido, vai ser melhor para mim?

— Sério?

— É. Eu não o amo, mãe.

— Bom ter reconhecido isso. Luciano é um homem bonito, inteligente, culto, mas não tem nada a ver com você. Nada. Se bem...

Danusa parou por um momento e mirou um ponto indefinido da cozinha. Manuela a chamou e ela não respondeu. Foi como se tivesse saído de cena. A filha a chamou novamente e ela respondeu:

— Desculpe, viajei. Fui lá atrás, no tempo.

— O que deu em você?

— Estava falando do Luciano e me lembrei de um amigo tão querido, mas tão querido — os olhos de Danusa marejaram.

— Nossa. Eu nunca a vi assim antes. Que amigo é esse? Eu o conheço?

Danusa voltou a sorrir, um sorriso terno, saudoso.

— Antes o tivesse conhecido. Renato era unha e esmalte comigo. Éramos ligadíssimos. Quase irmãos. Foi ele quem me arrastou para o Hare Krishna. Um doido adorável.

— Ah, sei. O moço bonitão abraçado a você, no porta-retratos sobre o piano, aquele é o Renato, não?

— É. Quanta saudade! — Danusa fez um gesto com as mãos e mudou o rumo da conversa — O Luciano é mais velho, tem outra cabeça. Já o Fernando...

— O que tem o Fernando?

— Nada. Só um palpite. Ele é só um ano mais velho que você, não?

— É.

— Veja o caso dele. Dava aulas em uma academia badalada, tinha um monte de alunos no pé dele, mas não era feliz. Arriscou, foi sozinho para o exterior e agora está feliz.

— Sei, mas...

— Quando a gente quer uma coisa, faz, Manuela. A alma vai lá na frente e arruma um jeito para que tudo dê certo e as coisas aconteçam a nosso favor, contudo, de um jeito único.

— Entendi.

Continuaram conversando até que Manuela terminou seu chá e foi se arrumar para sair com Luciano. Danusa arrumou a cozinha e mandou uma vibração para seu amigo, que não tinha notícias fazia muitos anos. Acreditava que Renato tivesse morrido, mas nunca recebera confirmação.

Onde quer que esteja, que Deus o ilumine, meu amigo, pensou ela, com uma ternura imensa.

Imediatamente aquelas palavras atingiram Renato de uma maneira muito positiva. Ele sentiu um calor pelo corpo. Seu espírito, tantos anos cansado e atormentado, sentira um pouquinho de paz. Ele pensou em Danusa, lembrou-se do passado, sorriu e chorou. Depois adormeceu, como há muito tempo não dormia.

CAPÍTULO 18

Conforme o combinado, Luciano apanhou Manuela às nove e meia em ponto. Deram dois beijinhos, falaram o trivial e foram meio em silêncio até o café.

Luciano estacionou o carro. Desceram e entraram no recinto. Sentaram-se em uma mesa distante, reservada. Uma mocinha de aspecto agradável aproximou-se com dois cardápios. Manuela fez um sinal negativo com a mão:

— Não quero nada, obrigada.

— Um café para mim, por favor — pediu Luciano. — Nem uma água, Manuela?

— Não.

— Está bem.

A mocinha saiu com o pedido e ela foi direto ao ponto:

— Não veio aqui para discutirmos a relação. Quero que seja bem claro, direto, por favor.

— Por que está agindo dessa forma?

— Porque sei o que veio fazer aqui.

— É?

— Sim. Veio terminar o namoro.

Luciano sentiu-se sem graça.

— É mesmo uma situação delicada. Não sou homem de terminar namoro por telefone, ou mesmo de sumir sem dar satisfação.

— Que bom — Manuela fez sinal para se levantar. — Então, posso ir embora?

Luciano segurou a mão dela.

— Calma. Vamos conversar.

— Conversar o quê?

— Acho que temos que trocar umas ideias aqui. Eu tomei a iniciativa. Você também poderia ter feito o mesmo. É uma situação em que um dos lados poderia tomar essa decisão, a qualquer momento.

Ela se sentou.

— Tem razão. Desculpe-me. Estou um pouco nervosa.

— Não gostaria que ficasse nervosa. Sei que vai ficar chateada, mas não fique nervosa. Ninguém manda no coração.

— Posso lhe perguntar uma coisa só?

— Claro.

A moça apareceu com o café. Os dois silenciaram. Ela deixou o café com um copinho de água e afastou-se. Luciano levantou o queixo:

— Pode perguntar.

— Você gostou mesmo de mim?

— Gostei. Quando a conheci, gostei. De verdade. Por quê?

— Porque sempre achei nosso namoro bem morno, para dizer a verdade. Nunca achei, de fato, que iríamos seguir muito adiante. Aliás, acho que durou bastante.

— Fizemos muita coisa boa juntos.

— Uma ou outra viagem aqui e ali, pouca intimidade. Não foi um namoro com tanta emoção.

Ele se mexeu na cadeira, espantado com tamanha sinceridade.

— Creio que cada um deu o melhor de si. Eu vinha de um relacionamento traumático que tivera no exterior. Não queria mais me relacionar com ninguém. Quando a vi naquela festa de confraternização da empresa, achei-a tão meiga, tão doce.

Manuela sorriu.

— Lembro-me bem. Tanta mulher dando em cima de você e me escolheu.

— Você tem uma coisa boa, Manuela. A sua companhia é agradável.

— Mas não há paixão, não é mesmo?

— De nenhum lado. Estou sendo sincero e não quero enga-ná-la, porque não vejo mais possibilidade de estarmos juntos.

— Pressentia.

— Estávamos vivendo um namoro morno.

— Tem razão. Confesso que nosso namoro estava se arras-tando. Sabe, eu queria fazer outras coisas. Essa não é a vida que quero. Gostei de você, Luciano. Verdade. Mas nunca o amei, assim, com "toda a força do meu ser".

— Entendo. Também sempre a respeitei e a estimei bas-tante. Mas creio que agora devemos seguir nosso caminho.

Ela estendeu a mão.

— Amigos?

Ele devolveu e apertou, com suavidade.

— Claro. Amigos. Por que não?

— Ótimo.

— Ao menos me acompanha no café? O meu já esfriou. Posso pedir outros dois?

— Pode.

Ele chamou a garçonete, pediu um café, dois pedaços de torta. A conversa fluiu mais agradável. Manuela abriu-se pela primeira vez e falou da vontade de conhecer outro país, de estudar fora, de viver novas experiências.

— Por que não vai? — questionou ele.

— Não sei. Talvez insegurança, medo.

— A vida é curta, Manuela. Eu vivi fora do Brasil. Existe um mundo aí para ser explorado, conhecido. Vá se aventurar, solte-se na vida. Tenho a certeza de que, se for fazer o que sua alma quer de fato, terá uma vida bem diferente de tudo o que imaginou até hoje.

— Será?

— Por que não pede ajuda e orientação ao seu amigo Fernando?

— Por quê?

— Ele acabou de chegar de um intercâmbio, pode passar a experiência dele para você, quem sabe não seja ele quem vai plantar a sementinha que vai lhe dar a segurança necessária para você dar outro rumo na vida?

Ela o olhou com olhos brilhantes. Pela mente de Manuela vieram lugares, países, culturas, a chance de se permitir explorar novos horizontes. E, novamente, Fernando lhe aparecia, sorrindo, de abraços abertos para ela.

～❧～

Manuela chegou a sua casa e, antes mesmo de tirar a bolsa do ombro, Danusa apareceu segurando uma panela na altura do ventre, mexendo-a com uma colher de pau:

— Demorou um pouco esse café. Pela sua cara, parece estar tudo bem.

— Foi. Tudo bem. Terminamos, mas estou legal. Se quer saber, ótima!

Danusa continuou mexendo a panela.

— Acabei de fazer brigadeiro, quer? Com cacau orgânico, açúcar mascavo, do jeito que você gosta.

Manuela fez que sim. Guardou a bolsa. Danusa tirou do avental uma colher e entregou à filha.

— Fico contente que esteja com essa cara. Ao menos não está se debulhando em lágrimas.

— Menos, mãe. Posso ter meus rompantes de insegurança, porém não sou dramática. Nunca fui apaixonada pelo Luciano. Gostava dele, sim, mas confesso que ele não mexia comigo. É um homem muito bonito, culto, interessantíssimo, contudo, como dizem por aí, não temos química. Não adianta forçar. Fiquei cozinhando esse namoro porque não queria ficar sozinha. Creio que a sinceridade dele me abriu os olhos.

— Ao menos ele foi sincero. Abriu o coração. Coisa rara de se ver nos dias de hoje.

— Fiquei tocada, para dizer a verdade, porque a sinceridade dele me mostrou que seria muito bom eu me abrir para as coisas boas da vida.

Danusa encheu a colher de brigadeiro e entregou à filha. Foram para a cozinha e cada uma sentou em uma cadeira, em volta da mesa.

— O que conversaram?

— Claro que vimos não termos nada a ver um com o outro. Eu me abri com Luciano e falei sobre meu sonho de viajar, conhecer outro país, estudar línguas, fazer intercâmbio...

— Há um mundo maravilhoso para ser explorado. Não tenho nada contra bibliotecas, muito pelo contrário. Adoro ler. Só não concordo com a vida que você leva atualmente. Tão sem sal.

— Será?

— Lá vem você de novo com suas inseguranças. Por que não para um instante para sentir em vez de pensar? Vá para o quarto, deite-se, coloque uma música suave, uma luz bem fraquinha, fique bem à vontade, largadona, na cama. Reflita sobre as questões relativas aos seus verdadeiros sentimentos. Procure sentir, perceber o que vai aí dentro — apontou para a região do peito de Manuela. — Não custa nada ter uma con-versa franca consigo mesma.

Manuela iria falar, mas Danusa a interrompeu:

— Sabe, filha, quando entramos em contato com nosso poder interior, com nossa essência, começamos a descobrir a nossa força. Conforme alimentamos esta força com nos-sa energia positiva, nossa atenção, mais seguros ficamos. É assim que minamos a insegurança no nosso caminho.

— Nunca pensei em fazer isso. Parece tão fácil.

— Geralmente as coisas fáceis, descomplicadas, são as que nos trazem melhores resultados. Tente, não custa nada. Tenho certeza de que você vai se sentir melhor, mais confiante, mais lúcida para saber realmente o que quer fazer na sua vida daqui por diante.

— Está bem. Você me convenceu.

— Além do mais, há um componente extra em tudo isso que pode ajudá-la a tomar uma decisão de modo mais rápido!

— Qual componente?

— Fernando!

Manuela bem que tentou evitar, mas sentiu um friozinho no estômago. Sorriu para Danusa e disse:

— Vou para o quarto meditar. Agora mesmo.

— Vá, meu bem. Depois, se quiser, tem comida no forno. A empregada deixou. Esquentamos e comemos juntas.

Manuela deu mais uma lambida na colher de brigadeiro e subiu. Danusa sorriu satisfeita.

— Creio que Manuela está começando a descobrir sua verdadeira força. Isso é muito bom.

CAPÍTULO 19

Toninha acordou quando a noite já ia alta, tomou uma canja, voltou a dormir e despertou só no outro dia, quando Esmeralda entrou no quarto com uma bandeja carregada de suco, café, leite, pão, frios e uma fruta.

— Hora de acordar.

Ela se espreguiçou, passou a mão nos olhos e bocejou.

— Que horas são?

— Quase duas da tarde, dorminhoca.

— Nossa, se não tivesse acordado para tomar a canja, estaria dormindo direto, até agora.

— Foi o estresse. É normal. Seu corpo físico precisava descansar, e seu mental e emocional estavam abalados. Natural que precisasse descansar além do convencional.

Toninha soergueu o corpo na cama e ajeitou as costas sobre os dois travesseiros. Esmeralda encaixou a bandeja sobre as pernas esticadas e Toninha sorriu:

— Se for me tratar desse jeito, logo vou me transformar em uma porquinha.

— Vai nada! Precisa se alimentar, ficar forte.

— Estou meio sem apetite.

— Precisa comer, Toninha. A vida segue.

Esmeralda arrumou melhor a bandeja e abriu a janela. O quarto ficou claro e ela disse:

— Seu irmão ligou. Já chegaram a Rio Preto. De madrugada, cansados, mas chegaram. Estão bem, na medida do possível.

— Depois ligarei para eles. A Dirce, minha outra irmã, contou que minha mãe está em choque. Não quer conversar com ninguém. Eu entendo e respeito sua dor.

— Seus pais têm idade, são pessoas que têm outra ideia sobre vida e morte. Vamos respeitar a dor deles.

— Entendo por que não vieram ao enterro.

— Espere o tempo passar e, quando puder, vá visitá-los.

Toninha fez sim com a cabeça e falou:

— Irei — ela exalou profundo suspiro. — Como a vida é ao mesmo tempo milagrosa e também pode se esvair assim, num piscar de olhos.

— Faz parte do nosso ciclo de vida no planeta. Ao nascer já estamos contando nos ponteiros o tempo que ficaremos encarnados ou vivos na matéria, neste mundo.

— Nunca fui de me aprofundar nos assuntos espirituais, mas comecei a tomar gosto quando tive uma conversa com você, tempos atrás, e depois, quando Berenice passou a frequentar um centro espírita, apanhei ao acaso O Livro dos Espíritos.

— E o que achou?

— De quê?

— Do livro. Gostou? — quis saber Esmeralda.

— A princípio tive receio — Toninha falava enquanto se servia de suco e uma fatia de mamão. — Depois, lendo algumas perguntas e respostas, passei a entender melhor a proposta de Allan Kardec. É um livro fascinante, e pensar que foi escrito há mais de cento e cinquenta anos me surpreende mais ainda.

— Naquele tempo a sociedade ocidental não digeriu muito bem tudo aquilo, muito embora as ideias iluministas estivessem em voga, propiciando mudanças políticas, sociais e grandes inovações científicas. No entanto, a Igreja ainda tinha uma força muito grande sobre o Estado e, por conseguinte, na vida das pessoas. Só mesmo depois da Segunda Guerra Mundial as pessoas começaram a se abrir para os assuntos espiritualistas. O espiritismo deixou de ser algo esquisito, demoníaco, e teve boa acolhida em solo brasileiro.

— O espiritismo já existia no Brasil nos tempos de Kardec, certo?

— Sim. Mas sofreu muito preconceito, inclusive a sua prática era crime previsto no Código Penal de 1890. Em meados do século 20, com a divulgação do trabalho de Chico Xavier, Yvonne do Amaral Pereira, Edgard Armond, Zibia Gasparetto, Divaldo Pereira Franco e outros médiuns de destaque é que a espiritualidade se fortaleceu e ganhou amplo espaço.

— Sempre escutei histórias bonitas de médiuns que fizeram e fazem ótimos trabalhos assistenciais e dão consolo àqueles que perdem entes queridos. Contudo, Esmeralda, tenho a impressão de que Berenice não estava sendo bem orientada.

— Chegou a conhecer o centro espírita o qual ela frequentava?

— Não. Conversávamos sobre o atendimento que ela recebia, sobre as conversas com a atendente que a acolhera quando lá chegou. Era uma mistura de catolicismo com espiritismo, sabe? E o pior é que Berenice acreditava piamente em tudo o que a mulher do centro lhe dizia.

— O problema não é o centro, tampouco o atendente, visto que esses lugares sempre estão aí para prestar assistência, apesar de misturarem os conceitos espirituais e às vezes fugirem da essência do que Kardec realmente se propunha transmitir às pessoas.

— Essência?

— É. De que o amor é base de tudo. De que não devemos jamais julgar ou condenar o próximo. De que devemos respeitar a todos.

— Eu até entendi isso. Berenice estava obcecada em permanecer casada com Durval, mesmo a contragosto. Dizia que a mulher do centro lhe afirmara que, se ela se separasse do meu cunhado, eles voltariam em outra vida para viverem o tempo que ficaram separados.

— Isso é um disparate!

— Foi o que ela me disse, na noite em que morreu.

— Jura?

— Verdade. Fiquei chocada, mas não quis discutir. Quando minha irmã botava uma coisa na cabeça, não havia cristo que tirasse. Berenice era cabeça-dura.

— Por mais que a mulher do centro tenha dito a ela o que quer que fosse, sua irmã deveria consultar o coração, refletir. Não podemos acatar tudo o que os outros nos dizem como sendo verdade. O que nos é transmitido precisa tocar a nossa alma — Esmeralda fez um gesto apontando para o peito — e depois analisar se tem a ver com nossos valores, com a nossa verdade, se o nosso peito expande, se isso nos faz bem, nos promove bem-estar. Jamais podemos escutar e acreditar que alguma coisa seja verdadeira porque alguém que julgamos mais importante ou mais inteligente que nós nos disse. Jamais.

— Penso da mesma forma. Infelizmente, ela não está aqui mais para refletir.

— Você se engana.

— Como assim?

— Apesar de tudo o que sua irmã tenha escutado no centro espírita, tenha ou não refletido acerca da orientação que recebera, o tratamento espiritual ajudou-a sobremaneira.

Toninha levantou a sobrancelha:

— É?

— Sim. Tenho certeza. Ontem à noite, enquanto você descansava, tive uma visão com sua irmã.

— Sério, Esmeralda? Fico toda arrepiada!

— Foi. Eu vi o espírito de Berenice deitado em uma maca, alojado nas dependências de uma cidade antiga, bem antiga, parecida com essas civilizações desaparecidas.

— Egito antigo, Grécia?

— Não. Não vi direito, porque minha concentração estava em Berenice. Eu só a vi deitada, dormindo, com expressão serena. Ao seu lado estava uma moça de pele morena, meio índia, bem baixinha, com longos cabelos negros. A moça a olhava com muita ternura. Só isso.

Toninha sentiu um nó na garganta.

— Tão difícil ainda pensar que Berenice não está mais entre nós!

— Está viva em outra dimensão, Toninha. Vivemos neste planeta por um tempo determinado, depois vamos embora para outra dimensão, que é nosso verdadeiro mundo. É lá que passamos a maior parte do nosso tempo.

— É muito difícil acreditar nisso tudo, Esmeralda. É tudo muito novo, esquisito, diferente. Fui criada em um ambiente católico. Embora não fôssemos praticantes, seguíamos os preceitos, as ideias da Igreja. Até bem pouco tempo atrás acreditava em céu, inferno, purgatório.

— Entendo.

— Por mais que tente pensar de forma diferente, ainda vêm esses fantasmas a me perseguir e mostrar que há o céu, o inferno...

— É natural. O processo de nos desfazer dessas crenças, destruí-las e transformá-las ou substituí-las por outras mais adequadas, nutritivas, que nos mostrem uma realidade mais positiva, um futuro mais promissor para o nosso espírito, ainda é lento e difícil.

— Por quê, Esmeralda?

— Por um lado, temos boa vontade. Reencarnamos com o propósito de viver bem conosco e tentar ser feliz, ou ter realização e satisfação plena na medida do possível. Por outro lado, nascemos em um mundo que nos atola em dogmas, conceitos e regras, obrigando-nos a ser de um jeito ou de outro, a agir assim ou assado, a ser forte ou fraco, bonito ou feio, certo ou errado. É um mundo que ainda julga, pune e agride o próximo, tanto por crueldade — de alguns — como por querer que sigamos normas e condutas preestabelecidas e que devem ser seguidas custe o que custar. Mesmo que custe a nossa felicidade.

— Mundo estranho!

— Não, Toninha. O mundo é maravilhoso. A natureza é perfeita. Veja o milagre da vida, o nascimento de um ser, a diversidade da fauna e da flora. Quantos animais, quantas espécies exóticas habitam este planeta, quantas flores lindas, árvores que nos dão frutos, plantas que curam nosso organismo. O mundo é muito bom, tem gente muito boa. A grande maioria está aqui para viver bem.

— Não é o que vemos nos noticiários de tevê.

— Esqueça isso. Infelizmente, por termos sido criados sem poder fazer escolhas e sempre sob a nuvenzinha do medo pairando sobre nossas cabeças, adquirimos o hábito de dramatizar, de dar força para o negativo. Isso se perpetuou por séculos. Uma notícia ruim se espalha com facilidade incrível, ao passo que uma notícia boa morre em poucos minutos.

— É verdade.

— Muita gente ainda insiste em ver a vida pelo ângulo negativo, olhando o mundo como uma prisão, um verdadeiro caos, um horror de grandes proporções, onde só há violência, crueldade, guerras e discórdias. Mas tem muita gente promovendo a paz, quebrando tabus, preconceitos, lutando pelas causas dos menos favorecidos, dos pobres, dos gays, estrangeiros, negros, transgêneros. Hoje há mais respeito pelo ser humano. A mulher tem seu papel na sociedade. Claro que ainda enfrenta preconceito, dissabores. É natural, depois de séculos sendo subjugada, mas conseguiu impor-se na sociedade. Tivemos muitos ganhos.

— Olhando por esse ângulo positivo...

— Sempre, Toninha — observou Esmeralda —, sempre devemos olhar a vida pelo ângulo positivo. Porque a vida impõe desafios a todos nós, de alguma forma, todos os dias. E cabe a cada um de nós saber encará-los da melhor forma possível, com disposição, alegria e bom humor!

Toninha esticou o corpo e abraçou Esmeralda.

— Você é muito mais que uma amiga. É uma irmã, sabia?

— Sei. Claro que sei. Tenho certeza de que o nosso elo de amizade não é desta vida.

— Tenho muito mais afinidades com você do que com meus irmãos. Adorava Berenice, mas não tínhamos nada em comum.

Esmeralda sorriu.

— Nem sempre os afins nascem na mesma família. Mas isso não vem ao caso. O que mais importa no momento é saber que a dor da perda só vai passar com o tempo, não tem jeito. Será um dia após o outro. Precisa ficar forte, bem-disposta e encarar os fatos da vida com firmeza. Por falar nisso, temos de ir até a casa do seu cunhado e apanhar suas coisas.

— Acha que já devo ir lá?

— Ontem, depois do enterro, você disse a ele que iria.

— É mesmo.

— Quanto antes melhor. Colocamos tudo em duas malas, sacolas, o que mais precisar. Você se despede de Durval e segue sua vida.

— Durval...

— Ele também tem o direito de se refazer. Sei que você amava Berenice, mas ela também contribuiu bastante para afastá-lo dela.

— Por mais que eu queira negar, no fundo sei que Durval tem sua cota de razão. Eu não aguentaria uma mulher reclamona vinte e quatro horas por dia. E, se quer saber, ele iria se separar dela na virada do ano.

— Não crie nenhum tipo de animosidade em relação a ele. Cada um dá o que tem. Não podemos exigir do outro aquilo que ele não tem. Durval fez o melhor que pôde, da mesma forma que Berenice deu o melhor de si. Agora cada um seguirá seu rumo. Se quer saber, sinto que seu cunhado ainda vai ser muito feliz.

— Acha mesmo?

— Sim — Esmeralda comentou e olhou para o relógio no pulso: — Vamos logo com esse café. Depois tome um banho e ligue para Durval.

— Não vamos de condução. Temos muito o que carregar. Vou pedir um táxi.

— Nada disso. Enquanto você dormia, liguei para Vera, saber se estava disponível e nos dar uma carona. Daqui a pouco ela chega.

— Ótima ideia.

CAPÍTULO 20

Vera atrasou-se e só por volta das sete da noite foi que chegou para pegar Esmeralda e Toninha. As duas pularam para dentro do carro e Vera acelerou em direção à casa de Durval.

No trajeto, ela se desculpou:

— Não tive a intenção de me atrasar, mas não dormi direito e hoje foi um domingo horrível.

— Não estamos cobrando satisfações — acalmou Toninha. — Agradeço a carona.

— O que está acontecendo com você? — quis saber Esmeralda. — Anda bem misteriosa, ultimamente.

Vera disfarçou:

— Não é nada. Sabe, depois que saí da sua casa e me mudei, as coisas não têm sido como eu imaginava.

— Não está se acertando com seu amigo misterioso, né? — perguntou Toninha.

— Não — a voz de Vera demonstrava nervosismo. — Não é isso. Não sei... — começou a chorar.

— Chi! — Toninha passou a mão pelo ombro dela. — Calma, Vera. Não fique assim. Quer que eu dirija?

A moça meneou a cabeça negativamente. Esmeralda abriu o porta-luvas e apanhou uma caixinha de lenços. Sem querer, tocou no braço de Vera. E teve uma visão. Ela arregalou os olhos, disfarçou, olhou para a janela. Indagou, ocultando o susto:

— O que se passa?

— Bom...

— Somos suas melhores amigas — emendou Toninha. — Não há nada que não possamos fazer para ajudá-la, certo?

Vera fez sim com a cabeça. O sinal fechou, ela puxou o freio de mão. Encarou Esmeralda e voltou o rosto para Toninha, sentada no banco de trás:

— Na verdade, eu achava que estava apaixonada pelo tal amigo oculto, sabe?

— E não está? — indagou Toninha.

— Estou. Às vezes sinto que ele não esteja. Outras vezes, sinto que sim. Estou confusa...

— Ele disse claramente que não a ama? — sondou Toninha.

— Não disse, mas deu todas as dicas, né? Primeiro, me convidou para morarmos juntos, dividir as despesas. Depois, estava namorando, terminou o relacionamento. Eu tinha certeza de que teria chances com ele, mas hoje fiquei tão insegura!

— Como sabe? — Esmeralda mais perguntou para colher um maduro. Já pressentia o que ocorria com Vera.

— Ontem ele terminou o namoro. Hoje de manhã, quando acordei, ao passar pelo corredor, a porta do quarto dele estava entreaberta e sem querer escutei-o afirmar: "Fiz o que deveria ter feito há muito tempo. Terminei o namoro. Agora sou um homem livre. Sou todo seu. Amo você mais que tudo nesta vida".

— Tem certeza de que foi isso mesmo que ouviu? — tornou Toninha.

— Sim. Conheço-o há anos. Sei quando está apaixonado. E até desconfio por quem.

— Por quem? — Toninha estava curiosíssima.

— Deixe estar. Eu tenho uma imaginação fértil — rebateu Vera.

— Se você mudou para lá com o intuito de se envolver com ele, pode voltar para minha casa — Esmeralda falou de maneira carinhosa. — Creio que Toninha não iria se opor a dividir o quarto com você.

— De modo algum — reiterou Toninha. — Adoraria. A sua companhia é agradável. E eu teria menos gastos.

— Não posso.

— Não pode ou não quer? — os olhos de Esmeralda pareciam penetrá-la.

Vera virou o rosto, o sinal abriu, ela abaixou o freio de mão e acelerou. Não respondeu. Toninha decidiu permanecer quieta e, dessa forma ficaram as três, até chegarem à casa de Durval.

Quando lá chegaram, já fora do carro, Toninha respirou fundo e tocou a campainha. Durval abriu a porta, viu Toninha e emocionou-se. No entanto, para não esmorecer na frente de Vera e Esmeralda, mudou a atitude. Fez uma expressão mais séria, deu um oi geral e convidou-as para entrar:

— Serei rápida, Durval. Só vou pegar minhas roupas no armário e algumas coisas no banheiro. Coisa rápida.

— Fique à vontade.

Ele fez sinal para as moças se sentarem, mas elas acompanharam Toninha até o quarto. Ao entrar no cômodo, ela sentou-se na cama e sentiu uma saudade imensa de Berenice. Pôs-se a chorar. Esmeralda abraçou-a com carinho. Enquanto isso, Vera fazia as malas. Todos os pertences de Toninha couberam em duas malas grandes.

Ela ficou mais calma, limpou o rosto com as costas das mãos e foi ao banheiro. Apanhou seus cremes, outros produtos de higiene. Em meia hora, estava com tudo pronto. Durval levantou-se do sofá, meio constrangido:

— Já vai?

— Já. Eu não tinha muita coisa.

— Aceitam uma bebida, um suco?

— Não, obrigada. Vamos embora.

Toninha esboçou um sorriso e estendeu os braços para Durval. Por mais que ele tentasse segurar a emoção, não conseguiu. Esqueceu-se das amigas de Toninha e, ao abraçá-la, deixou o pranto correr solto.

— Você bem sabe que o casamento entre mim e sua irmã não ia bem. Estávamos a ponto de nos separar. Mas eu não queria que ela morresse. Jamais desejaria um fim tão triste a Berenice.

— Sei disso, Durval. Não fique assim. Tudo passa. Você vai se recuperar, logo o inventário ficará pronto, poderá vender a casa e tocar sua vida.

— Ao menos, quando sentir saudade de sua irmã, ou mesmo de mim, saberá onde me encontrar.

Eles se abraçaram de novo e se despediram. Em seguida, as três entraram no carro e logo o veículo sumiu na primeira esquina.

∽❧∾

Durval estava já com um pé dentro da porta quando escutou uma voz feminina, conhecida, vinda do portãozinho:

— Boa noite.

Ele se voltou para trás e sorriu ao ver Inês.

— Oi, Inês.

— Não tive ainda tempo de dizer, mas queria expressar meus sentimentos.

— Obrigado.

— Você já jantou?

— Não. Não sou bom de fogão e também estou meio traumatizado com o bar. Estou dando um tempo. Estava pensando em pedir uma pizza.

— Pizza? — Inês olhou para o lado da calçada e Durval já havia colocado o lixo para coleta. Havia três caixas de pizza junto aos sacos de lixo.

— Vai viver agora só de pizza?

— Fazer o quê? É prático.

— Tem comida na despensa, nos armários?

— Pouca coisa... — ele pigarreou, deu uma pausa e prosseguiu: — Minha mulher, quer dizer, Berenice estava para fazer a compra do mês. Mas tem bastante coisa no armário ainda. Ela era exagerada, tinha medo de que faltasse algo. Pena que vai estragar tudo.

— Por quê?

— Já disse. Não nasci para cozinhar.

— Mas eu sou praticamente a Palmirinha, versão repaginada, bem mais jovem, tipo a neta mais linda dela.

— Hã? — ele não entendeu que Inês se referia a uma das mais conhecidas e queridas apresentadoras de programas de culinária da tevê e da internet.

Para não ter de explicar e ir direto ao ponto, Inês garantiu:

— Eu sei cozinhar.

— E daí?

— Daí que eu posso — Inês fez um gesto meio sensual, mas contido, por conta da situação — entrar na sua casa, numa boa, e cozinhar, fazer um macarrão, um arroz, fritar um bife...

A boca de Durval salivou.

— É muita gentileza, mas...

— Nessas horas, temos de nos solidarizar. Para mim, será um prazer ajudá-lo no que for necessário, nesse momento tão difícil.

Durval sentiu-se sensibilizado. E, por mais que Inês estivesse se aproveitando de certa vulnerabilidade emocional dele para arrancar uma lasquinha que fosse, estava sendo sincera.

Para dizer a verdade, não é que a garota gostava mesmo dele? Durval não era a sétima maravilha do mundo, mas Inês o achava o homem mais maravilhoso do planeta.

Mesmo trajando camiseta, bermuda e chinelos de dedos, Durval era um tipo rústico interessante, aos olhos dela. Inês tinha uma queda por ele desde que o vira chegar com o carreto de mudança, quando comprara o sobrado. E olha que, quando Inês o vira pela primeira vez, ela tinha apenas quinze anos.

Agora, aos dezenove, mulher feita, seria difícil ficar sem agir. Durval estava ali, frágil e, melhor que tudo, viúvo, livre e desimpedido. Ela precisava fazer tudo direitinho para conquistá-lo no tempo certo.

Inês sorriu e ele, vencido pelo argumento, ou pela fome, concordou:

— Está bem. Pode entrar.

Ela voltou os olhos para a rua, para os lados, a fim de ver se o pai não estava passando com o carro por ali e atravessou o portão. Passou por Durval, sentiu o cheiro de desodorante meio vencido, girou os olhos nas órbitas.

— Com licença.

Durval apontou:

— A cozinha é logo ali.

Ela foi na direção que ele apontou e Durval fechou a porta.

CAPÍTULO 21

Dias depois, Paula circulava alegremente pela região da Oscar Freire. Era uma mulher alta, muito atraente, realmente muito bonita. Não tinha quem não deixasse de olhar — ou desviasse o olhar, mesmo acompanhado — para aquele mulherão de longas pernas torneadas.

Para se ter uma ideia de tamanha beleza, quando ficara noiva de João Carlos, uma revista de celebridades chegara a compará-la à atriz sueca Anita Ekberg, lindíssima, famosa por sua aparição no filme *La Dolce Vita*, de Frederico Fellini, de 1960.

Rebolava sobre os saltos altíssimos, vestido esvoaçante, óculos escuros. Parou diante da vitrine da loja de Elisa. Refletiu:

— Um ano atrás eu chantageei a megera fofa com palavras ao vento. O que tenho em mãos não traz nada de novo, mas é evidência do que conversamos, não são mais palavras. Se eu tivesse em mãos a outra parte, seria a minha Mega da Virada! Mas estou decidida a arriscar...

Com esse pensamento fixo na mente, Paula lembrou-se do dia em que a mãe desmaiara na sua frente e, ao voltar, não falava mais coisa com coisa.

❧

Depois que desmaiara, naquela manhã, e Paula chamara a ambulância, Célia nunca mais seria a mesma pessoa. Após uma série de exames, agora feitos em um laboratório de primeira linha e atendida por um médico bem-conceituado, fora detectado um tumor na cabeça, em estado avançado, inoperável. E, conforme esse tumor crescia, pressionava a caixa craniana, afetando a fala e o raciocínio de Célia.

Como foi seu desejo, Paula a internou na clínica em Araraquara, onde estava a amiga Odete, em que eram atendidos pacientes com esse diagnóstico. Raspou tudo o que tinha na poupança e fez um empréstimo para pagar os exames, as consultas médicas e o primeiro mês de internação. Comprou um carro usado, mas modelo importado, gracioso, para visitar Célia quando fosse necessário.

— Célia tem de ficar viva! Não pode morrer antes de me entregar o resto da carta. Ela merece bons médicos, tratamento de primeira. Tudo para esticar a vida dela — justificava para si, apostando como um jogador de roleta-russa, acreditando que todo o dinheiro gasto seria coberto pela generosidade de Elisa.

Deu o cheque caução para garantir a internação do próximo mês, cobrindo todas as despesas da clínica.

— Fiquem tranquilos que nada vai faltar à minha mãe. Nem à dona Odete.

Os enfermeiros e atendentes ficaram maravilhados, primeiramente com a beleza daquele monumento em forma de mulher; depois, deslumbrados com aquela moça belíssima, magnânima, na visão deles, de alma nobre, de uma generosidade ímpar. Paula deixou a clínica e não teve dúvidas:

— Antes de morrer, Célia vai me revelar onde escondeu a outra parte da carta. Enquanto isso, decidi que hoje volto a enfrentar a fera fofa — considerou, enquanto entrava no carro e saía da clínica em que a mãe estava internada, em Araraquara, no interior de São Paulo.

Enquanto pegava a estrada para São Paulo, retrucava:

— Agora vou jogar para ganhar. É tudo ou nada!

Foi pensando dessa forma que ela entrou na cidade, ganhou a marginal e logo estava onde queria. Deixou o carro no estacionamento, atravessou o quarteirão, caminhou um pouco, chamando a atenção, evidentemente, pela sua beleza, e parou em frente à vitrine da loja de Elisa.

❧

Paula meneou a cabeça negativamente como a espantar os pensamentos e voltou à realidade. Decidiu entrar na loja. Encarou uma mocinha sorridente, tirou os óculos escuros imensos e perguntou, simpática:

— Elisa Brandão, sim?

— Da parte de quem?

— Paula.

— Como, senhorita?

Ela sentiu o sangue subir. Queria encarar Elisa imediatamente. A ansiedade para esfregar a cópia da carta no rosto da megera estava a mil. Respirou fundo.

— Você tem papel e caneta, fofa?

— Sim.

A moça pegou um bloquinho e uma caneta. Paula escreveu e entregou. A moça leu.

— Mas está escrito Paula! — exclamou.

— Eu falei, você não entendeu. Achei melhor escrever. Entendeu agora? Ou quer também que eu desenhe? Ou quer que eu faça de maneira que você possa colorir? Porque agora estão na moda livrinhos de colorir, certo? Sou bastante criativa, fofa.

Toninha estava ali perto, percebeu um cheirinho de confusão e aproximou-se, ajudando a atendente que estava a ponto de se enfiar sob o balcão.

— Pois não?

Paula a mediu de baixo a cima. Estava de boa, não queria confusão. Era a adrenalina de sentar-se na frente de Elisa e chantageá-la com ardor que a deixava daquele jeito. Respirou, exalou o ar e pediu com jeito:

— Oi, fofa, quero falar com a dona, a cobra fofa, a Elisa Brandão. Só isso.

— Pois não — Toninha evitou o riso, manteve postura elegante, voz firme e estendeu a mão. — Prazer. Sou a gerente da loja. Maria Antônia dos Santos.

Paula levantou a bolsinha dourada e bateu de leve no ombro de Toninha.

— Linda, você.

— Obrigada.

— Viu, gerente fofa, preciso falar com a sua chefe, com a maioral. Com aquele poço de arrogância, com a cascavel — sussurrou. — Diga que é Paula, a namorada do filho dela, o Guilherme gato.

Toninha imediatamente nutriu simpatia por Paula. Segurou o sorriso apertando os lábios. Informou:

— Vou falar com dona Elisa. Já volto.

Glória sorriu para Paula:

— Aceita um café, chocolate, água?

— Não, fofa. Tenho medo de estarem envenenados — riu.
— Brincadeira. Aceito um café.

Glória riu e foi buscar. Enquanto isso, Toninha foi ao escritório. Elisa baixou os óculos e fez ar de mofa.

— Namorada do Guilherme? Ele não está namorando — Elisa debochou, num tom ríspido.

— Ela falou com bastante propriedade. Parece irredutível — reforçou Toninha.

— Não me lembro ao certo de quem seja a tal figura — mentiu, prevendo confusão. — Em todo caso, traga a loira do banheiro até minha sala. Não quero celeuma na minha loja.

— Sim, senhora.

Toninha foi até a recepção e Paula conversava com Glória como se fossem velhas amigas.

Paula estava radiante:

— E aí? A arrogante fofa vai me atender?

Toninha ajuntou, simpática:

— Vai, por incrível que pareça. Siga-me, por favor.

Paula acompanhou Toninha. Atravessaram o corredor. Toninha bateu em uma porta semiaberta. Ouviu-se um: "Entre".

— Dona Elisa, aqui está sua visita.

Elisa baixou os óculos e levantou o rosto, altivo. Mirou Paula e sentiu raiva. Dissimulou. Paula sorriu e esticou a mão:

— Lembra-se de mim, Elisa? Quanto tempo!

A outra também era da pá virada. Deixou a mão de Paula suspensa no ar. Foi curta e grossa:

— Não.

— Paula, que namorou o seu filho Guilherme.

— Nunca me interessei pelas namoradas dos meus filhos, especialmente pelas namoradas do Guilherme. O que quer?

Toninha interveio:

— Vou me retirar, com licença.

— Encoste a porta — ordenou Elisa.

— Não vou me demorar — emendou Paula.

— Tenho pressa. Fale.

Toninha se despediu e Paula sentou-se na cadeira em frente à escrivaninha.

— Eu queria a sua ajuda para reatar o namoro com Guilherme. Não quero o telefone dele, nada. Porque se eu ligar vai parecer que estou dando em cima. Homem não gosta disso. Se achar que está por cima, acaba nos desprezando. Mudei de tática. Pensei em encontrá-lo ao acaso, sem querer. E você vai me ajudar a criar o acaso.

— Acha que eu sou débil mental? Retardada?

— De modo algum, fofa. Sei também que não tem apreço algum pelo seu primogênito. Talvez um pouquinho por Gustavo. E olhe lá.

Elisa olhou-a de maneira perscrutadora.

— Depois de me chantagear com uma história mirabolante e estapafúrdia, acha que eu vou acreditar em você? É igual à loira do banheiro. Uma lenda urbana, um fantasma. Não acredito em você.

Paula ajeitou-se na cadeira como se nada tivesse escutado. Cruzou as pernas imensas e torneadas. Sorriu.

— Fofa, continua arrogante. Não perde a pose. Em todo caso, parece nervosa. Percebo uma pequena veia saltitante no canto de sua testa. Posso ser um monte de coisas, mas não sou burrinha. Antes, eu joguei um verde, colhi um baita maduro. Repeti a você a história que minha mãe me contou, palavra por palavra. Se você não tivesse culpa no cartório, nem teria dado trela, passava batido. Mas deu. Ficou de cabelos em pé, com um pulgão atrás da orelha, olhinhos arregalados. Deixou-me namorar seu filho sem se intrometer e até me deu um dinheiro para eu ficar quieta e esquecer o assunto, lembra?

Elisa ficou irritada.

— Porque a pessoa começa a falar besteira e os outros acreditam. A mentira é dita tantas vezes que se torna verdade. Não lembra o caso daquele ator e a cenoura? Pois é. A mentira se torna verdade na cabeça do povo. Depois ninguém mais desmente. Nem Jesus descendo à Terra. Não gosto disso.

Paula deu nova risadinha.

— Não seja dramática. Não combina com você. Todo mundo sabe, nos dias de hoje, que a história do ator e da cenoura foi uma invenção. Já a *sua* história — ressaltou — é bem pior que a da cenourinha. Os seus legumes, ou raízes, são mais podres, fedem bastante.

— Não quero o meu nome atrelado a histórias do passado que foram enterradas há mais de trinta anos — zangou-se

Elisa. — Pior, histórias contadas por uma doente caquética como sua mãe, uma mulher que se drogou quase a vida toda. Nem deve mais ter neurônio para raciocinar. Nem sei por que fui dar ouvidos a uma peituda siliconada como você.

— Fale o que quiser. Agora o jogo virou, ou melhor, mudou. Eu decidi que quero me casar com seu filho Guilherme e vou ter um filho dele para garantir nossa herança. Como dote, você vai me dar vinte milhões de dólares.

Elisa exasperou-se. Jogou os óculos para o alto.

— Você é louca, doida, nasceu com algum problema cerebral, ou, pior, é acéfala... — Elisa ergueu o corpo da mesa e esticou o pescoço para a frente. Paula pôde sentir o hálito quente que saía de sua boca: — Quem é você?! Se faz de linda, gostosona, mas para mim está claro que faz tipo. Está representando um papel. E muito bem representado. Quase me enganou. Vinte milhões de dólares! Nem se soubesse o maior dos meus podres, eu lhe daria tamanha quantia. Bateu na porta errada, vadia.

Paula sorriu de maneira enigmática.

— Sei um pouco e vou soltando aos poucos também. Doses homeopáticas. Digamos que, agora, eu sei bem mais do que deveria. E tenho provas.

— Filha de uma drogada, sobrinha de um aidético promíscuo. Era nisso — apontou para Paula — que poderia resultar. Uma vagabunda, ordinária, de quinta, tentando me acharcar. Vai saber se você também não nasceu contaminada e por isso é revoltada...

Paula irritou-se com tamanha maldade e a cortou, seca.

— Chega, Elisa! Pode xingar minha mãe e ferir a memória do meu tio. Pode falar o diabo porque não ligo. Não me importo, porque seus comentários vis não me atingem. Sim, quero representar o papel de mulher apaixonada só para me dar bem na vida. Quero ser milionária. Eu não amo Guilherme. Mas, quem sabe, não possa vir a amá-lo? Já você é perigosa, má e cruel. Vou mais longe e afirmo com todas as letras que é uma psicopata. Você odeia seu filho.

— E...

— Quieta! — Paula alteou a voz. — Não gosto de ser interrompida quando estou falando.

Elisa a mirou com ódio. A moça prosseguiu:

— Quando eu era menina, assistia a um programa. Nele, a pessoa fazia um pedido, qualquer um e, na sequência, uma porta se abria. Ora nada aparecia, ora com o que a pessoa desejava. Guilherme se tornou a *minha* porta da esperança, entendeu? E você vai me ajudar a tê-lo para mim, pelo tempo que eu quiser. Simples, viu? E os dólares são a poupança para um futuro digno, caso você dê uma rasteira no próprio filho, ou provoque meu aborto, o que não duvido.

— Sou a pessoa menos indicada — Elisa tentava ganhar tempo e estudar melhor aquele inimigo perigosíssimo à sua frente. — Não posso, depois de trinta anos, me tornar a melhor amiga de infância do Guilherme e juntar vocês dois.

— Não sei como você vai fazer para conseguir a agenda dele. Apenas quero a garantia de que Guilherme seja meu. O resto eu me viro. Tenho meus meios. Quero que deposite os dólares em uma conta num banco suíço.

— Também jogo claro e sem rodeios.

— Está certo. Diga.

— E se eu chamar o meu segurança agora e levá-la até uma delegacia e acusá-la por crime de extorsão? E acabar com essa palhaçada? Sou rica e poderosa. Você é um lixo gerado por um ser desprezível.

Elisa apertou um botão. Em menos de um minuto apareceram dois seguranças tipo leão de chácara, fortões, imensos.

Paula colocou a bolsinha dourada sobre a mesa e ergueu as mãos para o alto.

— Podem me levar. Ou melhor, eu vou quietinha para a delegacia, para não criar nenhum tipo de situação embaraçosa para a loja, para dona Elisa Brandão ou para a família. Imaginem qualquer publicidade negativa em revistas, jornais, blogs, redes sociais...

— Por favor — ordenou Elisa, irritada, mas num tom de voz baixo —, levem-na com jeito, pela saída dos empregados, para que os clientes não percebam nada. Não precisam levá-la para a delegacia. Um susto apenas — piscou com um olho e o segurança entendeu o recado.

— Sim, senhora — respondeu um dos seguranças.

— Que pena! — volveu Paula. — Tinha certeza de que seríamos amigas, íntimas até. De trocar figurinhas, receitas, fofocas, fazer manicure juntas.

— Sua amiga? — Elisa estava indignada. — Nunca. Jamais!

— Não gostaria de revelar os podres de Paris, segredos ocultos e enterrados há mais de trinta anos...

— De novo essa história? Não dá para mudar o disco? Palavras e mais palavras.

— Mas agora eu tenho uma carta — Paula não disse que tinha *parte* de uma carta. Mas era tudo ou nada. Arriscou. — Uma carta é evidência, não são palavras ditas por uma velha doente.

Elisa sentiu, literalmente, o sangue gelar.

— O que foi que disse?!

— Calma. Ainda não disse. Mas vou dizer. Prepare-se! Posso começar com, digamos — Paula sussurrou para os seguranças não escutarem — que tenho por escrito a surpreendente informação de que o fofo do Guilherme não é filho de Humberto Brandão. Tudo bem?

Elisa ficou muda, estática, sem ação. Paula sorriu maliciosa:

— Então vou na sequência, assim — ela disse baixinho: — Filho bastardo, a paixão do meu tio por Humberto o que dá — Paula levou o dedo ao queixo — bom, isso leva à bissexualidade do seu marido... ou seja, Elisa fofa, a carta é uma bomba! Imagine se ela cai nas mãos da imprensa? Publicada em uma dessas revistas de grande circulação? O que aconteceria com sua vida? Qual seria o impacto dessas revelações sobre a vida do seu marido, dos negócios dele, dos seus filhos, sobre sua clientela? E, principalmente... — Paula susteve a respiração de maneira proposital — o que aconteceria com o seu casamento?

Em seguida, abriu a bolsinha e dela tirou a cópia da carta. Colocou-a sobre a mesa.

— Isso é prova, certo? Acho que tenho neurônios suficientes para saber que essa — apontou — é uma evidência. Aprendi assistindo a um monte de seriados policiais. Pode guardar. A original está comigo, claro. A parte dois eu entregarei mais tarde. Estou fazendo tudo isso para saber que não estou blefando, fofa.

Elisa olhava para aquele pedaço de papel, lia, e os lábios tremiam. Paula lembrou-se e complementou:

— Ah, ia me esquecendo! Você também vai pagar a clínica da drogada. Não tenho como custear. Fiz empréstimo para pagar exames, médicos, comprar um carrinho para visitá-la... A drogada está bem dodói, tadinha. Mas agora não se trata de chantagem, estamos já no campo da caridade, certo, fofa?

Elisa não viu mais nada. O ambiente foi escurecendo e logo ela perdeu os sentidos. Enquanto os seguranças corriam para acudir a patroa, Paula sorria vitoriosa e avaliava:

— Nada como um segredo podre, dos bons, para renegociar meu futuro brilhante! O jogo começou bem. Um a zero.

CAPÍTULO 22

Gustavo decidiu, a cada sexta-feira, a partir daquela semana e das demais, ir ao mesmo bar onde conhecera Toninha.

— Quem sabe ela não volte?

— Acha mesmo? — questionou Guilherme. — Fim de ano, correria. Não acha melhor deixar para lá? Depois de semanas, acho que ela o esqueceu.

— É o que parece. Por mais louco que possa parecer, senti nos olhos dela que estava falando a verdade. Sei quando uma mulher está mentindo. Toninha não estava.

Gustavo sentiu um calafrio percorrer o corpo todo. Passou as mãos pelos braços para espantar a sensação estranha.

— Será?

— Também é uma possibilidade. Se a moça foi simpática com você, ficou de ligar e não ligou, ou aconteceu alguma coisa que a impediu de ligar, ou ela é bipolar.

Gustavo riu. Guilherme o abraçou forte.

— Nada será capaz de nos afastar. Nem mesmo a maneira hostil com que a mãe me trata.

— Isso um dia passa.

— Estou esperando há trinta anos — Guilherme fez um gesto com as mãos, chamando o garçom — e, se quer saber, você também sempre soube que nunca morri de amores, não tenho afinidades com ela. Eu e Elisa somos dois estranhos.

— No entanto, se ela o recebeu como filho, é porque há alguma ligação entre ambos.

— Ligação?

— É, Guilherme. Ligação. Ligação do passado. Falo de vidas passadas.

— Está de brincadeira, não? — Guilherme fez os pedidos dos drinques e na sequência meneou a cabeça para os lados. — De onde tirou essa pérola?

— Um tempo atrás assisti a um documentário na tevê sobre crianças que se lembram de vidas passadas. Fiquei tão impressionado!

— Mesmo?

— Sim. Os casos foram investigados e documentados por pesquisadores acadêmicos, e a conclusão foi a de que o grupo de crianças estudado tinha mesmo recordações muito vivas de suas últimas experiências neste mundo, em outra vida. Foram colhidos casos na Índia, no Sri-Lanka, Paquistão, Estados Unidos. Há até um caso ocorrido no Brasil.

Guilherme bebericou seu drinque e interessou-se:

— É sério?

— Verdade. Quem iniciou esses estudos foi o professor norte-americano Ian Stevenson, na Universidade de Virginia. Ele dedicou mais de quarenta anos de estudos sobre pesquisas científicas acerca da reencarnação. O professor Stevenson foi um dos primeiros a investigar os fenômenos paranormais por meio de metodologia científica. Depois de sua morte, em 2007, seus assistentes continuaram com as pesquisas que originaram o documentário.

— Gostaria de assistir.

— Converse com sua madrinha.

— Danusa?

— É. Tia Danusa é ligadíssima nos assuntos espirituais.

— Sei disso. Já puxou o assunto várias vezes comigo, para ver se engatava. Nunca dei trela. Não sei, tenho um pouco de receio de tocar nesse tipo de assunto.

— Receio de quê? De entender melhor como funciona a vida, de fato? De descobrir a verdade sobre determinadas situações que rondam sua vida?

— Acredita que olhar a vida por esse ângulo possa me fazer compreender essa rusga que existe entre mim e nossa mãe?

— Sim. Às vezes, os problemas já vêm de longe, lá de trás. Um dia, quando tiver mesmo vontade, abra seu coração com Danusa. Garanto que ela vai adorar conversar com você sobre o assunto.

— E qual a vantagem de saber?

— Sobre o quê?

— Que eu possa ter tido problemas com dona Elisa antes desta vida?

— Que um dos dois precisará ceder, cedo ou tarde. Um dos dois terá de levantar a bandeira da paz, da compreensão, do perdão e acabar com os nós de negatividade que os prendem. Você e mamãe estão presos por elos de animosidade, de discórdia. Reverta esse quadro.

— Por que sou eu que tenho de ceder?

Gustavo deu um tapinha no ombro do irmão:

— Para ficar bem consigo mesmo. Porque o bem propaga o bem. E o orgulho não leva a nada.

Guilherme ficou pensativo. Iria retrucar depois de certa reflexão, mas Regina apareceu acompanhada de João Carlos. Gustavo terminou sua bebida, cumprimentou-os a distância e foi embora. Não se sentia à vontade ainda para conversar com Regina.

Guilherme já sabia do rompimento de João Carlos e Paula, por essa razão, sentiu-se confortável para convidá-los a repartirem uma mesa que tinha acabado de vagar.

Os três se acomodaram e Regina disse, meio constrangida:

— Gustavo não precisa fugir toda vez que me vê.

— Não é isso, Regina. Não ligue. Ele está meio acabrunhado porque conheceu uma moça e ela deu o cano nele.

— Só para constar, eu não o traí. Foi tudo armação — defendeu-se ela.

João Carlos interveio:

— Sou especialista em informática. As fotos de Regina enviadas ao telefone de Gustavo foram adulteradas e são muito antigas. Só um hacker, com excelente nível de conhecimento na área de tecnologia, poderia fazer o que fez.

— Eu tinha certeza disso — Guilherme disse com a maior naturalidade.

— Você sabia?

— Desconfiava.

— Por que nunca comentou nada? — quis saber Regina.

— Porque sempre achei que no meio disso tudo tinha o dedo podre da minha mãe, mas nunca conseguiria provar. Eu já estava ensaiando bater um papo com você sobre este assunto, mas tive uns contratempos.

— Se me der mais um tempo, descubro o endereço do provedor que enviou as fotos para o telefone do Gustavo. Se eu descobrir o endereço do IP, fica fácil e...

Guilherme fez um gesto com a mão:

— Sei que você não o traiu. Houve uma armação, sem sombra de dúvida. Mas agora é pura perda de tempo. O estrago já foi feito.

— E seu irmão não ficará sabendo de nada e continuará sempre sendo uma marionete nas mãos de sua mãe?

— Regina, eu não vou me meter nessa história. Tentei abrir o olho do Gustavo várias vezes. Você não foi a primeira namorada de que minha mãe tentou destruir o relacionamento. Houve outras antes e não sei quantas depois. Também fez o mesmo comigo. Ela é possessiva. Ao mesmo tempo que não temos um bom relacionamento com ela, parece que nunca vai querer nos ver casados. Uma loucura! Não conseguimos entendê-la.

— Caso de internação — interveio João Carlos.

— Melhor mudarmos de assunto. Que cara é essa? — sondou Guilherme, vendo a tristeza nos olhos de João Carlos.

— Levou um pé na bunda da noivinha — Regina foi direta.

— Não fale assim — protestou João Carlos. — Não levei pé de ninguém. Nem conversamos.

— Nem vão — constatou Regina. — Paula saiu uma noite e nunca mais voltou. Sumiu. Já vai fazer um mês. Enviou uma mensagem de texto para o telefone do João Carlos pedindo para não distribuir os convites do casamento e fazer o que bem entendesse com o que haviam comprado juntos para a casa. Parou de atender as ligações dele e trocou de número de telefone. Uma louca, desmiolada, sem sentimentos.

Guilherme lembrou-se imediatamente de que Paula fizera o mesmo com ele. Por que ela agia dessa forma? Quis saber mais e sondou o amigo:

— Diga, João Carlos. Você a ama?

— Amar, amar... — hesitou. — Não sei. Paula é uma mulher muito bonita, não posso negar. Mas é totalmente ligada em dinheiro. Eu sofri um revés tempos atrás e estou tentando me reerguer. Ela só soube por cima das minhas perdas financeiras. As ações da minha empresa caíram e Paula não entendeu que esse mercado de ações é flutuante, que uma hora as ações estão lá embaixo, outra hora lá em cima. Desde o ocorrido, nosso noivado não foi mais o mesmo. Uma noite, ela esperou que eu fosse tomar banho e saiu. Nunca mais a vi. Rompeu o noivado por mensagem de celular — João Carlos pigarreou e, sem jeito, indagou: — Sei que você e Paula namoraram antes. Por que terminaram?

Gilherme ficou sem graça. Mordiscou os lábios. Mas foi sincero:

— Ela sumiu. Terminou sem mais nem menos. Desapareceu e nunca mais voltou. Um tempo depois, estava namorando você.

— Está vendo? — interveio Regina. — Essa mulher é dissimulada, não está nem aí para o sentimento dos outros. Faz o que bem entende. Se agiu assim com Guilherme e agora com você, imagino que seja um padrão. Ela não se envolve com as pessoas. Deve haver um trauma.

— Pode ser — devolveu João Carlos.

— Ainda bem que não casaram — emendou Regina. — Se Paula se comportou de maneira estranha na primeira dificuldade que apareceu em sua jornada profissional, pergunto: seria ela a mulher ideal para estar ao seu lado? Claro que não.

João Carlos ficou quieto. Guilherme, tentando mudar o rumo da conversa, tornou:

— Viu o que dá trabalhar com alguém que o conhece há anos?

— Pois é — tornou Regina. — Eu e João Carlos somos amigos desde a adolescência, em Londrina. Viemos juntos para São Paulo. Estudamos em faculdades diferentes, porém fizemos o mesmo curso e agora estamos trabalhando juntos nesse novo aplicativo que ele está desenvolvendo.

Guilherme olhou para os dois e viu que ali havia muito mais que uma dupla de amigos. Regina e João Carlos combinavam em tudo. Como apenas ele percebia isso?

Instigou os amigos:

— Nunca pintou um clima entre vocês?

— Como assim?

— Um lance, um namorico, um beijinho...

João Carlos encarou Regina por um bom tempo, o que a deixou encabulada. Ela baixou os olhos. Ele sorriu, voltou-se para Guilherme e disse, com sorriso fácil:

— Logo que chegamos a São Paulo, fomos a uma festa. Ficamos juntos. Mas foi coisa de uma noite só.

— É — rebateu Regina, sem jeito. — Foi coisa de uma noite. Só uns beijinhos. Depois nunca mais aconteceu nada.

— Interessante — devolveu Guilherme, sorrindo para os dois, enquanto terminava seu drinque.

Foi ali, naquela mesa, que João Carlos refletiu pela primeira vez que não valeria mesmo a pena subir ao altar com Paula. Havia se encantado com a beleza dela, afinal, nunca antes um mulherão daqueles havia dado trela para ele. Ficou com Paula por conta da vaidade, não do amor.

Por mais que tentasse evitar, durante toda a noite, mesmo que conversasse com Guilherme, os olhos de João Carlos sempre viravam na direção de Regina.

Guilherme tentava não pensar em Paula. Ela o desestabilizava e o tirava do prumo. Melhor pensar em outra. Bem que tentou paquerar algumas garotas no bar.

Desde que soubera que ela e João Carlos tinham rompido, uma pequena chama de esperança se acendera dentro dele. Acreditou que Paula pudesse ir atrás dele, arrependida, bater na porta da empresa ou mesmo ir à portaria do prédio, visto que o número de celular dele havia sido mudado. Mas nada. Paula havia sumido. Não a via em lugar nenhum.

Será que arrumou outro?, pensou aflito.

Guilherme voltou a colocar atenção em outras moças ao redor do bar. Mas a imagem de Paula volta e meia aparecia com força em sua mente. Era um tormento.

CAPÍTULO 23

Berenice abriu e fechou os olhos algumas vezes. Olhou para o teto bege, tentou levantar os braços para esfregar os olhos, mas seus braços pareciam pesar uma tonelada. Não conseguia levantá-los.

Além do mais, no braço direito havia um cateter, ligado a um pequeno cilindro vertical, ao lado da cama, reluzente, na cor violeta, que piscava de vez em quando. Era como se um vapor — era o que Berenice conseguia identificar — saísse do cilindro, passasse por um fio transparente, uma espécie de sonda e, por meio do cateter, entrasse no seu corpo.

Cada vez que o cilindro piscava, a cada cinco minutos, mais ou menos, Berenice sentia um calorzinho no braço que se expandia pelo corpo todo. Aquilo lhe dava uma tremenda sensação de bem-estar.

Ela engoliu a saliva. Viu, do lado oposto, uma mesinha com um copo que acreditou ser de suco, pois a cor do líquido era verde bem clarinho. Tentou apanhar o copo, mas o braço ainda estava pesado. Desistiu.

Uma mulher negra, alta, corpo belíssimo, olhos amendoados, cabelos crespos e longos, entrou toda sorridente, mostrando os dentes alvos e perfeitos. Usava um jaleco amarelo-claro sobre um vestido branco. Detalhe: usava saltos altos e estava levemente maquiada.

— Bom dia, Berenice! Acordou!

— Bom dia — ela respondeu sem jeito.

A mulher foi falando, enquanto puxava as cortinas com as mãos muito bem cuidadas, unhas compridas, e deixava o sol entrar:

— Estava com tanta vontade de conhecê-la! Sumailla fala muito de você. Impressionante, garota. Nunca a vi assim, tão grudada em alguém. E olha que conheço Sumailla há uns dois séculos. Sem brincadeira.

— É?

— Sim — a moça se aproximou, conferiu o cateter e disse:
— Prazer. Meu nome é Ágata.

Berenice sorriu. Que lugar era aquele? Não era o postinho do SUS que ela frequentava, com certeza. O posto não tinha internação. Será que fora levada para um hospital público? Mas hospital público com aquele quarto limpinho, arrumadinho, com uma médica linda, solícita e, ainda por cima, internada em um quarto particular? Não estava em uma enfermaria, com outras pessoas? Deveria ter sido efeito do tombo que levara.

O tombo! Por que não pensara nisso antes? Imediatamente Berenice levou a mão até a cabeça, mas não havia nada, nem um curativo, tampouco corte.

Estranho, pensou.

Passou a mão na testa, nas têmporas, na nuca, e nada, nem um galo sequer.

Não tenho nenhuma amiga chamada Sumailla. Será que essa mulher não está me confundindo com alguém?

Decidiu fazer um teste.

— Ágata.

— Sim.

— Onde está meu marido... o...

— Durval?

— É.

— Por ora, você não pode receber visitas.

Antes que Berenice pudesse fazer nova indagação, Ágata sorriu e emendou:

— Toninha também não pode visitá-la. São recomendações médicas. Quando for liberada para visitas, eu a avisarei, tudo bem?

— Tudo.

— Agora vou retirar seu cateter e você vai tomar um banho. Ali — apontou — estão os produtos de higiene e toalha mais a camisola e o roupão. Espero que goste das fragrâncias e das roupas. Fazemos com que nossos pacientes se sintam bem acolhidos.

— Estou meio fraca.

— Espere um pouco.

Ágata aproximou-se, tomou o pulso de Berenice, contou e depois disse:

— Feche os olhos.

Berenice atendeu. Fechou os olhos. Ágata lhe deu um passe. Posicionou as duas mãos sobre a testa de Berenice e foi descendo-as lentamente até os pés e voltou, fazendo o mesmo movimento. Fez isso três vezes e, enquanto realizava o intento, de suas mãos saíam jatos de luz de coloração variada, que iam do laranja ao verde.

Terminado o passe, ela ordenou:

— Pode abrir os olhos. Como se sente?

— Nossa! Estou me sentindo melhor, revigorada. Ao menos, a sensação de fraqueza se foi.

— Que bom. O nosso intuito é esse mesmo: fazer com que nosso paciente se recupere de forma rápida e se sinta muito bem, revigorado, forte, pronto para seguir uma nova etapa.

Ágata sorriu e, antes que Berenice pudesse fazer qualquer outra pergunta, apontou de novo:

— Banho. Quero vê-la linda e perfumada. Voltarei daqui a uma hora. E, quem sabe, Sumailla também não venha?

— Está bem.

Berenice movimentou-se sem problemas. Sentia-se bem. Os braços não estavam mais pesados, depois da retirada do cateter. Ela bebericou um pouco da bebida verde. Sentiu mais disposição ainda.

Ágata saiu do quarto e fechou a porta sem fazer barulho. Berenice espremeu o olho e percebeu que a porta não tinha maçaneta nem trinco. Achou estranho, mas ao mesmo tempo, por estar em um hospital, não ficou tão surpresa.

Ela apanhou os produtos na mesinha à sua frente, caminhou até o banheirinho anexo. Abriu a ducha e uma água morna caiu sobre seu corpo como um bálsamo.

Terminado o banho, Berenice arrumou-se, vestiu a camisola, calçou os chinelos, apanhou uma escova e, enquanto penteava os cabelos úmidos, olhou a paisagem. Achou tudo muito surreal.

— Onde estou? Para onde será que Durval me mandou?

Lá fora, o sol ia a pino e se esparramava sobre uma paisagem que remetia às construções da civilização inca. Berenice tinha certeza de que já vira aquela imagem em algum lugar, fosse num programa de tevê, fosse num filme.

À sua frente estava uma réplica de Cuzco, a capital inca, bem antes de ser devastada, ainda em seu apogeu, misturada a algumas construções belíssimas de Machu Picchu.

Berenice ficou assim por mais de meia hora, até que uma moça baixinha, morena, de longos cabelos negros, entrou no quarto. Berenice sentiu a presença e girou nos calcanhares. Sem perceber ou raciocinar, a sua boca já havia dito:

— Sumailla?! É você?

A baixinha correu até ela e abraçaram-se de maneira tocante. Ficaram assim, juntinhas, por um bom tempo.

— Você se lembrou! Pensei que fosse levar mais tempo para se lembrar de mim. Ágata me contou, lá fora, que lhe disse meu nome e você perguntou quem eu era.

— Sim. Claro, que sim! Mas não sei o que aconteceu. Depois que tomei aquele chá verde, me banhei, vesti esta roupa... Eu a vi e foi automático. Eu me lembrei instantaneamente de você. Não me lembro de onde, nada. Só sei que você é Sumailla, minha irmã amada.

Abraçaram-se novamente. Depois, menos emotiva, Berenice prosseguiu:

— Não sei o porquê, mas você é tão presente em minha memória! É como se sempre estivesse ao meu lado.

— De certa forma, sempre estive, na medida do possível.

— Como um anjo da guarda.

— Digamos que sim. Quando você se preparou para reencarnar, cheia de insegurança, dúvidas e temores, eu me prontifiquei a acompanhá-la durante sua estada no planeta.

— Não me recordo de você em sonhos ou de tê-la percebido durante minha última existência. É algo mais antigo. É como se eu a conhecesse há bem mais tempo.

— Pois conhece. É que sua memória ainda vai demorar a voltar, bem aos poucos. Uma hora você vai se lembrar de mais coisas e então vai se recordar precisamente desde quando nos conhecemos. Por ora, o que importa é saber que temos laços de amor. O resto são detalhes.

— Por que não me lembro de sonhos com você em última vida?

— Porque estava muito presa às coisas da matéria.

— Como assim, Sumailla?

— Quando reencarnamos, o nosso espírito mergulha na matéria. É um processo doloroso para nosso espírito, porque somos obrigados a diminuir nossos sensos, ficamos limitados. É como se esse corpo sutil que você vê e apalpa agora — apontou para ela e para si — recebesse um escafandro, uma roupa de mergulho, e você tivesse de viver no fundo do mar. O escafandro limita suas funções. Você caminha no fundo do mar com mais dificuldade, pega os objetos com menor destreza, enfrenta uma série de dificuldades.

— É mesmo.

— Além disso, há uma energia própria do planeta, densa, que concentra todo o teor negativo de pensamento dos que lá vivem. Imagine todos os medos, raivas, ódios, frustrações, angústias, tristezas dos encarnados ligados por uma única corrente energética.

— Nossa, deve ser algo terrível.

— Sim. Essa corrente fica solta, perambulando no ambiente terreno, formando uma grande egrégora negativa.

— Egrégora?

— É. Imagine uma nuvem, ou uma, talvez várias bolas de algodão-doce, imensas, carregadas de pensamentos, ideias. Isso é que chamamos de egrégora. Ela pode se concentrar em determinado lugar com maior peso, irradiando sobre o ambiente todo o teor dos pensamentos nela contidos. Existem a positiva e a negativa. Estou aqui falando, obviamente, da negativa. Acontece em lugares onde há guerras, lutas, massacres, violência. Se você não souber se defender dessa energia densa, ela invade seu sistema energético, enfraquecendo o seu sistema imunológico, abrindo espaço para doenças e também corta o seu contato com os amigos espirituais.

— É como se essa energia impedisse que você pudesse estar ao meu lado?

— Exatamente. Muitas vezes tentei orientá-la, ajudá-la, inspirar-lhe bons pensamentos, mas você se deixava influenciar pelo negativo do mundo, impressionava-se sobremaneira com notícias ruins, situações desagradáveis. Entrava na onda dos grandes dramas coletivos, acreditando que a vida no mundo era difícil, terrível, ruim, desagradável, infeliz, desafortunada, injusta.

— Meu Deus! Eu pensava tudo isso a respeito da vida na Terra. Alguns nasciam afortunados e muitos nasciam desgraçados, sem a mínima chance de ter uma boa vida. A meu ver, Deus sempre fora injusto.

— Pensando dessa forma, criou um ambiente energético péssimo em volta de si. Além de criar uma energia desagradável ao seu redor, passou a só acreditar no negativo, a validá-lo sistematicamente. Quando damos valor e acreditamos em algo, aquilo se torna realidade em *nossa* vida — Sumailla ressaltou. — Só em nossa vida. Por isso, nenhuma vida é igual à outra no mundo. Pode ser parecida, mas jamais igual.

— Desperdicei tantas possibilidades de trilhar um caminho melhor. Fiquei presa às ilusões do mundo, deixei de ser eu mesma, abandonei-me e culpei os outros por não ter conseguido atingir meus sonhos. Pior, culpei Durval por não ter me dado um bom casamento, não ter me dado filhos, por eu ter um corpo defeituoso...

Sumailla sorriu e passou a mão por sua cintura, cantarolando:

— Você cresceu uma garota cheia de sonhos, planos.

— Era — concordou animada.

— Iria ganhar o mundo, estudar idiomas, viajar e conhecer países, ser independente.

— Sim, era o sonho que tinha. Ganhar o mundo.

— E o que fez? Enterrou o sonho por medo. Achou que não era boa o suficiente, que era burra, que não conseguiria aprender outros idiomas, que não tinha talento. Passou a juventude enchendo-se de defeitos, colocando-se para baixo, sendo sua pior inimiga, destruindo, pouco a pouco, todas as suas qualidades. Deixou-se levar pelos comentários da família, dos outros. Deixou de escutar a voz da sua essência e deu valor ao negativo. A sua criatividade desapareceu, secou. Qual o resultado?

— Já entendi — assentiu, cabisbaixa. — Perdi justamente os órgãos que estão ligados à criatividade, à expressão: ovário e útero.

— Você mesma criou tudo isso. Nasceu perfeitinha e quantos anos levou até que desenvolvesse uma doença?

— Tem razão.

— Teve o privilégio de viver entre os incas. Atingiu um nível de sensibilidade ímpar. Entendo que tenha se retraído depois que nosso povo foi dizimado pelos espanhóis. Contudo, depois do seu brutal desencarne no século 16, teve consciência do porquê passara por aquele tormento.

Berenice sentiu um arrepio desagradável pelo corpo.

— Nem me fale. Quantas vidas vivi depois daquilo para apagar aquela barbaridade que sofri.

— Se ainda olhar para trás com o olhar do drama, vai ficar difícil de virar a página e seguir adiante sem rancor. Já teve chances de se vingar, de se redimir, de se acertar com tanta gente! Não acha que agora está na hora de se acertar consigo mesma? Com a sua essência?

Berenice sorriu sem graça.

— Falhei de novo?

— Ninguém falha. Toda vida é válida. Está tudo certo porque cada um faz o melhor que pode.

— Com todo o meu conhecimento adquirido durante a época da civilização inca, adorando a Inti, o deus do Sol, e à Pacha Mama, a Mãe Terra, caí na conversa de uma mulher de centro espírita.

As duas riram. Sumailla emendou:

— Nada é por acaso.

— Por que diz isso?

— Se você não me reconhecesse, provavelmente ainda estaria presa às ilusões do mundo. Seguindo essa linha de raciocínio, você estaria aqui com raiva de Ondina, a mulher do centro, por ter se sentido enganada. E digo mais: você iria atrás dela para infernizá-la, vingar-se, culpá-la pela sua morte, sabe-se lá mais o quê.

— Acha mesmo que eu seria capaz disso?

— Acho. Conheço você há mais de quinhentos anos. Sei do que essa peça rara é capaz de fazer quando está nervo-sinha — fez um gesto gracioso apontando para o coração de Berenice.

Berenice não sabia se ria ou se ficava envergonhada. Mor-discou os lábios e indagou:

— Estou tão lúcida aqui ao seu lado que entendo tudo.

— Tudo o quê?

— Tudo. Atraí Durval porque fazia duas vidas que andava apagada e sem valor ou apreço por mim mesma. Toninha é uma pessoa muito querida, uma amiga de algumas vidas...

— Por certo.

— E Ondina, a atendente do centro espírita, é uma mulher como eu, quer dizer, alguém que também sufocou suas vontades, seus desejos, abdicou de seus sonhos por medo.

— Isso mesmo.

— Bom, qual é o passo seguinte do meu tratamento?

— Deveria ser repouso, passes, aulas, palestras, meditação no templo, um pouco de cânticos ao deus Inti, mas eu conversei com Ágata há pouco e tivemos uma ideia melhor. Acho que você vai gostar, porque vamos juntar o útil ao agradável, ou seja, você se ajudar e ajudar alguém.

— Como?

— Vai voltar à Terra.

— Vou reencarnar? De forma rápida, como aconteceu nos tempos da Revolução Francesa?

— Não. Vai demorar para reencarnar. Vai ficar aqui conosco por uns cinquenta anos, pelo menos. O propósito agora é outro.

Berenice estava curiosa.

— O que é?

— Você vai ser uma espécie de mentora. Da Ondina, por um tempinho.

— Eu?! Mentora?

— É. Vai ser a guia espiritual dela. O guia dela já foi comunicado e afastado, por ora. Ele foi convidado a fazer um curso de reciclagem e você assumirá o posto dele.

— Não tenho nada a ver com Ondina. Nem a conheço.

— Aí é que você se engana. Ondina tem uma personalidade muito parecida com a sua e leva uma vida igual à que você tinha na Terra. É como se você estivesse olhando para a sua imagem refletida no espelho, só que com um corpo um pouco diferente.

Berenice ficou um pouco estremecida com o convite.

— É pegar ou largar. Caso contrário, o processo será mais demorado. Como sei que gosta de um desafio...

— Eu topo. Quando descemos?

Sumailla sorriu, animada.

— Logo!

CAPÍTULO 24

Fazia uns domingos que Inês ia à casa de Durval e passava o dia todo ali. Cozinhava, dava uma geral na casa, lavava as roupas dele.

— Não é minha empregada.

— Fique quieto. Faço porque gosto. Vá lavar o carro do seu Adamastor — ordenava ela.

Depois de limpar o prato do almoço com um pedaço de pão, Durval suspirou:

— Não comia tão bem assim desde os tempos que morava com minha mãe. Que Deus a tenha. Foi muita gentileza ter me feito um pouco de sopa naquela noite. E depois, nesses tempos, veio em casa, deu uma ajeitada em tudo, fez as compras do mês... E um mês depois, como prometido, continua vindo. Hoje me surpreendeu com um banquete!

Inês abriu um sorriso de orelha a orelha.

— Imagine. Fiz uma canja.

— Nossa, você fez mágica, menina. Estava tudo muito bom.

— Faço com o maior carinho, de verdade.

Inês pegou as panelas, depois as travessas e colocou-as sobre a pia. Procurou o detergente e a esponja.

— O que vai fazer? — indagou Durval, ainda sentado, abrindo uma latinha de cerveja.

— Lavar a louça. Por quê?

— Já fez demais hoje. Já disse e volto a repetir: não é empregada. Além do mais, você tem as mãos tão bonitas. As unhas são lindas.

— Gostou?

— Sou ligadão em mulher de unhas compridas e pintadas.

— É mesmo?

— Sim. Doidão. E, se for lavar louça, vai estragar as unhas.

— Sei me virar bem. Não limpei sua casa hoje, enquanto lavava o carro do vizinho? Usei luvas. Aliás, deveriam estar aqui.

Durval coçou a cabeça, sem graça.

— Estavam meio gastas. Pensei que era para jogar no lixo. Desculpe.

Inês sorriu.

— Não tem problema. Aquele par estava bem gasto. Vou até a minha casa pegar um par novinho.

— De maneira alguma. Nossa, o que você fez por mim esse tempo todo não tem preço. Depois eu me viro e lavo.

— Nada disso. Sua vida deu uma guinada. Claro que uma hora tudo passa, porque a vida segue. Mas, se tem amigos que podem ajudá-lo a passar por essa fase difícil de maneira menos dolorida, por que não aceitar?

Durval iria levantar da mesa, mas Inês fechou a torneira e aproximou-se, quase encostando os lábios no rosto dele. Chegou bem próximo de propósito. Ele engoliu em seco e sentiu um excitamento. O perfume que dela vinha o inebriava.

— Agora que Berenice não está mais aqui, vou cuidar de você. Eu quero fazer isso.

— Por quê?

— Porque eu gosto de você, ora. Muito.

Ele ficou sem ação. Inês passou a mão pelas pernas dele, fez um movimento sensual com o corpo e avisou:

— Vou até a minha casa pegar as luvas novas. Já volto.

Durval só moveu a cabeça para cima e para baixo, surpreso.

— Minha nossa! Essa menina está me deixando doidinho!

Enquanto ele ficava absorto em seus pensamentos, Inês saiu, atravessou a rua, andou algumas quadras e, quando pôs o primeiro pé dentro de casa, a mãe veio correndo, esfregando as mãos no avental, nervosa:

— Menina do céu! Onde você estava?

— Dando uma volta, por quê?

— Todo domingo você sai de manhã e chega quase meia--noite. Onde tem se metido?

— Fique tranquila, mãe. Não estou andando com más companhias.

— Seu pai e eu estamos morrendo de preocupação! Eu já estava imaginando o pior.

Inês olhou para os lados, subiu os olhos por cima da mãe:

— Cadê o velho? Não trabalha mais aos domingos?

— Não fale assim de seu pai. Leônidas chegou cedo do quartel, ficou tão nervoso que pegou o carro e foi dar voltas na redondeza à sua procura.

— Patético. Mil vezes patético — ela fez um gesto com as mãos, com se pedisse espaço para a mãe, e caminhou até a cozinha. Enquanto se dirigia ao cômodo falava: — Vim pegar um par novo de luvas de silicone.

— O quê?

— As luvas, mãe. Preciso de um par novo, das luvas que uso para lavar louças — Inês abaixou-se, abriu a portinha embaixo da pia e nada. — Cadê? Onde guardou os pares que comprei na cidade?

— Pus os pacotinhos em cima do armário da máquina de lavar. Mas por que você...

A moça levantou-se de maneira ágil, caminhou até a porta da cozinha, saiu para o quintalzinho e foi até a pequena área.

Abriu o armário, apanhou um saquinho de luvas. Voltou e alertou:

— Não tenho hora para voltar.

— Seu pai vai ficar nervoso. O que digo a ele?

— Não diga nada. Nem que apareci. Diga que liguei, que estou na casa de uma amiga. Diga que fui cortar e tingir os cabelos da Suellen, que vai demorar, vou dormir na casa dela e volto amanhã.

— Você nunca passou o domingo fora de casa.

— Hoje eu decidi que vou dar um passo além.

— O quê? — a mãe não entendeu.

— Nada. Mas diga ao velho que vai demorar para tingir os cabelos da Suellen. Vou dormir na casa dela. Aposto — Inês fez um gesto com a mão — que seu Leônidas não vai dormir em casa hoje. Pode acreditar. Ele também some. Deve ser excesso de trabalho no quartel — provocou, maneira irônica.

— Inês, por favor. Seu pai vai brigar comigo.

Ela encarou a mãe com ar sério:

— A senhora precisa ser forte. Deve encará-lo de igual para igual. Pensa que não me entristece a maneira como se rebaixa, como se diminui ao lado dele?

— Não fale assim. É seu pai. Deve respeitá-lo.

— Respeitá-lo? — Inês deu uma gargalhada cínica, talvez com uma ponta de indignação e tristeza. — Um homem que menospreza a esposa não merece um pingo de consideração. Eu já o teria abandonado há bastante tempo. Não sei como não o fez até hoje.

A mulher levou a mão ao rosto, envergonhada.

— Nunca fiz nada na vida. Só sei ser dona de casa.

— Isso é conversa de quem se acomodou, é papo de covarde.

— Mas...

— Nada de "mas", mãe. Não vê que não fico em casa porque detesto ver a maneira como ele a trata? Estou tentando arrumar um trabalho fixo e, melhor, tentando dar um rumo na minha vida. Eu sou jovem, posso fazer o que bem entender. Mas e você? Vai ficar sob as garras desse capitão metido a machista, grosso, estúpido, que trata você com grosseria, brutalidade, que a xinga porque a comida está mais salgada, menos salgada, fria, quente, sei lá o quê...

— Tem razão — balbuciou, por fim, chorosa, concordando com Inês. — Mas me separar nesta altura do campeonato?

— Sim. Pela sua dignidade. Foi do lar a vida inteira, não foi?

— Fui.

— Pois então. Vá fazer faxina na casa dos outros, faça comida para fora, costure, sei lá, mãe, ou vá estudar.

— Com essa idade e sem um tostão?

— Eu arrumo trabalho, pago um curso profissionalizante para você. Por lei, metade da casa é sua. E, de mais a mais, ele terá de lhe dar uma pensão.

— Tenho medo.

— Não deveria. Tem a mim para ajudá-la. Pense em você, pelo menos uma vez na vida. Só uma.

Inês a beijou com carinho e saiu. Logo estava de volta à casa de Durval.

A mãe, cansada da vida que levava ao lado daquele marido estúpido e que deixara de amar havia tanto tempo, não sabia por onde ou como arrumar forças para lidar com uma situação que jogara embaixo do tapete havia muitos anos. Tinha medo de levantar a ponta do tapete e lidar com aquela sujeira toda acumulada por anos.

— Não sei se sou forte para enfrentar tanta mudança. Sou contra a ruptura do matrimônio. Quer dizer, fui criada sob padrões rígidos de moral, de costumes. Estou tão perdida.

Ela queria pensar mais fundo sobre tudo aquilo, contudo, horas depois, Leônidas chegou a casa bufando e gritou, espalmando a mão sobre a mesa:

— Cadê sua filha? Procurei por tudo quanto foi lugar e nada.

— Nossa filha?

— Onde está Inês? Sumiu?

— Ligou.

— O celular dela só dá caixa postal.

— Disse que acabou a bateria. Está na casa da Suellen, tingindo e cortando os cabelos da amiga. Essas coisas de tingimento demoram.

— Nunca ouvi falar em Suellen.

— Inês ligou há pouco e amanhã estará de volta.

— Onde mora essa moça?

— Sei lá, Leônidas. Sabe como é Inês. De poucas palavras. Disse somente o necessário. Ela faz o que quer, diz o que quer.

Ele foi até a pia, apanhou um copo. Depois abriu a geladeira, pegou uma garrafa de cerveja, abriu-a e entornou a garrafa sobre o copo.

— Tudo culpa sua. Passei anos na rua cuidando da população, colocando minha vida em risco, e você aqui, com esse traseirão na cadeira. Nunca soube fazer nada direito. Nunca foi boa esposa, boa mulher, boa companheira. E agora também vai ganhar mais um título: mãe imprestável.

— Não é bem assim.

— Claro que é. Não soube educar sua filha. Não soube fazer nada direito. Eu me pergunto todo santo dia: por que me casei com você?

— Porque gostava de mim.

— Não. Foi por pena.

Ela o encarou com olhos esbugalhados. Ele prosseguiu:

— É. Pena. Idolatrava seu pai. Ele era uma referência no quartel. Quando foi morto naquele motim, fiquei com tanta pena da filha gorda e encalhada que achei por bem desposá-la. Foi por gratidão a ele e pena de você — Leônidas terminou de beber o copo de cerveja. — Vou dormir fora de casa. Aqui o ar está irrespirável — ele apanhou a chave do carro e saiu, gesticulando: — Pena. Casei mesmo só por pena. Mais nada.

Ela teve uma vontade imensa, naquele momento, de terminar com a própria vida. Mas sua crença religiosa sobre a vida após a morte era muito rígida e nem esse direito ela podia se dar.

A mulher, sentindo-se humilhada, a pior das criaturas, abriu a porta da cozinha, foi para perto da máquina de lavar e ali deixou que o pranto lavasse sua alma e arrancasse a dor do peito. Mas a dor não ia embora. Porque não era uma dor física. Era dor de alma.

CAPÍTULO 25

A cena se fechou como se um filme tivesse acabado de passar numa tela bem grande, como a de um cinema. Sentados à frente da tela, dois espíritos em forma de mulher assistiam a tudo, sob todos os detalhes, incluindo dados imperceptíveis aos encarnados, como mudanças gritantes na coloração da aura de Leônidas, sutis na de Inês, e prestavam atenção às energias que vibravam em torno daquela que mais fora abalada por toda aquela conversa: Ondina.

Coincidentemente, a mãe de Inês, casada com Leônidas, havia cerca de vinte anos, encontrara no espiritismo o bálsamo para consolar sua alma tão confrangida.

Católica de nascimento, Ondina entregara-se à doutrina espírita como maneira de não cometer desatinos, cerca de uns dez anos atrás. Tudo se originara com uma discussão boba, que se transformou em discussão com tons acalorados, bate-boca pesado e agressão. Foi a primeira, única e última vez que Leônidas levantou e desceu a mão sobre a mulher.

Ele comportara-se daquela maneira porque estava com a cabeça quente e não faria mais aquilo, pois, no momento que descera o primeiro tapa sobre Ondina, a pequena Inês, com nove anos à época, escondida embaixo da escada, assustadíssima com a briga do casal, dera um grito de pavor que ecoou até na casa da vizinha.

Pensaram que a menina traumatizara. Inês continuou sendo a mesma garotinha dócil e graciosa de sempre.

Aos treze, quando Inês pediu permissão para ir à primeira festinha com amigos e o pai disse "não", ela só o encarou com firmeza, sem pestanejar, como se em seus olhos estivesse transmitindo ao pai: "Eu vi você batendo na minha mãe. Não vai fazer o mesmo comigo".

A prova dos nove viria logo depois. Não tinham dinheiro para fazer a festa de quinze anos dela, e Ondina, para aliviar o sentimento de culpa ou remorso, permitia que Inês fosse a tantas festas de quinze anos quantas quisesse.

Um dia, porém, Leônidas chegou meio de ovo virado, pois achava que conseguiria fazer o Mestrado em Ciências Policiais de Segurança e Ordem Pública, o que não se concretizara. O curso abriria portas para Leônidas sonhar com mais um grau na escala hierárquica: de capitão para major. Não queria conversa, só um banho e cama.

Viu Inês pronta para a festa e mandou-a subir para o quarto.

— Não subo. Eu vou.

— Sou seu pai. Pode subir agora. Não vai.

Ela o encarou — Leônidas ainda estava com o uniforme da polícia — e desdenhou:

— Não sou a passiva da sua esposa. Eu vou. Tchau.

Antes de ela fechar a porta, foi surpreendida pelo puxão de cabelos. Leônidas a puxou com força, ante os gritos histéricos de Ondina.

Ela não se deu por vencida. Arranhou o pai com as dez unhas das mãos, afiadíssimas. Não satisfeita, enquanto Leônidas urrava de dor, Inês enfiou o salto agulha bem no meio das partes íntimas dele. Sim. A menina não era fácil de ser dobrada. E deu seu recado:

— Não sou a sua esposa, que você trata como bicho ou como um dos marginais que prende. Se voltar a mexer comigo, eu acabo com sua reputação. Conto tudo sobre a vida familiar do oficial. Destruo sua carreira num segundo.

No meio de tanta dor, ele sibilou:

— Não tem como provar.

— Sem problemas. É a sua filha quem vai falar. Vai gerar dúvida na cabeça das pessoas. Vão olhar você com ressalva. Bater em mulher, hoje, já é crime.

Enquanto Leônidas continuava gemendo no chão da sala, Inês subiu as escadas, arrumou-se novamente. Desceu depois de meia hora, linda, como se nada tivesse acontecido. Beijou a mãe no rosto:

— Boa noite, mamãe.

Inês saiu para a festa. E nunca mais Leônidas encostou um dedo nela. E jamais discutia com Ondina na frente dela. Jamais.

Ondina não conseguia enfrentar o marido. Entregava-se às leituras de salmos, evangelho, tentava compreender as questões dos livros básicos da doutrina espírita, mas não era muito de levar os estudos com determinação.

Fizera os cursos básicos no centro espírita, desde aprendizes do evangelho ao básico de espiritismo, mas sua cabeça ainda ficava presa a fortes questões morais.

Criada em uma família ultracatólica, com duas tias freiras, Ondina seguia rígidos princípios de moral e bons costumes. Tudo deveria seguir um padrão assim ou assado. Nada poderia ser diferente do convencional.

Uma amiga muito querida, vendo seu estado de penúria emocional, acreditava que os ensinamentos e valores vistos sob outros pontos de vista pudessem alargar sua consciência, ajudar Ondina a compreender a vida além da vida, sair da depressão, mudar o rumo de sua vida.

Ondina apegou-se à doutrina e entendeu o espiritismo como tábua de salvação para seu casamento. Tentou, num primeiro momento, doutrinar Inês. A menina até gostava dos passes, mas, quando terminava uma palestra, os pontos de vista de Inês eram totalmente diferentes do dela.

— Mãe, vou frequentar outro lugar porque não está funcionando irmos juntas ao mesmo centro espírita.

Inês tomou seu rumo, indo a lugares variados, tendo um jeito próprio de encarar a vida e seus mistérios.

Ondina mal conversava com Leônidas sobre o centro. Dizia fazer trabalho assistencial, o que, de fato, não deixava de ser verdade. O centro onde trabalhava distribuía sopas a cada três semanas em viadutos espalhados na periferia da cidade e também atendia famílias carentes em uma favela não longe do centro espírita.

Era um trabalho que Ondina fazia com muito amor, dedicação. Mas tinha dificuldade em enxergar sua força, dar um passo à frente, encarar os desafios da separação e poder ter uma vida melhor, em paz, pelo menos.

Os anos estavam passando, mas, se Ondina continuasse agindo e pensando daquela maneira obtusa, logo seu coração não aguentaria, e ela poderia sofrer um ataque fatal.

Depois de passar esse resumo, assim que desligara a tela com um movimento gracioso, Sumailla encarou Berenice:

— E então? Agora percebe por que Ondina lhe dava aquele tipo orientação no centro espírita?

— Claro. Ela sofre porque não consegue sair do próprio inferno em que vive.

— Exato. Ondina acabou entrando no drama e, quando se dramatiza qualquer situação que seja, é impossível encontrar uma saída. A pessoa fica presa, como se um véu a impedisse de olhar para os lados, para cima, para algum ponto que possa ajudá-la a ver por outro ângulo. O drama atrapalha sobremaneira a vida de todos nós, independentemente de estarmos encarnados ou não. É lição de todos nós nos livrarmos do drama, não importa a dimensão em que nos encontremos.

— Percebo. Sinto que ela deixou de notar seus potenciais.

— Sim. O medo paralisou seus sentidos. Ela está presa em uma armadilha mental por conta de seus rígidos padrões morais. Criou uma voz pesadíssima, julgadora, rígida, que a condena por qualquer deslize que venha a cometer. A voz tornou-se tão forte que conduz a vida dela.

— E o que posso fazer?

— Ajudar Ondina a destruir essa voz, puxar a própria força para fora e viver a dignidade de seu espírito pelo tempo que ainda lhe resta no planeta.

— É um trabalho muito difícil — Berenice estava insegura.

— Não é. Imagine tudo o que você faria para resgatar a própria dignidade. Se tivesse de ter outra chance no mundo, como seria sua vida?

Um brilho emotivo perpassou pelos olhos de Berenice.

— Seria bem diferente. Talvez eu nem casasse. Nem tivesse conhecido Durval. Seria outra mulher, mais dona de mim — conforme Berenice falava, uma luz em volta dela se formava e, a cada palavra dita com sinceridade, a luz ao seu redor ficava mais intensa.

Sumailla sorriu, satisfeita.

— Só quero que fique por perto dela. Não será fácil, pois os pensamentos de Ondina estão bem confusos, pesados. A energia do planeta é densa e você precisará se proteger.

Sumailla levantou-se e fez um sinal com os dedos. Logo a porta se abriu e Ágata apareceu:

— Oi.

— Ágata vai acompanhá-la.

— Quando partiremos?

— Preciso de mais um aval de nossos superiores. Logo poderão partir.

— Eu poderei...

Ágata a interrompeu, sabendo o que iria perguntar.

— Não. Não poderá ver Toninha ou quem quer que seja, por agora. É trabalho, Berenice, não é passeio. Vai ao mundo para uma missão. Fui clara?

A maneira clara e adocicada, porém firme, com que Ágata pronunciara aquelas palavras foi suficiente para Berenice fazer um sim com a cabeça.

— Agora vamos — tornou Sumailla. — Precisamos prepará-la energeticamente para esse intento.

CAPÍTULO 26

Os dias haviam passado, mas o susto e a cena, não. Elisa ainda tentava compreender como Paula conseguira se transformar em dona de um jogo que ela acreditava ter ganhado, vencido de uma vez por todas, e nunca mais tivesse de voltar a jogar na vida.

Ela olhou para o telefone. Era Paula. Fungou, depois suspirou, resignada, digitou o endereço onde Guilherme estaria no horário de almoço. Depois de passar a mensagem, rangeu os dentes.

— Como a cadela conseguiu uma carta escrita de próprio punho por Renato? Como? — indagava para si, ainda ruminando.

O telefone tocou. Ela olhou e bufou:

— De novo?

Elisa atendeu irritada:

— O que é, Paula?

— Já sabe ler no visor, antes de atender a chamada? Até cadastrou o meu número, fofa?

— Não acredito que tenha o descaramento de me ligar!

Paula fez que não ouviu e quis saber, voz irônica:

— Está melhorzinha do susto? Só queria saber se não bateu a cabeça quando desmaiou.

— Vamos direto ao assunto — rosnou Elisa. — E o resto? Cadê? — perguntou, seca.

— A entrega será feita aos poucos — mentiu, do outro lado da linha.

— Quem garante...

— Elisa, fofa — Paula a interrompeu, bem segura —, ninguém garante nada. Você vai me ajudar a me casar com seu filho. E me presentear com vinte milhões de dólares. Para não dizer que só cobro, também agradeço. Obrigada por depositar o dinheiro da clínica e pagar meu empréstimo do banco.

— Como você diz, caridade... — ruminou.

— Isso mesmo. Caridade. Agora vai. Anda logo, me passa o endereço completo.

Dessa forma, Elisa começou a ajudar Paula: ligava todos os dias para a secretária do filho, coagia a pobre moça a lhe passar a agenda dele e informava a Paula os lugares onde Guilherme estaria para que ela o encontrasse "ao acaso".

— Tome nota.

— Pode falar.

Paula anotou, despediu-se com um beijo e Elisa não disse nada, apenas fungou. Jogou o aparelho sobre a cama e sentou-se na banqueta em frente ao espelho da penteadeira. Examinou as olheiras profundas e decidiu passar um creme para atenuá-las. Pegou um pote, abriu-o e começou a passar ao redor dos olhos, em movimentos circulares.

A visita de Paula na loja, dias atrás, deixara-a transtornada. Pela primeira vez na vida, não sabia como agir, como proceder, que rumo tomar. Essa falta de estratégia a deixava maluca. Não poder dar o próximo passo, não conduzir e ser conduzida em uma negociação era a morte para ela. Não tinha muito o que fazer.

— Ainda bem que a imbecil só sabe o superficial, no entanto, não quero que ela tenha chance de cutucar esse passado e descobrir mais coisas. Aliás — ponderava, mais para aliviar o peso sobre a consciência —, Paula nem ninguém tem como saber o que mais aconteceu. Preciso cozinhar essa menina e ver com Boris qual será nosso próximo passo. Depois que ele me orientar, essa loira siliconada vai ter o que merece. Com juros e correção monetária.

Elisa passou mais um pouco de creme no rosto. Fechou os olhos para passar o creme sobre as pálpebras. Não teve como conter as imagens que invadiam a mente, principalmente sobre o que Paula dissera e que retirara da folha amarelada: filho bastardo, bissexualidade do marido...

Aquela carta de Renato era um desabafo — um de vários — que ele escrevera em série para Humberto e para Célia, endereçadas para a casa de um tio, a partir do momento em que percebera que sua vida corria risco.

Renato afirmara que não fora ele que engravidara Elisa em Paris. Revelava que era apaixonado por Humberto e que Elisa atrapalhara o relacionamento deles.

Claro que havia muito mais história ruim por trás desses acontecimentos. Elisa não queria que Paula chegasse a eles.

— De onde, ou melhor, de quem ela conseguiu isso? Como? Preciso saber. Será que Renato tem outros parentes vivos?

Elisa estava ansiosa, aguardando uma ligação de Boris. Queria saber se ele já tinha a ficha completa da vida de Paula. Queria tudo: saber onde nasceu, viveu, estudou, trabalhou, com quem se relacionou, seus amigos, namorados, casos, familiares, vizinhos, pediu para Boris passar um pente finíssimo, completo, na vida da moça.

Já tinha pedido para ele fazer esse serviço quando Paula a chantageara um ano antes. Ao começar a levantar as informações, o capanga tivera um infarto, precisou ficar afastado por um tempo e, como na sequência Paula tinha largado Guilherme para se envolver com João Carlos, Elisa esqueceu o assunto.

Tempos depois, com Boris recuperado, pediu a ele para investigar a vida de Vera. Era o que ele vinha fazendo, no momento, além de prestar serviços paralelos aos tios Edmundo e Eduardo.

Sentado na cama, Renato sorria, ar triunfante.

— A verdade está chegando, aos poucos. Logo todo mundo vai saber o que você fez. Não vou embora daqui enquanto não ajudar a desmascará-la. Pode ter certeza. Quem diria que minha sobrinha iria ser o primeiro dominó que vai finalmente fazer outros caírem até acabar com seu casamento de fachada, não? Como o mundo dá voltas, né, vadia?

Elisa sentiu um frio percorrer-lhe a espinha e uma dor de cabeça fortíssima. Terminou de passar o creme no rosto, levantou-se da banqueta, foi até o banheiro, apanhou um comprimido para dor de cabeça e o tomou com um pouco de água.

❧

Paula anotou o endereço do restaurante num bloquinho e sorriu feliz.

— É assim que eu gosto, sogrinha fofa. Está desempenhando bem o seu papel.

Em seguida acionou um aplicativo no aparelho celular e digitou o endereço. Logo o dispositivo calculou a rota e ela começou a receber as orientações por uma voz masculina, vinda do seu telefone.

Enquanto dirigia a caminho do restaurante, a mente ia trabalhando nas possíveis maneiras de obter mais informações.

Chegou ao restaurante onde Guilherme estava, acompanhado por dois fornecedores chineses. Um deles mal falava inglês. O outro, só mandarim. A conversa estava bem difícil.

Ela se aproximou. Guilherme assombrou-se. Fazia tempo que não a via. Ficava se perguntando onde andava, desde que deixara João Carlos. E lá estava ela, na sua frente, linda de morrer.

Sentiu um desejo incontrolável, até porque Paula trajava um vestido lindíssimo, que valorizava suas formas, e usava um perfume que o tirava do sério.

Antes de ele dizer qualquer coisa, um dos homens falou algo em mandarim. Paula sorriu e devolveu no mesmo idioma:

— Obrigada. O senhor é muito gentil.

O segundo homem ficou admirado com a beleza e com a desenvoltura dela.

— Fala nosso idioma?

— Muito pouco. Enquanto cursava pedagogia, um grupo de educadores chineses permaneceu seis meses na nossa faculdade. Eles me ensinaram um pouquinho da língua deles e eu lhes ensinei um pouco de português.

Ficaram deslumbrados. Guilherme não teve como se surpreender.

— Você tem muitos coelhos na cartola e um monte de cartas sob a manga.

— É — ela abaixou a cabeça e sussurrou no ouvido dele: — Eu sou boa de línguas em vários aspectos.

Guilherme estremeceu. De prazer.

Paula sorriu e despediu-se dos chineses. Depois, caminhou até o outro lado do salão e sentou-se sozinha, num ângulo em que Guilherme não pudesse vê-la.

Um dos chineses protestou e pediu que Guilherme fosse chamar Paula. Ele se levantou, a contragosto.

— Querem você almoçando conosco.

— Estou esperando um amigo — mentiu.

Guilherme sentiu uma ponta de ciúme.

— Amigo? Não seria seu ex-noivo?

— O que eu conversaria com João Carlos? Não leu nas redes sociais? Acabou de vez. Estou sozinha — garantiu, sem olhar para o rosto de Guilherme. — Mas, como insiste, eu vou. Só desta vez — considerou.

Ele engoliu em seco, ocultou a emoção e a conduziu até a mesa. Os chineses riram e ela se sentou, fazendo gestos delicados. O almoço correu tranquilo. Despediram-se. Um dos homens, que falava um pouco de inglês, disse a Guilherme:

— A sua tática foi excelente. Não sei se o encontro com essa moça foi arranjado, mas a adoramos. Vamos fechar com vocês'. Irão construir pontes na China!

Guilherme abriu e fechou a boca, tamanha surpresa. Paula piscou para ele.

— Está me devendo uma. Agora a nova solteira do pedaço precisa sair e dar uma volta. Até mais. Beijo no coração.

Ela se despediu como uma dama. Deixou os chineses caidinhos e outros marmanjos esparramados em mesas ao redor.

Guilherme só conseguiu murmurar:

— Por que será que essa mulher me deixa doido?

CAPÍTULO 27

Toninha fechou as contas, acertou as planilhas, verificou outros formulários. Fixou atenção no papel à sua frente e na tela do computador. Olhou de novo. Espremeu os olhos, desconfiadíssima.

— Estranho. Os números estão diferentes. Desde que dona Elisa me dispensou, naquele fim de semana fatídico, as contas não estão batendo. Tudo estava em ordem. Não está mais.

Fez alguns cálculos, anotações. Ela tinha a mania de registrar todas as ocorrências em uma planilha à parte, em um arquivo pessoal. Fez os registros, conferiu tudo e guardou os documentos.

— Preciso conversar com dona Elisa. Não estou gostando disso.

Foi como se escutasse uma voz:

— Não fale nada com ela! Grave tudo o que acabou de checar, todas as discrepâncias.

Toninha, no automático, pegou um pendrive na gaveta e copiou tudo. Em seguida o guardou em uma caixinha sobre a mesa.

A voz ao lado dela sorriu feliz:

— Elisa vai aprontar. Mas, pelo jeito, vai conseguir se safar. Agora, com esses arquivos, a vaca vai, literalmente, para o brejo — e riu. — Obrigado, Toninha. Torço por você, menina.

Em seguida, Renato sumiu.

Toninha sentiu um frio percorrer-lhe a espinha. Passou as mãos pelos braços. Depois, olhou ao redor. Suspirou. Moveu o pescoço para os lados, para aliviar a tensão. Mesmo com esses probleminhas, gostava do trabalho.

Acostumara-se com o jeito seco e distante de Elisa. A patroa era enérgica, mas a tratava bem, dera-lhe oportunidade de crescimento dentro da loja, notara seu potencial, porém sabia que não subiria além do nível em que estava.

Toninha desejava mais. Queria cursar uma boa faculdade de Relações Internacionais, alargar seus conhecimentos, travar novas amizades.

Tinha vontade de namorar, conhecer alguém com quem pudesse compartilhar bons momentos, ter cumplicidade; contudo, a sua realização profissional estava em primeiro plano.

Ela sentia falta da paquera, do flerte. As festas de fim de ano haviam passado. Vera convidou-a para irem juntas passar o feriado de carnaval no Guarujá.

Toninha desligou seu computador, levantou-se, apanhou a bolsa. Apagou as luzes, deu uma olhada ao redor, conferiu se estava tudo em ordem e fechou a loja, na companhia de dois seguranças. Despediu-se deles e foi caminhando pela rua iluminada e cheia de gente bonita.

Como seria bom viajar, aproveitar o sol, o mar, me dar o direito de descansar. Estou precisando. Se dona Elisa me liberasse..., pensou.

Gustavo viera à sua mente também naqueles dias. Até arriscou ligar, mas, como havia passado alguns meses, achou que não valeria mais a pena. Decidida, jogara o cartão dele no lixo.

— Ele mexeu comigo. Infelizmente, nos conhecemos na hora errada. Jamais iria imaginar que fiquei de ligar para ele justamente no dia em que... — sentiu um estremecimento pelo corpo, um leve torpor. A morte de Berenice ainda a tocava sobremaneira.

Algumas lágrimas desceram pelo rosto e ela não pôde evitar que escorressem. Apanhou um lencinho na bolsa e passou pelos olhos. Dobrou a quadra em direção à avenida Paulista. Iria para casa a pé.

— Preciso espairecer, não quero chegar nesse estado, não quero que Esmeralda me veja desse jeito. Vou comer um lanche no pátio de alimentação do shopping e assistir a um filme. Melhor assim.

A noite estava fresca. Havia chovido bastante à tarde e caminhar era bem agradável. Muitas pessoas estavam na rua àquela hora. Toninha recompôs-se e espantou os pensamentos tristes com as mãos.

Entrou no shopping, as lojas já haviam fechado as portas. Olhou uma ou outra vitrine e foi até o andar dos cinemas. Havia uma sessão para dali a meia hora, tempo suficiente para um lanche.

Comprou o ingresso, desceu para a praça de alimentação, foi até uma lanchonete e pagou por um lanche e um suco. Sentou-se com a bandeja a uma mesinha.

Ouviu uma voz familiar e olhou para cima. Era Vera.

— Está perdida pelo shopping? — indagou, depois de cumprimentá-la.

— Menina — confessou Vera, um tanto ansiosa —, precisava sair de casa. Não estou bem.

— O que aconteceu? Sente-se. Quer um pedaço do meu lanche?

— Não. Estou completamente sem apetite. Quer dizer, comi feito uma porca. Vou lhe contar tudo. Tem tempo?

Toninha consultou o relógio.

— Um tempinho. Quinze minutos. Comprei ingresso para ir ao cinema.

— O que você vai assistir?

— *O discurso do rei*, com o Colin Firth. Ele ganhou o Globo de Ouro de melhor ator por este filme. Tenho certeza de que vai levar o Oscar também.

— Semana passada vim para ver *Cisne negro*. Achei triste. Reflete o momento pelo qual estou passando.

— A gente não se fala há algum tempo. O que se passa, Vera?

— Estou desnorteada. Tão chateada.

— É o Luciano?

— É.

Enquanto Toninha comia e bebericava seu suco, Vera disparou:

— Lembra-se de quando fomos à casa do seu cunhado pegar suas coisas?

— Hum, hum.

— Sei que foi um momento ruim para você, mas eu fiquei chocada. Achava que Luciano havia me convidado para morar no apartamento porque estivesse realmente a fim de mim. E descobri que talvez estivesse enganada.

— Você diz "talvez". Não ficou claro naquele fim de semana que ele estava a fim de outra?

— Até que ficou, mas sabe, sempre a esperança é a última que morre.

— Não sei, Vera. As pessoas têm uma resistência em aceitar os fatos como são. Percebo que você não gosta das coisas como elas se apresentam. Ou são do jeito que você as idealizou, ou então você força a barra para que elas aconteçam a seu modo. E isso nunca é bom. Sempre machuca. Você, é claro, porque está presa na ilusão.

— Puxa, está sendo muito dura comigo.

— Não. Estou sendo realista. Você sabia que Luciano não estava apaixonado por você. Na verdade, nunca esteve. Depois, acreditou que poderia conquistá-lo na festa de ano-novo. Não sei por que foi atrás dele no litoral. Ele não a convidou.

— Convidou. Disse que iria para Maresias e, se caso eu fosse por aquelas bandas, poderíamos nos encontrar.

— Isso não foi um convite.

— Não?

— Claro que não. Ele só foi gentil com você, mais nada.

— Fiquei como uma idiota a procurá-lo por toda parte. Rodei a praia toda, cada cantinho. Não o encontrei. Passei a virada de ano sozinha, deprimida.

— Porque quis. Bom, o tempo está acabando. Seja rápida. E agora, o que foi que aconteceu?

— Esta semana, perguntou o que eu achava de lagosta. Qual era minha impressão, se era um prato cafona, sofisticado, o que vinha à minha mente quando escutava "lagosta".

— Sei. E você?

— Bom. Fiquei animadinha. Achei que ele fosse fazer alguma coisa especial para nós dois. Fiquei de espreita. Como não fez nada, hoje fui ao mercadão, comprei lagosta fresquinha, paguei uma nota, arrumei a mesa do jantar, comprei velas, flores. Quis, tipo, fazer uma surpresa.

— E então?

— Ele não apareceu. Quer dizer, eu liguei, como quem não quer nada, e Luciano me disse que iria passar o fim de semana fora, só regressaria no domingo à noite, e eu poderia levar quem quisesse ao apartamento.

Vera estava com o rosto avermelhado, tamanha indignação. Toninha ria.

— Fiquei com tanta raiva que comi toda a lagosta. Me empanturrei. Até passei mal. Larguei tudo lá em casa e saí, sem destino. Vim parar aqui.

— Você vive num mundo paralelo, Vera. Totalmente paralelo. Em outra dimensão! Não é possível. Está na cara que Luciano está envolvido com outra pessoa e não tem nenhum sentimento por você que não seja amizade. Só. Mais nada.

— É. Devo admitir que a minha ficha começa a cair. Creio que ele não está mesmo a fim de mim.

Toninha meneou a cabeça para os lados. Consultou o relógio e levantou-se, apanhando a bandeja:

— Está na hora. Vamos? Dá tempo de você comprar o ingresso. Aproveite o momento e espaireça também.

— É uma boa ideia. Depois voltamos juntas. Importa-se se eu dormir esta noite lá no apartamento de Esmeralda?

Toninha depositou a bandeja sobre o balcão e a abraçou:

— Claro que não, amiga carente. Pode ficar e dividimos o quarto. Vamos passar o fim de semana juntas.

— Pensou na viagem ao Guarujá?

— Não sei se serei dispensada ou se vou trabalhar. Por isso, não posso fechar nada com você.

— Queria tanto sua companhia!

— E eu queria muito viajar, Vera. Muito!

— Não vou levar ninguém. Se mudar de ideia, tem um lugar para ir.

— Obrigada.

CAPÍTULO 28

Gustavo, ao combinar de sair com os amigos, tinha adotado o hábito de, antes de encontrá-los, dar uma passadinha no bar onde conhecera Toninha. Ficava na esperança de, quem sabe, cruzar de novo com a moça que tanto mexera com seu coração.

O irmão já o esperava, bebericando chope com alguns amigos. Cumprimentou-os e os irmãos se distanciaram, abraçados, até o balcão.

Guilherme pediu um drinque para Gustavo e indagou:

— Ainda acredita que possa reencontrá-la?

— Ano-novo, novas chances! Não perco a esperança. Tenho certeza de que mais cedo ou mais tarde ela vai reaparecer com as amigas. Por falar nisso, chegou a ver alguma delas, algum rosto familiar?

Guilherme olhou ao redor:

— Não, Gustavo. Cheguei há um bom tempo e não vi rosto conhecido. Para falar a verdade, não me lembro das amigas, só me recordo vagamente do rosto da menina por quem você se interessou.

— É. Não posso exigir tanto de você, meu irmão. Você mal as viu naquela noite. Saiu para ir à casa da tia Danusa.

Guilherme acenou com a cabeça, pegou o drinque do bar-man, entregou-o a Gustavo e perguntou:

— E aquela garota que lhe deu mole na praia, na festa de fim de ano? Não vai dar continuidade?

Gustavo meneou a cabeça negativamente:

— Já disse. Não quero saber de nada, de ninguém. Algo me diz que ainda vou reencontrar a Toninha. Não sei por quê, mas ela teve algum problema e não pudemos nos encontrar. Acredito nisso, ou quero acreditar...

— Se prefere pensar dessa forma.

— E como vai a amizade com João Carlos? Tudo numa boa?

— Sim. Quer dizer, até achei que talvez fosse rolar algum problema por causa da Paula. Você sabe que sou caidinho por ela e, se ela me desse mole, não hesitaria em dar-lhe uma nova chance. Mas ela sumiu. Desapareceu.

— Não tem pegado no seu pé?

— Antes fosse! — Guilherme suspirou. — Tomou um chá de sumiço. Desde o encontro com os chineses que não a vejo.

— Pode ser que tenha viajado.

— Pensei nisso — concordou Guilherme.

Gustavo estava curioso:

— Acha mesmo que João Carlos e Regina se gostam?

— Sim. Foram feitos um para o outro. Combinam em tudo. Não precisa mais afastar-se dela quando os vê.

— Já esqueci. O tempo passou e, como estou ligadão na Toninha, desejo que Regina se acerte mesmo com o João Carlos. Me diga. E você? Está gostando mesmo da Paula?

— Ela é uma mulher muito bonita. Bem interessante. Não há como não se sentir atraído por ela. Confesso que Paula mexe muito comigo.

— Então vá atrás dela, ora.

Guilherme sentiu um frio na barriga. Pensar em Paula o deixava desnorteado. Fechou os olhos e imaginou cenas tórridas de um passado não muito distante. Ao mesmo tempo, sentia medo de aproximar-se dela, de novo, e de ela sumir, de novo! Para não enlouquecer, mudou de assunto:

— E nossa mudança, Gustavo?

— Como arquiteto oficial do nosso apartamento, devo terminar a marcenaria em quinze dias e logo em seguida chegarão os móveis. Tudo certo para mudarmos depois do carnaval.

— Não vejo a hora!

— Nem eu. Antes, estava um pouco animado. Agora que o apartamento está ficando com a nossa cara, rapaz, estou animadíssimo, super a fim de vivermos juntos.

— Vai dar muito certo.

— Também acho.

Abraçaram-se felizes e Guilherme perguntou:

— E mamãe? Está segurando bem a sua partida?

— Não tocou mais no assunto. Conversa comigo como se nada houvesse.

— Estranho. Ela está agindo de forma esquisita ultimamente.

— Concordo, e papai também. Quase não tem ficado em casa.

— Tem notado, Gustavo?

— Tenho. De uns tempos para cá, ele tem viajado bastante. Tem viagens da empresa que deveriam ser feitas por subordinados, gerentes. Mas ele os dispensa e vai na frente, não fica em casa um minuto. Esse casamento não está indo muito bem.

— Mamãe está muito nervosa. Eu, que não sou ligado nela, não temos afinidades, percebo o quanto anda desorientada pela casa. Às vezes, quando acordo de madrugada para ir tomar água, a luz do quarto dela está acesa, ou está na varanda, fumando, olhando para o nada. Conversou com ela sobre o relacionamento deles?

— Não. Você sabe que nunca viveram um mar de rosas. A gente cresceu e hoje, adultos, sabemos que nunca foram apaixonados. Papai nunca foi de grandes demonstrações de carinho, como o tio Conrado, por exemplo.

— Isso é. Tio Conrado beija o chão em que Danusa passa. A dinda é muito feliz.

— Sempre foi assim. Nosso pai foi mais reservado, de pouco afeto.

— Não conosco.

— Não. Sempre foi um pai maravilhoso, presente, amigo. Mais presente que a mamãe. Mas... eles são adultos e eles que se entendam. Vamos brindar à nossa nova casa!

Ergueram os copos, alegres. Conversaram mais um pouco. Gustavo, percebendo que o tempo passava e Toninha não apareceria, mais uma vez, resolveu se despedir e ir para uma casa noturna.

Guilherme ficou mais um pouco com os amigos e, passado mais um tempo, também se despediu e foi para casa, imaginando onde Paula estaria.

~~~

No dia seguinte, Guilherme acordou bem-disposto. Olhou no telefone e nada de mensagens. Nem de amigos, nem de ninguém.

Levantou-se, fez o toalete. Pensou em ir ao clube, mas sentiu saudades de Danusa e ligou:

— Estava com saudades. Como está?

— Agora melhor. Você se esquece de mim!

— Muita coisa, dinda. Mas queria saber como está seu fim de semana. Será que dá para encaixar um horário para nos vermos?

— Quer vir almoçar comigo?

— Não está muito em cima da hora?

— Imagine! Aqui em casa sempre tem comida extra. Aproveite porque Conrado foi visitar uma obra com seu pai em Curitiba.

— É. Foram na quinta. Voltam na terça-feira.

— Estou sozinha. Manuela teve de ir à escola resolver uns assuntos.

— Não é época de férias?

— Nem te conto. Sua prima resolveu pedir as contas.

— Mesmo?

— É. Decidiu fazer intercâmbio.

Guilherme admirou-se.

— Olha, que coisa boa!

— Ela foi assinar os papéis de rescisão, essa burocracia toda. Depois conto melhor a história. Venha, vai ser um prazer recebê-lo, meu filho.

— Vou — Guilherme consultou o relógio. — Uma da tarde está bom?

— Excelente.

— Estarei aí. Um beijo.

— Tchau, querido.

Guilherme desligou o telefone, intrigado.

— Manuela, tão insegura, decidiu, do nada, fazer intercâmbio, ir para outro país sozinha? Que avanço! E eu aqui, empacado com a Paula. Por que não me decido? O que me faz ficar emperrado?

Ele sentiu um desconforto no peito. Trocou de roupa umas três vezes, foi até uma casa de bolos, comprou um bem fofo e quentinho. Depois, passou na floricultura e escolheu uma linda orquídea branca, como de hábito.

Rodou mais um pouco e embicou o carro em uma loja de chocolates finos. Comprou uma linda caixa de bombons para Manuela.

⌘

Vera bocejou e esfregou os olhos. Virou o rosto para os lados e viu a cama ao lado vazia.

— Cadê Toninha? — perguntou para si, enquanto tentava se levantar.

Esmeralda entrou no quarto, carregando uma bandeja com o café da manhã.

— Bom dia! Esqueceu que nossa amiga trabalha nos fins de semana?

— Bom dia. Nossa. É mesmo. Esqueci.

— Vamos tomar café.

— Que horas são?

— Passa das nove.

— Desculpe por ter passado outra noite aqui, Esmeralda. Está virando costume, mas não tenho vontade de voltar para aquele apartamento.

— Não tem problema. Já disse que pode voltar a morar aqui.

— Assim que passar o carnaval, tomarei providências. Sairei daquele apartamento. Ou ele me aceita, ou...

Esmeralda a cortou, amável:

— Este quarto é espaçoso e tem duas camas. Toninha já falou que não teria problema algum em dividi-lo com você.

— Eu sei — ela se ajeitou na cama e apanhou a bandeja, encaixando-a sobre as pernas esticadas —, mas fiz uma escolha. Você mesma diz que quem faz uma escolha deve segui-la. E toda escolha gera uma renúncia, porque, ao optar, deixamos alguma outra coisa.

— Pode parar — Esmeralda fez um gesto gracioso com as mãos, puxou uma cadeira e sentou-se próximo de Vera. — Estou sentindo cheiro de drama no ar. Drama temperado com "pena de mim".

— Toda escolha é dramática. Tenho dois caminhos a seguir. Só posso ir por um. Tenho de decidir, preciso escolher qual seguir.

— Quando estou bem, em paz comigo mesma, a decisão sai fácil, sem drama. É como se uma voz, alguma coisa dentro de mim dissesse: "Vá por aqui, porque vai ser melhor para você". E eu vou. E dá certo.

— É que eu queria tanta coisa diferente, sabe...

— Sinto que está muito insatisfeita.

— Como sabe?

— Toda pessoa que diz: "Eu só queria", na verdade, sofre de insatisfação. E, nesse estado, a pessoa não consegue realizar o que deseja.

— Não sei o que fazer.

— Claro que sabe. Se não sabe, aprende. É só parar de querer. Nem preciso tocar em seu braço para saber que está assim, aflita, por causa do Luciano.

— É verdade. Alimentei tanto a esperança de que ele estivesse sentindo algo além de amizade por mim. Sempre fomos tão amigos, tão ligados.

— Agora percebe a realidade: ele gosta de você como amiga, mas não a ama.

— É duro ter de reconhecer isso.

— Que bom ter reconhecido!

— Acha mesmo?

— Claro, Vera. Os fatos, as situações e as pessoas não podem ser mais importantes do que a sua paz. Você é mais importante que tudo.

— Você me irrita quando fala assim, nesse tom.

— Problema seu. Quem fica irritada é você, e não eu. Quem fica mal, de mau humor, com energia pesada, contrariada, é você. Depois as coisas ao redor dão errado, pessoas que só servem para trazer desarmonia e caos na sua vida surgem aos borbotões, porque você está com uma energia pavorosa... ou seja, tudo dá errado na sua vida porque você faz da sua vida um inferno. Não precisa de mais ninguém para fazer o serviço.

— Nunca fui de encarar meus sentimentos, de olhar para mim.

— Porque nunca se colocou em primeiro lugar. Sempre lhe disseram que era muito feio colocar-se em primeiro lugar. Primeiro vinha o outro, o mundo e depois você. Tudo errado. Como você pode ajudar alguém se não está bem? Me diga.

— É verdade.

— E como pode gostar de alguém ou oferecer amor a alguém se não tem o mínimo de carinho e respeito por si mesma? Está esperando que os outros façam você se sentir bem? Não. Você precisa fazer tudo para sentir alegria e bem-estar. É um trabalho que depende de você, Vera. Só de você.

— Quer dizer que, se eu começar a pensar dessa forma, vou parar de querer que Luciano me faça feliz.

— Muito provavelmente. Porque ninguém nos faz feliz. Somos nós que trabalhamos nossas crenças para ficarmos bem conosco. A crença é o dom mais precioso que temos. Porque crença é poder!

— Nunca havia pensado dessa forma.

— Melhor começar a pensar, Vera, antes que seja tarde e depois você não se arrependa de ter perdido tanto tempo na ilusão de que o outro vai fazê-la feliz. Aprenda que só você pode fazer a si mesma feliz, porque está aí dentro — apontou para a região do coração de Vera — vinte e quatro horas do dia e vai estar com você por toda a eternidade. Só você se conhece a fundo, sabe de suas vontades, de seus desejos, de suas manias, de suas inseguranças, do que gosta, do que não gosta de fato. Procure tratar-se bem, colocar-se em primeiro lugar, ficar do seu lado. Pare de ficar querendo que o outro lhe dê atenção. Dê atenção a si mesma!

Esmeralda terminou de falar, apanhou a bandeja e suas mãos encostaram nos braços de Vera. Ela saiu do quarto e, na cozinha, depositou a bandeja sobre a pia. Respirou fundo:

— Vera precisa mudar suas crenças para seu próprio bem. Que Deus a ajude a fazer as melhores escolhas para o amadurecimento de seu espírito. Assim seja!

CAPÍTULO 29

Guilherme subiu uma das ladeiras do Pacaembu e embicou o carro na entrada do casarão no horário marcado. Era um rapaz pontual, gostava de cumprir com seus horários, fosse no trabalho, ou nos compromissos sociais.

O portão subiu, ele entrou com o carro e saiu fazendo malabarismos na tentativa de não derrubar o bolo, a orquídea mais a caixa de bombons.

Danusa abriu a porta da casa com um sorriso imenso.

— Meu Deus! Quanta coisa! Você veio para almoçar. Não é festa de fim de ano ou de aniversário — exclamou, abrindo os braços e ajudando-o.

— Pode pegar o vaso de orquídea, dinda. É mais uma para colocar na sua estufa.

Danusa apanhou o vaso e beijou a flor.

— É linda. Com as extremidades avermelhadas. Amei.

— Muito a sua cara. Sabia que iria gostar.

— E você sempre muito gentil. Um cavalheiro. Nobre em outra vida, nobre sempre!

— Você e suas teorias de outras vidas. Adoro! — antes de ela falar, ele prosseguiu: — Esse bolo de fubá com erva-doce é para nosso cafezinho mais tarde. E os bombons são para Manuela. Chocolate orgânico.

Danusa sorriu.

— Conhece a mocinha. Ela vai amar.

— Ainda não voltou, né? O carro dela não está.

— Ligou há pouco. Só virá à noite.

Guilherme fez o possível para esconder o desapontamento no semblante.

— Por quê? — quis saber.

— Vamos entrando — caminharam pelo corredor lateral e entraram pela cozinha. Danusa continuou: — Manuela passou o ano-novo fazendo listinha.

— Listinha?

— É. Como muita gente faz. O que vai fazer no ano que se inicia. As promessas para o ano, creio eu. E, num arroubo de segurança, decidiu que não queria mais trabalhar na biblioteca da escola. Decidiu fazer intercâmbio.

— Assim, do nada? Leva tempo para arrumar documentação, visto...

— Ela já vinha com pensamentos de mudança desde o término do namoro com Luciano. Depois, passamos a noite da virada entre casais de amigos e conhecidos. Fernando e os tios dele estavam conosco.

Guilherme levou a mão ao queixo, pensativo.

— Fernando... Eu me recordo dele — respondeu. — Grandão, com pinta de estrangeiro.

— O próprio! Desde que ele voltou de Montreal, quase no fim do ano, e depois que Manuela ficou solteira, não se desgrudaram mais. Agora ela só pensa em intercâmbio. Uma coisa!

Guilherme alegrou-se pela prima. Fernando era um poço de perdição. Um homem de vinte e seis anos, quase dois metros de altura, corpo atlético, exímio jogador de vôlei, que se formara em educação física e era um rapaz bem-humorado, inteligente.

— Fernando estava todo animado falando para nós sobre o intercâmbio que decidiu fazer em Montreal, no Canadá. Ele quer aperfeiçoar o inglês e depois, quem sabe, o francês. Na verdade, ele quer se estabelecer por lá. Não tem intenção de retornar. Manuela está tão empolgada que mal voltamos de viagem de fim de ano e ela começou a correr com a papelada.

— E conseguiu juntar tudo?

— Um amigo de Fernando é dono da agência de intercâmbio. Facilitou tudo para a Manuela. Como ela tem bom nível de inglês, assim como de francês, vai fazer o mesmo curso que Fernando. Está tudo certo.

— Vão juntos?

— Ele já está com o curso em andamento. Ela vai pegar uma turma menos avançada. Mas ficarão hospedados juntos. A economia é de quase cinquenta por cento. Eles têm praticamente a mesma idade, são amigos. Quando as coisas têm de acontecer, simplesmente acontecem, meu filho. Os caminhos se abrem naturalmente, e tudo flui, desenvolvendo-se pelo melhor.

Guilherme viu que as pessoas ao seu redor estavam seguindo com suas vidas. E ele, nada.

Danusa percebeu certa contrariedade e esclareceu:

— Meu filho, nem sempre as coisas são como imaginamos.

— Por que diz isso?

— Sei lá. Às vezes idealizamos as coisas de uma maneira, que elas têm que seguir daquele jeito. E, se não forem por aquele caminho, ficamos revoltados. Eu sinto que a vida sempre trabalha pelo nosso melhor.

— Será? — ele queria evitar de expor seus sentimentos em relação a Paula.

Danusa prosseguiu:

— Sempre. Nunca devemos nos fixar de que tal ideia seja a única para a solução de nosso problema. Devemos contar com as variáveis. Daí a necessidade de sermos flexíveis, de fluirmos de acordo com as circunstâncias.

— E como faço? Eu decido por alguma coisa e como vou lutar para que aquilo dê certo?

— Aí é que está, meu filho. Você não precisa lutar. Quando você decide por algo que vai efetivamente lhe fazer bem, lhe trazer coisas boas, seu espírito já sabe disso. Então, não importa o caminho que você sinta que deva seguir. O seu espírito vai encontrar meios de fazer com que você alcance o seu objetivo, sem lutas, sem sacrifícios. Só pessoas rígidas e com ideias fixas na cabeça é que lutam. As pessoas flexíveis levam a vida de acordo com o momento, sabendo que tudo se realiza quando resolvemos colocar a paz dentro de nós e largar tudo, buscando o equilíbrio e colocando somente o bem no coração.

— Tem razão, madrinha. Cada um é livre para fazer o que bem entender. Manuela é livre. Eu...

— Você também. Sei que gosta muito de minha filha, mas o amor de vocês não é de casamento.

— Eu sei. Hoje, mais que nunca, entendo isso.

— Continua apaixonado pela peituda.

O rosto dele enrubesceu.

— Dinda!

— Acredito que ela também tenha sentimentos por você. Meio doida, mas gosta.

— Mesmo? — a voz de Guilherme tinha um fio de esperança.

— Noto que ela mexe com você, meu filho. Se você gosta dela e ela lhe faz bem, fazer o quê? Além do mais, quem manda no coração? Você é jovem. Vá seguir sua vida.

— Tem razão.

— Só tem uma coisa estranha. Esquisitíssima.

— O que é?

— Não entendo como Elisa nunca atrapalhou e não mela esse romance.

— Porque ela não liga para mim. Nunca ligou.

Danusa tinha uma pulga atrás da orelha com Elisa. Sabia que não era mulher de dar ponto sem nó. Sentia que Paula, de alguma forma, de alguma maneira, deveria ter algo forte, algum podre contra Elisa. Porque era só dessa forma que Elisa cedia às pessoas. Mas ficou quieta.

Foi mexer nas panelas. Guilherme tocou em outro assunto:

— Certa vez, Gustavo conversou comigo sobre um documentário.

— Que documentário, querido?

— Algo sobre crianças que se lembravam de vidas passadas.

— Sei. Crianças estudadas pelo professor Ian Stevenson, da universidade da Virgínia, nos Estados Unidos. Eu tenho o livro do professor que serviu de base para o documentário, *Crianças que se lembram de vidas passadas*. Tenho outro também do professor, bem interessante, que discorre sobre casos europeus de reencarnação. A leitura é fascinante.

— Você acredita?

— Sim. Como me conhece desde que nasceu, sabe que sua madrinha sempre foi ligada aos assuntos espirituais.

— Sei, dinda. Aliás, esse é um dos motivos pelos quais minha mãe evitava contato.

— Besteira — Danusa retrucou. — Elisa não gosta de mim por outros motivos.

— Que motivos?

— Deixe pra lá. Eu tenho diferenças com sua mãe, sim. Não é de hoje. Mas não é por conta de eu ser a maluquinha espírita da família, ou porque me meti com filosofias orientais. Sua mãe sempre disse isso para arrumar uma boa desculpa e evitar aproximação. A verdade é que desde os tempos de solteira não nos aturamos. E, além do mais, de que adiantaria elencar uma série de motivos? Para quê? Ou para quem? Para mim mesma?

— Se esse assunto for mesmo verdadeiro, sobre ligações passadas... — Guilherme refletiu: — Uma suposição... Pode ser que tanto eu como você, quer dizer, a gente pode ter tido problemas no passado com minha mãe?

— Pode. Problemas mal resolvidos do passado.

— Como assim, madrinha?

Danusa começou a arrumar a mesa da copa. Guilherme passou a ajudá-la.

— Sabe, independentemente de vida passada ou atual, qualquer que seja o problema que tenhamos, geralmente costumamos deixar pra lá, empurrá-lo para debaixo do tapete. Não encaramos nossos problemas, nossos desafios. Temos a tendência de esconder o que nos faz mal, o que não gostamos, como se aquilo resolvesse a situação. É mais ou menos quando digo assim: "Eu perdoo você, mas não quero vê-lo na minha frente".

— Sei. Já tive esse pensamento.

— Muitos de nós já tiveram. Na verdade, não perdoamos. Porque, se você perdoa, então limpou aquele sentimento ruim, está tudo bem e pode estar de bem com aquela pessoa. Também vai aprender que perdoa porque também se ofendeu, porque leva desaforo, porque se incomoda com o comentário dos outros. Quando estamos muito inteiros, muito do nosso lado, é praticamente nula a possibilidade de nos abalarmos com algum comentário ruim do outro. Daí que, sem ter como nos abalarmos, não há como ficar ofendido. Sem ofensa, não há por que desejar perdão.

— É uma maneira bem diferente de encarar os fatos.

— Porque tudo depende de cada um. Você é responsável pelas coisas que acontecem na sua vida. Não pode culpar ninguém pela sua infelicidade. Se o outro magoou você, é porque havia mágoa dentro de você. O mal do outro, ou o mal do mundo, só podem entrar e atingi-lo pelo seu próprio mal, Guilherme.

— Se eu tenho pensamento ruim, vou atrair coisa ruim.

— É. Vai atrair espírito ruim, obsessor, situação ruim. É a sua crença no mal que atrai o mal. Sabe, meu filho, o mundo está impregnado de ruindade. Há uma energia pesadíssima pairando sobre nossas cabeças, mas essa massa aqui em cima — Danusa fez um sinal para o alto, ao redor da cabeça — capta do mesmo jeito que estação de rádio.

— Como assim?

— Você liga o rádio e sintoniza a estação que quer, não é?

— Sim.

— Vai girando o dial do rádio, ou teclando até encontrar uma estação de notícia ou de música que o agrade. Nós também temos antenas energéticas. E captamos o que tem a ver com o teor de nossos pensamentos.

— Quer dizer...

— O mal está na cabeça e você o mantém ali. O mal está na maneira de ver e não nas coisas vistas. Se você insiste em vê-lo, o mal se torna real na sua vida. Largue o mal na sua cabeça que o bem vem com você. Entende?

— Começo a compreender.

— Antigamente, não tínhamos essa abertura de pensamento, essa liberdade toda para nos expressarmos. Digo, em outras épocas.

— Vidas passadas.

— É.

Sentaram-se. Danusa os serviu. Guilherme saboreou seu prato como se estivesse frente a um banquete dos deuses.

— Dinda, sua comida é maravilhosa.

Ela sorriu emocionada.

— Faço com amor. E adoro cozinhar para você.

— Está divino. Mas continue. Estou adorando a conversa.

— Muitos anos atrás, durante minhas práticas de meditações transcendentais, eu tive uma série de voltas ao passado. Foram em sequência. Depois não as tive mais.

— Como se fossem sonhos repetidos?

— Mais ou menos.

— Nossa! Sou todo ouvidos.

— Fui casada e tive uma filha, que é a sua prima Manuela. Depois enviuvei, casei de novo e nasceu você. Manuela, por ser bem mais velha, cuidava de você como se fosse filho dela, tinha por você um amor demasiado. Mas não tínhamos uma vida boa. Passávamos necessidade.

— Mesmo?

— É. E Elisa era uma mulher que fora rica e a família estava falida. Por conta disso, estava de casamento arranjado com um nobre viúvo. Resumindo a história, eu fiz de tudo para você se casar com ela, porque também estávamos falidos. Você e minha irmã, sua tia naquela vida, que você não teve contato nesta encarnação, armaram um golpe. Eu me arrependi e quis que não dessem prosseguimento. Vocês não me ouviram, e, para que não atrapalhasse o plano de vocês, me internaram em um sanatório para darem prosseguimento ao plano. Não deu certo. Todos se machucaram muito. E só na dimensão astral, depois de um período de muito sofrimento, aprendi que cada um é responsável por tudo o que lhe acontece e que não há vítimas.

— Então eu prejudiquei minha mãe? Por isso ela me odeia?

— Não é bem assim, tão simples como imagina. Suas atitudes desencadearam situações muito tristes na vida de um bocado de gente. Além do mais, você e Elisa já vinham se desentendendo havia um bom tempo, vidas após vidas. Achamos por bem que, renascendo como mãe e filho, talvez o amor materno pudesse amainar a animosidade e fazer brotar laços de afeto entre você e ela.

— Não deu muito certo — ele esboçou um sorriso frágil.

— Cabe a cada um fazer sua parte.

— Não posso lutar contra um sentimento que me domina, dinda. Não consigo, no momento, amá-la com paixão.

— Não precisa forçar. Basta não odiá-la. Deixe pra lá. Crie uma capa de proteção contra as energias que ela lança na sua direção. Fique imune aos ataques dela.

— Eu até tento. Vou me mudar. Sairei daquela casa. Vou viver minha vida, ao lado de Gustavo, alguém que realmente gosta de mim.

— Sim. Seu irmão o ama de verdade. É um bom amigo, já lhe deu apoio no passado. Procure ficar mais próximo das pessoas que amam você. Faça boas amizades, cultive bons pensamentos, faça coisas que lhe deem prazer. Acima de tudo, olhe para Elisa não como mãe, mas como uma mulher que lhe deu a possibilidade de reencarnar, de estar neste mundo, de viver, de poder ter uma nova chance, uma nova oportunidade de progresso e conquistas. Olhe para ela e agradeça. Mesmo que a distância, sem verbalizar. O que importa é o que vai dentro do seu coração.

— Por que eu tenho de fazer esse trabalho? Por que eu tenho de mudar? É fácil falar.

Danusa sentiu algo desagradável naquelas palavras. Perdeu o apetite. Teve um mau presságio. Empurrou o pensamento ruim, bebeu um gole de vinho e fez uma proposta:

— Vamos brindar à vida. Ao melhor que cada um de nós pode dar e fazer.

CAPÍTULO 30

Amanheceu. Ondina levantou-se para encarar a rotina diária, do mesmo jeito que vinha fazendo havia anos. Fez a toalete, depois desceu as escadas até a cozinha. Pôs água para ferver no fogão, esquentou o leite. Arrumou a mesa para o café. Abriu a porta da cozinha, sentiu o sol acariciar seu rosto.

Soltou um suspiro.

— Mais um dia. Tudo de novo. Bom, mas agradeço por estar viva, com saúde. Hoje à tarde haverá palestra no centro, não é meu dia de trabalho, mas vou participar. Gosto daquela moça que vai falar. Ela tem humor, me faz bem.

— Falando sozinha, mãe?

Ondina virou-se e cumprimentou a filha, enquanto desligava a água e despejava o líquido fumegante sobre o pó de café.

— Bom dia, filha. Estava conversando comigo mesma, em voz alta. Hoje tem palestra no centro, à tarde. Eu vou.

— Que bom. Gosto de vê-la animada.

— Chegou tarde. Fui dormir e ainda não havia chegado.

Inês sorriu e fechou os olhos. Suspirou contente. Pegou o pote de torradas, sentou-se à mesa. Abriu-o e passou uma boa porção de manteiga sobre uma torrada.

— Ah, mãe! Estou apaixonada.

— Sério?

— É. Quer dizer, sempre estive. Era um amor platônico, a distância. Fiquei tanto tempo amando às escondidas e não é que agora posso expressar tudo o que sinto?

— Quem é o moço? É de família boa? Conhecemos?

— Creio que não — ela falou e mastigou um pouco. — Mora não muito longe daqui, a umas quadras de distância.

— Precisa trazer os pais dele para conhecermos. Sabe como é seu pai, né, minha filha? Vai querer conhecer a família, checar os antecedentes...

Inês pegou a térmica da mão de Ondina e despejou um pouco de café na xícara. Misturou com leite. Adoçou.

— Mãe, ele é viúvo.

Ondina levou a mão à boca.

— Viúvo? É muito velho?

— Não. Tem trinta anos.

— Onze anos mais velho que você. Isso não é bom.

— Por quê? Qual é o problema?

— Tem filhos?

— Não.

— Menos pior. Mas seu pai não vai gostar.

Ela deu de ombros.

— Estou nem aí com o que o *major* Leônidas vai achar — ironizou.

— Inês, ele é seu pai. Tem de ter respeito por ele. E é capitão. Sabe que ele fica possesso quando o chama de major. Ele se sente mal.

— Problema dele. Se não tem inteligência para estudar e galgar um degrau mais alto dentro da corporação, o que posso fazer? Vou tripudiar sobre ele, sim. Seu Leônidas merece todo meu desprezo.

— Por que, de uns tempos para cá, a birra com seu pai aumentou? Ele lhe fez alguma coisa?

Inês queria dizer à mãe que não, que estava indignada, que vira o pai de mãos dadas com outra, que depois soube ser uma colega do trabalho dele, lá da polícia. Inês o flagrara quando, numa tarde, decidira comprar material para tintura de cabelos em uma loja na região da 25 de Março.

Viu direitinho Leônidas com outra mulher, bem mais jovem. Só não conseguiu tirar uma foto porque deixara o telefone em casa, carregando a bateria. Acontecera uns meses atrás e ela já tomara providências.

Esperta que só, Inês resolveu seguir o pai. E descobriu que a moça era da polícia, trabalhava na Corregedoria. Foi até a academia de polícia, jogou charme para um soldado e, em vinte minutos, conseguiu o nome da fulana: Soraia.

Conheceu a moça, passou-se por outra pessoa, ficaram amigas, e Inês descobriu que Soraia aceitara namorar Leônidas porque ele fora categórico ao cortejá-la, dois anos atrás: era divorciado e sem filhos. Afirmava estar desimpedido. Soraia tinha acabado de sair de um namoro traumático, engravidara na sequência. Inês, perplexa, descobrira que tinha um meio-irmão, com pouco mais de um ano de idade. Era o fim da picada!

Se antes não tinha consideração pelo pai por conta das grosserias que cometia dentro de casa, agora o desprezava totalmente. Mas precisava provar à mãe. Senão, seria palavra contra palavra.

Ondina a chamou de novo:

— Ei, está no mundo da lua?

— Desculpe, mãe. Estava divagando. Bom, seu marido não pode mandar na minha vida, não tem o direito de decidir com quem eu devo ou não namorar, ou me casar.

Ondina respirou fundo, sentindo, obviamente, cheiro de confusão no ar. Fez uma prece rápida, mas foi interrompida pela voz grossa e estúpida do marido.

Leônidas entrou na cozinha, foi direto com o dedo para o rosto de Inês, como a tomar satisfações:

— Peguei o fim da conversa, vadiazinha! Como ousa namorar um homem viúvo e bem mais velho que você, sem ao menos pedir a minha permissão ou trazê-lo aqui em casa para que eu aprove ou não o namoro?

Inês terminou de beber seu café com leite como se ele não estivesse ali. Depois, engoliu o último pedaço de torrada. Mastigou-a bem devagar.

Leônidas começou a ficar com as bochechas avermelhadas, tamanha cólera:

— Eu lhe fiz uma pergunta. Vamos, responda!

Ela se levantou e o empurrou com força. Leônidas estava de chinelos, perdeu o equilíbrio e teve de se segurar nas cadeiras para não cair. Ondina veio ajudá-lo, mas ele a empurrou com força:

— Saia daqui, não me toque!

Inês foi taxativa:

— Primeiro: é muito feio escutar a conversa dos outros. Parece coisa de menininha.

Ele iria retrucar, porém ela levou os dedos até a boca dele, silenciando-o e prosseguiu:

— Segundo: não gosto desse seu jeito petulante e autoritário de falar comigo. Aqui não é a polícia nem o quartel. Não sou as vagabundas que você prende ou com quem se deita de vez em quando.

Ele ficou roxo e Ondina interveio:

— Calma, filha. Seu pai só quer conversar. Ele quer o seu bem.

— Estou cansada das suas mediações, mãe. Sempre passiva, boba, sem coragem de enfrentá-lo. Esse homem não vale nada.

— Sou seu pai! — vociferou por fim, recomposto, voz alterada. — Aqui é a minha casa. Eu canto de galo. Tem de me respeitar ou o couro come!

— Se levantar um dedo que seja contra mim, eu acabo com você. Juro por tudo quanto é mais sagrado que avanço e esqueço que é meu pai. Eu parto para cima, como a Tina Turner fez com o ex-marido dela.

— Quem?

— Esquece. O fato, *quase major* — ela disse num tom irônico —, é que pode me arrebentar, mas eu também acabo com você. E depois vou para a Delegacia da Mulher. Faço o diabo para destruir a sua reputação de bom oficial. Quero ver se um dia vai ter a tão sonhada promoção de cargo. Jamais chegará a ser major.

— Você não seria capaz...

Ela o cortou, seca:

— E o governador? Será que ele vai querer a sua presença ao lado dele na tevê, depois que o mundo souber que o capitão queridinho dele é o cão dentro de casa? Vem — disse em tom provocativo — vamos partir para a luta. Quero ver quem leva a melhor!

Leônidas engoliu em seco. A sua reputação contava muito. Era benquisto na sociedade, tinha fama de excelente oficial, homem de conduta ilibada, de família, que respeitava e defendia as tradições, a moral e os bons costumes. Não podia, em hipótese alguma, ter seu nome ligado a um escândalo daquele tipo.

Ela venceu, por ora, pensou. Contudo, afirmou:

— Está bem. Você venceu. Mas, se está tão apaixonada e feliz, por que não vai embora desta casa e me deixa definitivamente em paz? Eu adoraria não ter mais de olhar na sua cara. Melhor, não ganho para sustentar vagabunda.

Ela sorriu satisfeita.

— Impressionante! Eu tenho o mesmo sentimento. Acredito que temos pendências do passado, com certeza. Entretanto, não há como resolvermos isso no momento. É impossível, agora, mantermos uma relação de amizade.

— É impossível hoje e será sempre. Se quer saber a verdade, não posso conviver ou amar uma filha vagabunda, que não vale nada. De que adiantou casa, comida e educação? Transformou-se em uma perdida.

— Está por fora de tudo, de todos os valores. Não sou vagabunda, nem perdida. Nunca lhe dei motivos para pensar isso de mim. Sou adulta, me apaixonei por um homem livre. Não entendo a sua mentalidade tacanha. E também não quero discutir pontos de vista. Cada um que tenha o seu. Cansei de lutar contra você.

— E eu cansei de abrigar piranha dentro de casa. Saia daqui. Suma!

— Você é mesmo um ser desprezível! — rebateu Inês.

— Filha, ele é seu pai. Não vá. Reflita.

— Mãe, ele me xingou, me despreza, me insulta e você não percebe? Não vê que ele nos trata como seres inferiores, que não tem um pingo de respeito por você ou por mim? Se dependesse dele, poderíamos morrer e ficaria tudo bem? Não enxerga um palmo à frente de seu nariz? Por que se recusa a ver a verdade?

Ondina deixou escapulir uma lágrima. Nada disse. Inês passou por Leônidas e, ao alcançar a porta da cozinha para a sala, anunciou:

— Eu vou embora agora. Vou fazer a minha mala.

— Só vai levar as suas roupas, mais nada.

— E uns discos, mais as minhas tinturas, escovas, tesouras e secador, porque comprei tudo com o *meu* dinheiro, fruto do *meu* trabalho — enfatizou. — Fique tranquilo que não vou roubar seus pertences nem fazer escândalo. Agradeço pelos anos que me acolheu nesta casa. Obrigada.

— Vai logo, traste. Suma daqui!

— Ah, tem outra coisa — ela o encarou com olhos de profunda ironia: — Você me chama de vagabunda, e eu, do que posso chamá-lo?

— Não entendi.

— Vou explicar, antes de ir embora, porque talvez seja nossa última conversa nesta vida. Você tentou destruir minha reputação, afirmou que sou vagabunda, perdida, leviana e coisa e tal. Só que o mundo é uma ervilha, ou seja, é bem pequeno, e as pessoas se conhecem bem mais do que podemos imaginar ou do que gostaríamos.

— Não estou entendendo nada.

— Quando fui comprar tintura para cabelos na cidade, faz um tempo, flagrei você de mãos dadas com uma moça. Depois eu os segui, descobri o nome dela e fui até o quartel. E não é que ela trabalha na Corregedoria? — e, virando os olhos para a mãe, garantiu, por fim: — Esse verme namora Soraia, pouco mais velha que eu, há mais de dois anos. Olha que coisa!

Leônidas passou do vermelho ao branco. Os olhos se arregalaram.

Ondina perguntou:

— Que história é essa? Quem é Soraia?

— Eu tenho de fazer minha mala, pegar minhas coisas e ir embora, mamãe. Vou cuidar da minha vida. Tenho certeza de que o Durval vai me acolher e teremos uma vida muito boa, porque ele já me convidou várias vezes para morar com ele e eu ficava insegura. Agora vou viver minha vida. Quanto a você... não sei o quanto mais de tempo a sua dignidade vai permitir aturar esse traste ao seu lado.

— Quem é Soraia? — Ondina voltou a indagar.

— Pergunte aí ao grande defensor da moral e dos bons costumes, que está colocando para fora de casa a filha vagabunda. A história de Soraia é bem interessante. Envolve o papai, um bebê...

— Cale a boca! — Leônidas gritou, enérgico.

Inês gargalhou.

— E ainda me manda calar a boca, essa é boa! Façamos assim, mamãe. Se esse borra-botas não lhe contar sobre Soraia, eu a levo até a casa dela. Afinal, somos amigas. Do peito — Inês juntou os dedos das mãos e as encostou, imitando um coração. — Agora preciso ir. Tchau.

CAPÍTULO 31

Inês saiu da cozinha pisando duro, atravessou a sala e subiu para o quarto. Fechou a porta e sentiu uma lágrima escorrer.

— Eu bem que tentei ser amiga dele. Fiz o que foi possível, durante praticamente vinte anos. Fiz a minha parte, mas papai é muito duro. Não tenho raiva dele, mas também não quero conviver. Não temos afinidade. Olha, se quer saber — ela falava alto enquanto arrumava seus pertences dentro de duas malas —, eu me liberto de você, Leônidas, e o liberto de mim. Deixo a vida seguir o rumo. Cada um deu o melhor de si. Eu sigo meu caminho em paz e desejo que você siga seu caminho da melhor maneira possível. E que a vida ajude minha mãe a recuperar sua dignidade, sua força, seu poder e que possa aprender, ainda nesta vida, a ser uma mulher útil e de valor.

Ela terminou de arrumar suas coisas e ligou para Durval.

— Tudo bem de eu ir para sua casa? Mesmo? Sei que sempre me convidou, mas não queria que fosse assim. Claro. Obrigada, Durval. De coração. Espero você. Beijo.

Ela limpou as lágrimas com as costas das mãos e declarou, convicta:

— Vou embora e serei feliz. Muito feliz!

Inês não percebeu, mas Berenice e Ágata estavam na casa desde cedo. Acompanharam tudo, desde o despertar de Ondina, passando pela discussão e agora estavam ali no quarto, ao lado dela, enquanto a moça pronunciava aquelas palavras, com total sinceridade, do fundo do coração.

— Ela é uma boa moça — reconheceu Berenice. — Confesso que senti raiva dela, não posso negar.

— Porque ela é forte, corajosa. É espevitada, ardilosa, tem seu jeito pimentinha de ser. Mas Inês vai aprender a usar todo o potencial dela a seu próprio favor. Tem tudo para ser uma mulher bem-resolvida, próspera, amada e feliz.

— Senti um leve aperto no peito quando ela mencionou que vai viver com Durval.

— Berenice, agora que se encontra na dimensão astral, percebe mais fácil determinados aspectos do comportamento humano. Você nunca o amou. Seja sincera. Esse aperto no peito tem mais a ver com ego, com ciumeira, bobagens afetivas que ainda carrega. É como se o tivesse perdido "para sempre".

— Acho que é isso.

— Como pode ter perdido Durval se nunca o teve? Como podemos perder alguém que nunca tivemos em nosso coração?

— Você é muito direta, Ágata.

— Sim. Prática. Por que ficar presa em ilusões, em situações criadas pelas tramas da mente? Nunca ouviu a famosa frase: "A mente *mente*"?

Berenice fez sim com a cabeça.

— Pois é. A mente é mentirosa, danada. Ela cria situações que podem nos manter presos por vidas. Às vezes nos apegamos a pessoas porque criamos um ideal na cabeça em relação a essa pessoa. Nem sentimos nada por ela, mas a cabeça diz que devemos gostar, amar, ficar por pena, por gratidão, porque isso, porque aquilo, sempre inventando desculpas esfarrapadas para nos manter presos a alguém por quem, de fato, nada sentimos de verdadeiro.

— Como saber quando eu gosto de verdade e quando é a cabeça gostando da pessoa, ou seja, iludida?

— Fácil. Quando você gosta de verdade, o peito se expande, o coração fica leve. Se a pessoa decide deixar você, por exemplo, pode haver certa tristeza, por ora, mas o coração entende e liberta essa pessoa. Também nunca ouviu a célebre frase: "Quem ama liberta"?

— Sim. Quem ama deixa o outro ir, seguir seu rumo.

— Este é o verdadeiro amor. Agora, o amor que prende, que sufoca, que pune, que maltrata, que mata, é qualquer coisa que queira chamar, menos amor.

— Começo a entender.

— Inês nunca foi má. Ela atiçava você porque tinha lá seu lado moleca. Mexia, provocava, e você entrava na dela. Se fosse firme como ela, tivesse um jeito mais leve, flexível, até brincalhão, talvez nem tivesse saído feito uma doida varrida naquela noite.

— Tem razão. Nem posso culpá-la. Vendo-a se arrumar, percebo que se cuida. É bonita, a pele e os cabelos são sedosos. Está feliz.

— Embora tenha tido uma discussão há pouco, sua aura está com boa coloração. Ela está no caminho certo.

— Ela e Durval...

— Sim. Eles têm ligação afetiva de outros tempos. Serão muito felizes.

— E quanto a Ondina e Leônidas?

— Hum... — Ágata fez um gesto gracioso com os lábios. — Agora começa seu exercício.

— O que faço?

— Deixemos Inês e vamos descer. Vamos inspirar bons pensamentos em Ondina.

Na cozinha, sentado, bebericando uma caneca de café puro, Leônidas tentava concatenar os pensamentos. Ondina estava do outro lado da mesa, sentada de frente, encarando-o, séria:

— Quem é Soraia?

— Uma amiga.

— Que amiga?

— Está fazendo muitas perguntas.

— E você não está me dando nenhuma resposta.

Ele bufou, contrafeito.

— Me deixe em paz. Comecei o dia com o pé esquerdo.

— Não. Você colocou nossa única filha para fora de casa e ela pediu para você me dizer quem é Soraia. Quero saber.

— Inês está inventando. É tolice. Só para atazanar você. Tome seu café, Ondina. Vai esfriar.

Ondina engoliu em seco. Sabia que havia alguma coisa estranha, mas sentia medo de Leônidas. Iria rebater, porém Berenice, ao seu lado, dizia, com voz doce, enquanto Ágata energizava os chacras da senhora:

— Ondina, não pense besteira por ora. Deixe estar. Tome seu café e acompanhe sua filha até a casa de Durval. No momento, Inês precisa do seu apoio, do seu carinho, do seu ombro amigo. Depois que sua filha se instalar na outra casa, terá tempo de sobra para voltar a este assunto. No entanto, concentre-se em Inês. Dê forças para sua filha. Vamos, eu ajudo você!

Ondina absorveu aquelas palavras como se fossem suas. Enquanto tomava o café com leite e comia as torradas com manteiga, pensou na filha, desde o parto até agora há pouco. Emocionou-se.

É. Ondina refletiu e decidiu que precisava dar forças para sua filha. Iria acompanhá-la até seu novo endereço. Depois tomaria satisfações do marido. Depois...

Inês tentou se despedir do pai, mas Leônidas não olhou na cara dela. Pegou sua caneca de café e foi para o quintal. Ondina colocou panos quentes:

— Ele está com a cabeça quente. Vamos. Ajudo você com as malas.

— Pode deixar. Durval não mora longe. É pertinho. Ele vai pegar o carro do seu Adamastor emprestado e logo vem me pegar. Melhor entrar, mãe. Não quero mais confusão para o seu lado.

Inês abraçou Ondina com afeto e considerou:

— Seja forte. Não se deixe dobrar. Sei que você ainda vai vencer essa parada!

Logo um automóvel encostou na calçada. Durval buzinou, saiu. Foi apresentado a Ondina e os dois simpatizaram-se imediatamente. Ele ajeitou as malas no porta-malas do carro, Inês despediu-se da mãe novamente, entraram no automóvel e logo sumiram na primeira curva.

Em cinco minutos, Durval encostou o carro na garagem de seu Adamastor. Tiraram as malas e, ao atravessarem o portãozinho da casa dele, convidou:

— Sei que a situação não foi tão agradável, mas estou muito feliz, Inês. Não via a hora de tê-la vivendo comigo. Você é mais que bem-vinda. A casa é sua.

Ela o abraçou com tanto carinho que o comoveu.

— Sei que é cedo para dizer, mas não vou ocultar o que sinto. Eu o amo, Durval. De verdade.

Ele levantou a cabeça dela e delicadamente ergueu o queixo. Beijaram-se com ardor.

— Eu me amarrei em você, menina. Desde o primeiro dia que a vi, passando de short, segurando o pacotinho de pão.

— Jura?

— Juro. Palavra de honra — ele falou e pegou as malas, arrastando-as mais Inês para dentro e fechando o portãozinho.

— Tem vizinho olhando. Não faz quatro meses que você enviuvou.

— Agora precisa de prazo para um viúvo se relacionar com outra pessoa? E, além do mais, não tenho de dar satisfações a ninguém.

— Isso é.

— Não conheço as pessoas aqui. Não tenho muito contato, só com o seu Adamastor, aqui do lado.

— Quer sair daqui?

— Sinto tristeza. Morei aqui com Berenice, mas não queria vender a casa. Se você viver comigo, não acha estranho morar na mesma casa que ela e...

Inês o silenciou pousando os dedos nos lábios dele.

— O quintal atrás é bem espaçoso. Pensei em fazer uma reforma, construir uma churrasqueira, um belo jardim. Imagine um punhado de crianças brincando no quintal?

Durval sentiu uma emoção sem igual.

— Sabia que sempre quis ter filhos?

— Eu também — devolveu Inês.

— No duro?

— É. Por quê?

— A mulherada hoje quer estudar, trabalhar, almeja independência financeira; casar e ter filhos não está na pauta de seus desejos. Quando muito, uma mulher quer uma relação estável e um filho, ou pretende que cada um viva em sua própria casa. Entendo a modernidade, os novos costumes, mas sou um cara que prefere viver do jeito antigo. Tem gosto para tudo.

— Também prefiro o jeito antigo. Sou a favor da diversidade em todas as áreas. Mas, se quer saber, sempre arrumei briga com minhas amigas porque desejava casar e ter filhos, além de querer ter profissão, ser independente. Acho que dá para conciliar casa, família e trabalho.

— Pensa em trabalhar?

— A bem da verdade, eu gostaria de ter um negócio próprio.

— Sério?

— É. Não nasci para ser empregada. Tenho tino para negócios, sou focada, organizada, fiz dois cursos no Sebrae.

— Olha! — Durval animou-se. — Estou me amarrando numa futura empresária!

— Por certo. Se você for meu parceiro, me ajudar, quero fazer mais um curso sobre empreendedorismo e, com tempo e dinheiro, montar um salão de beleza.

— Por que um salão de beleza?

— Porque toda mulher gosta de manter a boa aparência, em qualquer idade. É um negócio que, se bem administrado, dá lucro. E, além do mais, é algo de que gosto muito. Amo cabelos, cortes, tinturas, esmaltes, cutículas! Corto e tinjo os cabelos das minhas amigas desde quando era adolescente. É minha vocação.

Durval riu e a beijou novamente.

— Você é demais.

— Sabe, com um salão bem administrado, perto de casa, terei tempo de cozinhar para você e cuidar dos nossos três filhos. Simples assim.

— Entendi. Teremos três filhos?

— Sim.

— Acha que vai ser a Mulher Maravilha!

— Não é do que vai me chamar quando lhe mostrar outras habilidades, que deixei reservadas para uma ocasião especial.

— E quando será a ocasião para eu descobrir essas habilidades?

Inês puxou o braço dele e as malas para dentro de casa. Trancou a porta da sala, fechou as cortinas da janela. Encostou as malas em um canto e empurrou Durval com os pés em direção ao sofá. Enquanto tirava o vestido, dizia:

— Siga as minhas ordens, garanhão.

Durval se sentia o homem mais feliz da face do planeta!

CAPÍTULO 32

Elisa chegou a sua casa e correu para o quarto, com bolsa e tudo. Uma das empregadas veio em sua direção e ela fez um sinal para conversarem depois. Estava nervosíssima.

Entrou no aposento, trancou a porta. Jogou a bolsa sobre a penteadeira, desfez-se dos saltos e deitou-se na cama. Não aguentava mais ser espremida contra a parede. Paula lhe dera um ultimato. Queria que o dinheiro fosse depositado no banco suíço, no máximo, dali a dois meses.

— Preciso dar um jeito nessa peituda. Uma clínica geriá-trica não pode custar vinte mil por mês. Onde ela internou a mãe? Num resort de luxo? De mais a mais, o carnaval está se aproximando. Só falta ela me pedir dinheiro para comprar uma fantasia de destaque para brilhar na avenida. Paula está me extorquindo.

Renato, ao lado dela, deliciava-se:

— Encontrou alguém no mesmo nível baixo que o seu, vadia?

— Paula não pode ir com tanta sede ao pote. E, depois que conseguir o quer, vai sossegar? Claro que não! Toda pessoa que chantageia sempre quer mais, mais e mais. Conheço essa gente. É um bando de sugadores que não têm limites.

— Conhece bem, hein? — ironizava Renato. — Até se deitou com um, cretina. E tentou se livrar do infeliz. Por acaso, está pensando em se livrar dela assim como tentou se livrar de Jean Luc? Não posso acreditar — o espírito levou a mão à boca. — Você continua sendo vil. Não muda, nunca mudará.

Elisa mal notava as falas do espírito, só registrava uma leve sensação de desconforto, um pouco de mal-estar, contudo, atribuía a sensação desagradável ao nervosismo. Rilhando os dentes, tornou, remexendo-se na cama:

— Por que eu não mandei matar o tio dela? Por que deixei Renato viver? — ela gargalhou. — Ao menos a bicha morreu toda podre. Bem feito!

Renato percebeu o teor negativo da maldade exalar ao redor do corpo dela. A energia tinha um cheiro insuportável.

— Como é ruim. Você não é humana. Não é!

Elisa continuava envolta em sua própria teia de crueldade:

— Preciso colocar um limite nela. É isso — e, num instante, uma ideia, que já vinha na mente havia uns dias, ganhou força incrível.

Renato abriu e fechou a boca, pois pôde captar direitinho o que Elisa estava tramando:

— Não posso crer! Tudo bem que é uma ordinária, é uma mulher sem escrúpulos, mas pensar em fazer isso que estou captando de sua mente seria ultrapassar a barreira de toda maldade! Teria coragem de cometer uma insanidade dessas? Você é uma psicopata! Sem tirar nem pôr!

Elisa não estava nem aí. Infelizmente, seus pensamentos ensandecidos atraíam outras figuras sinistras ao redor que a incitavam a pôr em prática o que tinha em mente. Renato começou a sentir medo de estar por ali. Passou a considerar fortemente a possibilidade de afastar-se dela, dali.

— Eu não sou mau. Não quero continuar assim... — desapareceu por um instante, cansado e abatido.

Elisa, deitada e rodeada de espíritos endemoniados, sorriu com a ideia que considerou perfeita para acabar de vez com seus problemas:

— Por que não pensei nisso antes? — e bateu com a mão espalmada na testa. — Vou agora mesmo pedir para o Boris me fazer essa gentileza. Serviço simples, rápido, completo.

Ela deu um pulo da cama, foi até a escrivaninha, pegou um bloquinho e escreveu. Depois dobrou o papel e o colocou num envelope.

— Preciso colocar isso na caixa dos correios. Não posso mandar ninguém. Seria muito arriscado.

Elisa consultou o relógio e ainda dava tempo de ir até a agência no centro velho da cidade. Saiu feito uma maluca.

Foi a primeira vez que viu Humberto em semanas e o cumprimentou com um oi rápido. Saiu. Ele encarou uma das empregadas, deu de ombros e foi para a varanda. Estava cansado.

Renato, abatido, perambulava pelo corredor. Foi-lhe permitido aproximar-se de Humberto. Os amigos espirituais permitiram que pudesse chegar bem perto. Renato ficou estático. A saudade bateu forte e ele não conteve as lágrimas:

— Como você está? — indagou. — Estou há cinco anos nesta casa. Por que só agora eu o vejo?

Humberto não registrou a presença dele, mas imediatamente sentiu saudade do passado. Imagens e lembranças vieram--lhe à mente. Ele esboçou um sorriso.

— Se pudesse voltar atrás, Renato, juro, teria feito tudo diferente...

Renato, tocado pelas palavras sinceras de Humberto, sentiu pena de si mesmo. E o cansaço voltou. Depois de rever Humberto... Será que estava valendo a pena ficar naquela casa, por tantos anos? A troco de quê? E, de mais a mais, Elisa estava prestes a cometer uma crueldade sem precedentes.

Uma voz amiga aproximou-se de Renato, tocando seu ombro com delicadeza:

— Você não está bem, né?

Ele se virou e respondeu, choroso:

— Não. Não estou.

— Por que se atormenta tanto? Por que fica com a mente presa ao passado? Esqueça o passado. Deixe-o no lugar ao qual pertence: no passado!

— É difícil. Muito difícil. Eu tinha tantos planos, tantos sonhos. E, de repente, Elisa destruiu a minha vida.

— Foi?

O espírito fez sim com a cabeça.

— Ela tirou a sua vida? Matou você?

— Não. Isso, não. Mas ela foi responsável pela minha infelicidade. Quero que ela seja tão infeliz quanto eu fui e ainda sou.

— E por que está tremendo?

— Desde que cheguei aqui, não sei explicar, não conseguia encontrar Humberto. Só via Gustavo e Guilherme de vez em quando.

— Porque você sempre o amou. Não queria lhe fazer mal. Mas estava vibrando numa faixa energética muito ruim. Não tinha como ver Humberto. Fui eu quem permitiu que você o visse hoje.

— Por quê?

— Para que você tomasse consciência, Renato, de que o passado se foi e a vida segue. Estou aqui para ajudá-lo no que for preciso.

Ágata, que deixara Berenice na casa de Ondina, viera até ali para tentar uma aproximação. Tinha grande apreço por Renato, embora ele não se lembrasse daquela mulher linda, exuberante e com uma luz de leve coloração rosa, radiante, em volta do corpo.

Ela chegou mais perto e passou delicadamente a mão pela cabeça do espírito:

— Gosto muito de você, meu amigo. Entendo sua raiva, sua decepção, toda essa frustração.

— Não veio aqui me doutrinar, dizer que o que faço é errado? Que sou um espírito obsessor e devo me render e seguir os passos de Jesus?

Ágata sorriu.

— Não. Faço parte de outra tribo. Sou ligada a um grupo que viveu entre o povo quíchua.

— Índios?

— Mais ou menos. Muitos séculos atrás, quando os espanhóis entraram em contato com nosso povo e outras sociedades indígenas dos Andes, passaram a nos chamar "incas". Assim ficamos conhecidos.

— Conheci um pouco sobre esse povo. Estudei na escola.

— Somos só um grupo que habitou o planeta, dentre tantos outros, com características peculiares, a fim de contribuir com o crescimento do ser.

— De certa forma, muita gente boa passou por este mundo.

— Sem dúvida! — Ágata abriu um enorme sorriso. — Houve e há pessoas fantásticas, anônimas, que ajudam na propagação do bem, seja por meio de mensagens, arte, dança, pintura, música, tudo que possa sensibilizar a pessoa, pois, por meio da sensibilização, possa ela expressar a própria beleza e reconhecer, por consequência, a beleza no outro.

— Muito bonito. Nunca pensei a vida por essa faceta.

— Pois deveria. Além das pessoas anônimas, o mundo teve o privilégio de receber grandes pensadores, líderes e profetas. Lao-Tsé, Confúcio, Sócrates, Buda, Abraão, Ezequiel, Jesus, Maomé, Gandhi. A lista dos benfeitores da humanidade é grande. Em nosso entender, esses seres iluminados, cada um à sua maneira, em sua época, trouxe mensagens de elevação espiritual. Esses seres dotados de extrema sensibilidade vieram mostrar aos homens que qualquer estrada — no caso religião ou filosofia de vida — conduz o ser ao encontro das forças inteligentes que regem a vida e levam à conquista da paz.

— Por que está me dizendo essas coisas?

— Noto que você se deixou levar pela raiva, pelo sentimento de ódio profundo, o avesso do que esses homens tentaram transmitir às pessoas ao longo dos séculos. Isso não tem lhe feito bem.

— Fala de um jeito que me comove. Nunca a vi e aparece sem me julgar, traz palavras bonitas, que acariciam minha alma.

— Depois de tantos anos, não pensa em se refazer, seguir outros planos?

— Posso pensar?

— Claro que pode. Eu vou voltar mais vezes.

Ágata pousou um beijo na testa de Renato e partiu, deixando no ambiente um pouco de sua luminosidade, causando tremendo bem-estar àquela entidade espiritual, cansada de tanto lutar contra algo que jamais iria recuperar: o tempo perdido.

◦◦◦

No meio da outra semana, o telefone de Elisa tocou. Ela olhou para o visor, o número era desconhecido. Sorriu. Sabia ser Boris. Pediu para Toninha sair da sala e fechar a porta.

— Não quero ser incomodada — ordenou.

Ao se ver sozinha, atendeu:

— Boris?

— Peguei seu recado antes de ontem.

— Por que não me ligou em seguida? Onde está?

— Estou no Acre. Precisava terminar um trabalhinho para um deputado federal.

— Você só trabalha para minha família — ralhou, num tom exasperado.

— Foi indicação do seu tio Eduardo. Fui forçado a aceitar o convite — ele riu.

— Sei.

— Coisa boba, briga entre meu cliente e um seringueiro. Acabei de cuidar do seringueiro. A última pá de terra acabou de cobrir o resto do corpo dele.

Elisa estava acostumada com as bizarrices de Boris. Foi direto ao ponto:

— Preciso de você aqui de volta. Tenho um serviço como esse que fez no Acre. Pagamento tipo aposentadoria.

— Nunca vou me aposentar, sabe disso. Mas entendi o recado. O valor a pagar será alto.

— Pode ter certeza de que pagarei bem mais do que recebeu do deputado.

— Negócio fechado. Retorno a São Paulo no domingo.

— Fico no aguardo de sua ligação.

— Ei.

— O que é? — indagou Elisa.

— E o caso daquela pequena que comecei a investigar? Aquela que pode estar tendo um caso com seu marido? Dou continuidade? Termino o serviço?

— Não vai ser mais necessário. Depois que me juntou gravações telefônicas dela, não tem cabimento associá-la a Humberto. Nada a ver.

— Está bem. Caso encerrado.

— Iria pedir para você voltar a investigar uma que está me atazanando. Você começou a levantar a ficha dela ano passado, mas enfartou e depois não precisei mais.

— Comecei a puxar tudo da loira. Não tem muita coisa. Nenhum parente vivo, pode ter certeza.

Elisa suspirou, aliviada.

— Menos mal. Mas pode parar de investigar porque, com esse serviço que vou lhe pedir, não será necessário. Não vou gastar dinheiro à toa com informações inúteis.

— Você é quem manda.

Despediram-se. Elisa desligou o telefone triunfante, estava muito contente com o que estava tramando.

— Sem parentes. Melhor ainda! Se tudo der certo, e vai dar, ficarei livre desse poço de silicone!

Em seguida, lembrou-se de Vera. Boris havia tirado fotos, investigado a vida da moça de cabo a rabo. Descobrira que ela estava morando com Luciano, engenheiro que prestava serviços para a empresa de Humberto e Conrado e, segundo muitas conversas telefônicas que Boris conseguira grampear, além de clonar o telefone e copiar as mensagens de texto, ficara claro que Vera era uma tonta apaixonada pelo engenheiro.

— Essa boba não tem e nunca teve nada com o Humberto. Ele não me trai. Não sei por que entrei nesse tipo de pensamento, porque dei trela para esse tipo de ideia! Nada a ver.

Claro que Elisa vinha sendo assediada pelas ideias negativas de Renato que queria vê-la infeliz. E, verdade seja dita, um obsessor nada mais é do que uma companhia astral, um amigo do além, um encosto, um espírito com grande afinidade com o encarnado o qual está obsidiando, ou seja, obsedando, colocando obstáculo, importunando sem parar, influenciando negativamente.

Quando a pessoa não está bem, por algum motivo, seja porque está com raiva de alguém ou raiva de si mesma, ou porque se acha menos que os outros, se vitimiza, se inferioriza, se acha menos, não se considera boa o suficiente, tem raiva do mundo ou culpa os outros pelos desacertos da sua vida, é candidata fortíssima para ganhar, sem sorteio, sem ter de fazer esforço que seja, um colega obsessor.

O mundo em que vivemos está cheio de espíritos perdidos, desorientados, perturbados, que não aceitam a morte. Muitas vezes, nem é a morte, a passagem para a outra dimensão, para o mundo espiritual que lhes causa choque ou medo. O apego às coisas do mundo é muito mais forte do que o fato de desencarnar.

A morte, por si só, torna-se um detalhe. A questão, para muitos, é a necessidade de reverter algo impossível: voltar o tempo, resgatar afetos, situações, pedidos de desculpas.

Muitos não querem deixar os filhos pequenos, suas esposas, seus maridos, o namorado que acabou de conhecer, o neto querido, a mãe ou o pai que tanto ama, o cãozinho ou o gatinho que só depende do dono que morreu...

A mudança brusca de realidade obriga o ser a desapegar-se imediatamente do mundo e seguir seu caminho. É duro para os dois lados, tanto para quem vai, como para quem fica. Mas o conhecimento, doses de equilíbrio e a certeza de que todos os que se amam logo vão poder se reencontrar consolam e reconfortam a alma.

Por esta razão, tantos outros, independentemente da maneira como professem sua fé, ou até mesmo os que não professam nada, ao morrer, aceitam de bom grado a nova realidade da vida. Seguem o caminho acompanhado por amigos ou parentes que também já se foram.

Pensando dessa forma, Renato se tornara o obsessor de Elisa. Qualquer abertura para a dúvida, Renato vinha com uma imensa carga de insegurança para cima dela, usando o que um obsessor sabe fazer de melhor na hora do ataque: manipular a pessoa, fazendo com que ela se afogue no meio do mar de seus próprios pontos fracos. Essa é a grande arma do obsessor: o ponto fraco, o negativo, o ruim. Ele só pode atacá-lo se você estiver na sua própria maldade, no seu ruim, no seu negativo.

Por isso, o grande repelente contra qualquer obsessor são grandes doses de alegria e bom humor. Rebater os pensamentos ruins a seu respeito com desdém, sem dar trela ou prosseguimento.

Escutou uma voz dentro de você que lhe diz coisas negativas, ruins a seu respeito? Não ligue. Levante os ombros. Recuse-se a escutá-la.

E, desde que alguns dias atrás Ágata fora até o apartamento e o visitara, mostrando inclusive Humberto para ele, Renato ficara quieto num canto, perdido em suas lembranças, remoendo seu passado, refletindo sobre o que fizera em vida e tudo o que fizera até então. Será que teria valido a pena? Não sabia.

Elisa não o sentia mais e, por ora, as dúvidas não mais a atormentavam. Vera tinha virado uma página de jornal de ontem na sua vida, notícia velha. Não estava mais interessada nela. Agora iria se concentrar em aniquilar Paula. Seu sonho maior seria destruir a loira do banheiro. Sem deixar rastros.

Estava tão feliz, mas tão feliz, que foi embora sem desligar seu computador. Enquanto o segurança embicava o carro na garagem do prédio, ligou para Toninha:

— Antes de ir embora, pode passar na minha mesa e desligar o computador? Saí com a cabeça tão cheia que me esqueci de desligá-lo.

— Sim, senhora.

— Até amanhã.

Ao sentar-se na poltrona giratória e apertar o mouse para fechar as telas com planilhas abertas no monitor, Toninha espremeu os olhos. Olhou, leu, releu e assustou-se. Lembrou-se de quando havia gravado dados no seu pendrive e, sem titubear, foi até sua sala.

Voltou e copiou tudo o que podia. Desligou o computador de Elisa, conforme a patroa pedira. Depois guardou o dispositivo com as gravações em sua bolsa.

— Vou pegar e copiar as notas do mês sobre minha mesa. Isso não está cheirando bem. Preciso conversar com alguém que possa me ajudar. Vou pedir conselho a Esmeralda.

CAPÍTULO 33

Paula encontrava-se no mesmo restaurante que Guilherme. Chegara lá antes dele, porque, claro, Elisa fora obrigada a avisá-la.

Estava acompanhada de um amigo, boa-pinta, diga-se de passagem, com um terno de corte impecável, cabelos loiros penteados para trás, olhos azuis, sorriso lindo. Conversavam amenidades.

Guilherme passou por ela e Paula não o notou. Ele a cumprimentou. Estava tão entretida com o amigo que Guilherme sentiu um desconforto:

— Oi, Paula — disse pela segunda vez.

Ela levantou os olhos e a taça de vinho. Sorriu:

— Oi.

— Tudo bom?

— Tudo.

Guilherme se sentiu desconcertado com o tom e com os monossílabos.

— Não vai me apresentar seu amigo?

— Desculpe. Este é o Matt Anderson, conhecido meu da Nova Zelândia.

O rapaz cumprimentou Guilherme com um sotaque carregado e em seguida voltou a falar em inglês com Paula. Falavam gírias, bem rápido, riam, tudo para que Guilherme não os entendesse.

Guilherme o cumprimentou.

— Tenho uns clientes para receber.

Ela não disse nada e Guilherme foi se afastando. Voltou e, sem jeito, indagou:

— Desculpe interrompê-la de novo. O que vai fazer no carnaval?

— Oi?

— Vai viajar no carnaval? — quis saber Guilherme.

— O Matt não conhece o Rio. Queria levá-lo para ver um desfile de escola de samba, depois pegar uma praia, um bronze. Por quê?

Guilherme não gostou da resposta.

— Combinei com meu irmão de passarmos o feriadão em nossa casa no Guarujá.

— Guarujá, sei — respondeu ela, num tom de desdém.

— Não é o Rio, mas é um lugar aprazível. Vai ser bem legal.

— A prima desbotada também vai?

— Manuela foi passar uma temporada no Canadá.

— Arrã.

— Bom, o convite está feito. Se mudar de ideia em relação ao Rio, será muito bem-vinda. Seu amigo Matt também é bem-vindo. Agora preciso ir. Tchau.

Guilherme se afastou e foi para o outro salão, na parte externa do restaurante, bem longe de onde estavam, desconcertado. Paula esperou um tempo e, quando se sentiu segura, suspirou:

— Perfeito!

— Paula, tô passada! Você deveria ser atriz. A-mei! — tornou o rapaz, bem afetado, referindo a si mesmo no feminino, separando as sílabas, num português impecável. De gringo, ele não tinha nada.

— Segura a franga, Josué. Eu chamei você aqui para me ajudar. Terá que representar até o fim do almoço. Engrossa essa voz, vai!

O rapaz tossiu, ajeitou a postura na mesa. Voltou a incorporar o neozelandês:

— O curso de interpretação que estou fazendo é um arraso! Não tem ideia de como estou indo bem. Até impressionei seu namoradinho. E, por falar nele, que bofe-escândalo, Paula!

— Não é para o seu bico — ela deu um tapinha nele com a bolsinha amarela e riu. — E ele caiu no velho truque.

— Que velho truque?

— Josué? Acorda. O velho truque do ciúme! Não adianta ser boazinha, bobinha, tem que fazer o macho sentir ciúme, perceber que tem cachorro no quadrado dele. Sempre foi assim e sempre será. Foi só eu aparecer ao lado de um homem lindo feito você e Guilherme se desestabilizou. E, claro, tive de me conter e tratá-lo com neutralidade, como se nosso encontro tivesse sido ao acaso.

— Mulher, você é poderosa! Como soube que ele estaria aqui? Porque me ligou ontem, pediu para eu me arrumar, alugar terno, tudo. Sabia com antecedência...

— Tenho uma ótima fonte, fofo — ela riu e bebericou o vinho.

— Você não vale nada, Paula. Só no truque, desde os tempos do Pari. Sempre a mesma.

O telefone dela tocou. Paula atendeu, fez uma cara estranha. Desligou em seguida. Josué perguntou:

— O que foi?

— Minha mãe acabou de morrer.

⚮

Sabemos que o relacionamento entre Paula e a mãe não era um conto de fadas. Foi uma vida tensa, difícil, sem afeto, sem carinho.

Não precisamos ir para trás, antes desta vida, e constatar que ambas já traziam no íntimo mágoas, ofensas mal digeridas, total falta de perdão, ora de uma, ora de outra.

Contudo, para satisfazer a curiosidade do leitor e do médium que transcreve estas linhas, vamos esclarecer alguns fatos do passado, de uma vida anterior a esta.

Elisa, como já revelado num sonho de Danusa, fora uma moça rica, mas sua família estava na bancarrota, perdera toda a fortuna. Seu pai conseguira, a duras penas, negociar o casamento dela com um primo velho, asqueroso, mas muito rico. Renato era viúvo e tinha uma filha moça, Paula.

Elisa, já naqueles tempos, coisa de um século e meio atrás, era bem dona das suas ideias, lutava contra a vontade da família e não queria casar contra a vontade. Estava apaixonada por um primo distante, Humberto, que, cá entre nós, não nutria amor por ela.

Era pura fantasia da cabeça de Elisa exigir amor de Humberto. Segundo as más-línguas, ele não gostava de mulher. Além do mais, Humberto não era rico. Tinha posses, porém não era rico como Renato.

No meio dessa história, havia a prima Danusa e sua irmã Célia, primas de Elisa. Queriam, de qualquer maneira, que Guilherme, filho de Danusa, se casasse com Paula.

Segundo as irmãs, Renato não poderia se casar, pois, se o fizesse e morresse, Elisa herdaria sua fortuna. Danusa e Célia queriam que o velho morresse logo e viúvo, para que Paula herdasse toda a fortuna do pai. Em seguida, a moça se casaria com Guilherme, e o dinheiro viria e cairia fácil nas mãos das duas irmãs interesseiras. Ficariam ricas.

Danusa e Célia planejaram várias maneiras de evitar o enlace de Elisa e Renato, de impedir o casamento entre eles.

Até que Guilherme e a tia, Célia, tiveram uma ideia que não agradou Danusa. Eles tiveram uma discussão, pois que

Danusa achou aquilo tudo muito cruel e tentou demovê-los da ideia; Guilherme e Célia a internaram em um sanatório e levaram o plano deles até o fim. E se deram mal.

Tempos depois da tragédia ocorrida em função dos desatinos cometidos por Guilherme e Célia, Paula, clamando por justiça e determinada a vingar a morte do pai, colocou em prática uma ideia fixa. Também se deu mal.

E, anos após tudo isso, depois de terem se reencontrado no mundo espiritual, permitido se dar uma nova chance e recomeçarem a jornada em outro corpo, outro país, novas experiências, os ecos daquela tragédia ainda reverberavam em seus espíritos.

Alguém teria de ceder, modificar suas crenças e não se machucar. De novo. Mas quem cederia?

⌁⚬❧⚬⌁

Voltando ao presente, Paula não teve um sentimento claro que pudesse expressar o que ia em seu íntimo. Simplesmente terminou sua taça de vinho enquanto pensava:

E a outra parte da carta morreu com ela. Fazer o quê?, pensou, amuada.

Uma lágrima escapou pelo canto do olho. Chorava pela carta perdida, pelo segredo que jamais descobriria, não pela morte de Célia. Josué, acreditando que Paula estivesse abalada com a morte da mãe, tentou consolá-la. Com voz chorosa, perguntou:

— Precisa de alguma coisa, amiga?

— Não, Josué. Está tudo bem — respondeu ela, numa voz triste.

Em seguida, deixou dinheiro para ele pagar a conta.

— Aí está o dinheiro que lhe prometi mais a conta do restaurante. Obrigada. Deu certo.

Ela se despediu do amigo e saiu, deixando o rapaz com pena dela. Na sequência, caminhou até o outro salão, respirou fundo, limpou a lágrima, balançou o rosto, mudou a expressão e abriu um sorriso, como se nada tivesse acontecido. Chegou próximo de Guilherme, fez um sinal. Ele se levantou e foi até ela.

— O que foi?

— Conversei com o Matt. Vou com você ao Guarujá. Tudo bem?

— Tudo — ele disse surpreso. — Podem ir.

— Ele decidiu ir sozinho ao Rio. Quer se divertir sem ter ninguém por perto, se é que você me entende.

— Sim — ele sorriu. — Bom, eu vou descer sozinho, mas vou só na sexta-feira à noite. Tudo bem para você...

— Adoraria — ela foi categórica.

— Me liga?

— Acho melhor você me ligar, Guilherme. Tem muita coisa para fazer, resolver. Fico de plantão, aguardando-o, na sexta à noite, seja o horário que for.

Ela o beijou de leve no rosto e saiu, rebolando e chamando a atenção dos homens ao redor, como se não tivesse recebido a ligação sobre a morte da mãe. Paula sabia muito bem fingir seus sentimentos.

Guilherme levou a mão ao queixo, olhou para o corpo escultural de Paula, que se afastava de maneira sensual, e olhou ao redor.

— Que mulher! Fico louco!

Ele voltou a se sentar à mesa, mas não prestou mais atenção nos convidados. A imagem de Paula não lhe saía da cabeça. E, de vez em quando, ao lembrar-se dela conversando com o bonitão momentos antes ali no restaurante, Guilherme sentia desconforto. E ciúme.

CAPÍTULO 34

Paula viajou até Araraquara, extremamente chateada, tentando se conformar.

— Ao menos, Célia me deu um pedacinho de céu. Vou me casar com Guilherme graças a ela. Vou lhe dar uma cremação digna! Comprarei uma urna lindíssima para guardar as cinzas. Depois, em uma de minhas viagens ao exterior com meu futuro marido, vou atirar as cinzas sobre o Tejo, Sena, Tâmisa, Danúbio... Escolherei um rio europeu à altura.

Cuidou pessoalmente de toda a burocracia em torno da morte da mãe. Não tinham parentes e decidiu não fazer velório. Sendo assim, agiu de maneira prática, levou os documentos necessários dela e da mãe para liberação e traslado do corpo de Célia até o crematório da capital na manhã do dia seguinte.

Foi se despedir de Odete, a amiga de Célia. A mulher estava num grau avançado de Alzheimer e não a reconhecia. Paula passou delicadamente a mão sobre o braço dela:

— Fiquei sabendo que sua nora está passando necessidade e não estava conseguindo mais pagar a clínica. Depositei uma boa quantia na conta bancária dela. Acho que dá para uns cinco anos.

Uma enfermeira aproximou-se e avaliou:

— Do jeito que ela está, não vai durar um ano. Para piorar, ela também tem um tumor inoperável, igual ao da sua mãe. Soubemos que a senhorita depositou uma enorme quantia na conta da filha dela. Fique tranquila porque dinheiro não vai faltar para cuidarmos de dona Odete.

Paula beijou Odete na testa, com carinho.

— Obrigada por tudo o que fez por nós, no Pari. Deus a abençoe.

Um dos funcionários da clínica, que achava Paula um pedaço de mau caminho, alcançou-a quase na saída. Com ar pesaroso e, procurando não encará-la a fim de evitar o olhar de cobiça, depois dos pêsames, esclareceu:

— Dona Célia, antes de morrer, teve um lampejo de consciência.

— É o que chamam de "melhora da morte" — comentou Paula. — Afirmam que o paciente tem uma melhora súbita em sua condição ou doença e, pouco depois, morre.

O rapaz concordou com a cabeça e explicou:

— Nessa hora da melhora, dona Célia me chamou e pediu que eu escrevesse essa frase e, assim que possível, a entregasse para você.

Paula pegou o papel abriu e leu: *"A outra folha. Pote de açúcar"*.

Ela queria dar um grito de felicidade. O rapaz indagou:

— Ficamos matutando aqui na clínica. A frase faz algum sentido?

Paula o beijou próximo dos lábios, deixando o rapaz maravilhado e excitado.

— Faz todo o sentido do mundo! Não tem ideia, fofo!

Enquanto ela se afastava, levando em uma mala os pertences de Célia até o carro, vibrando e exultando de contentamento, o rapaz passava a mão pelo rosto, sentindo o cheiro do batom daquele beijo.

Depois de realizar a cerimônia de cremação, dois dias depois, Paula deu entrada no inventário para regularizar a escritura do apartamento, passando-o para a única filha de Odete.

— É no centro da cidade, mas bem localizado, tem valor. Vou limpar e tirar tudo de lá e me mudar para o apartamento que Guilherme alugou, logo depois do carnaval. Não me importo de dividi-lo com o Gustavo. Além do mais, vai ser por pouco tempo. Farei a cabecinha do fofo do Guilherme para mudarmos e termos o nosso cantinho!

Ela aspirou, soltou o ar e concluiu:

— Vou deixar esse apartamento para a família da dona Odete. Não é muito, mas ela ajudou minha mãe quando precisamos. Foi ela quem nos deu abrigo. É justo. E já vou tirar uma cópia da outra parte da carta. Estou doidinha para saber quem é o pai biológico de Guilherme. Os dólares vão chegar mais depressa. Agora vão!

Paula entrou no apartamento, foi direto para a cozinha e abriu o armário sobre a pia. Apanhou o pote de açúcar e logo viu dobradinho o papel amarelado. Ela sorriu:

— Célia! Ou você leu muitos livros da Agatha Christie, ou cheirou pó demais da conta! Você era muito doida, mas foi muito esperta. Esconder no pote de açúcar? Jamais eu iria achar esse papel.

Paula leu. Ali Renato só afirmava que ele, de fato, não era pai de Guilherme. Elisa engravidara de um francês, Jean Luc que, segundo Renato, fora morto pelo grupo de Boris. Apenas isso.

Paula sorriu.

— Hoje é meu dia de sorte. Vou ligar para a sogra fofa. Preciso de um dinheirinho para o feriado do carnaval. Uns cinquenta mil. Acho que dá.

Telefonou imediatamente para Elisa e exigiu a grande quantia em dinheiro.

— É louca? Está querendo imitar sua mãe? Fumou ou cheirou? Ou injetou direto na veia?

— Fofa, estou tão feliz que vou ignorar as alfinetadinhas. Preciso comprar umas coisinhas durante o feriadão com seu filho. São despesas básicas. Nada de mais.

Elisa teve vontade de esganá-la, mas segurou a ira.

— Pode esquecer. Cansei.

— Tenho mais informações do passado.

— Você blefa muito bem, pote de silicone ambulante — retrucou Elisa.

Paula deu uma risadinha irônica.

— Tudo bem, fofa. Não queria revelar outra novidade pelo telefone porque adoraria ver sua carinha tentar enrugar, mesmo com botox, e ficar pálida. Vou dizer só um nome: Jean Luc.

O telefone ficou mudo por uns instantes. Paula insistiu:

— A pronúncia está correta, não? A vogal *u*, de Luc, é com biquinho, apertando e empurrando os lábios levemente para fora? Estou certa?

Elisa precisou se recompor do susto. Havia trinta anos que não escutava *aquele* nome. Apenas exprimiu, num fio de voz:

— Está bem. Marque o encontro.

— Sexta-feira. Naquele café charmoso, ao lado da sua loja.

Paula desligou o telefone e agradeceu aos céus. Depois gargalhou. Bastante.

🙠

Elisa só não jogou o telefone longe porque tinha trocado de aparelho havia pouco tempo. Era um modelo último tipo, bem caro. Era rica, mas não era perdulária. Fitou o aparelho e rilhou os dentes:

— Então ela sabe mesmo a verdade! — apavorou-se.

Olhou ao redor. Seus olhos pousaram sobre uma jarra de vidro comum. Não teve dúvidas. Apanhou-a e atirou-a contra a parede, com gosto e fúria.

— Desgraçada! Preciso dar um basta nessa sanguessuga. Já estou com Paula por aqui — fez um gesto passando a mão pela testa.

Elisa bufou e sentou-se atrás de sua mesa entulhada de papéis. Uma funcionária entrou rápida e assustada:

— Ouvi um barulhão lá de fora.

— Deixei cair uma jarra — apontou para a parede mais à frente. — Venha limpar antes que alguém se machuque e me processe.

— Sim, senhora.

A moça saiu e voltou num instante. Limpou tudo e, quando estava de saída, Elisa foi categórica:

— Feche a porta e não deixe ninguém entrar. Vou fazer uma reunião, uma videoconferência.

— Sim, dona Elisa.

A funcionária saiu e fechou a porta com delicadeza. Elisa colocou os óculos de grau e apanhou o aparelho. Olhou e disse para si:

— Boris falou que chegava de viagem no domingo. Faz dois dias. Cadê você?

Elisa estava ansiosa. Queria conversar com ele, discutir, trocar ideias, opiniões, mas dependia de ele ligar para ela. Sempre fora assim, desde sempre. Estava ansiosíssima, na espera, em total estado de alerta desde o dia anterior. Ele iria ligar. Tinha de ligar!

Foi quase no finzinho da tarde que o telefone dela tocou. Elisa viu no visor número desconhecido. Sentiu uma alegria sem igual. Atendeu feliz da vida:

— Oi!

— Manda, dona Elisa!

— Boris, por que demorou tanto? Não iria retornar no domingo?

— Sim, mas houve um problema na conexão do voo. O que importa é que estou na área. Vamos ao que interessa. Diga.

Elisa contou a ideia que tinha em mente. Prosseguiu:

— Aproveite e faz um serviço só.

— Não se esqueça de que vou cobrar alto.

Boris, que era um homem acostumado com crueldades, estava admirado:

— É isso mesmo o que quer?

— Eu o pago para executar, não para fazer perguntas.

— Sim — ele esperou uns segundos e asseverou: — Quero oitenta por cento na quinta-feira.

Elisa estremeceu. Era uma quantia muito, mas muito alta para juntar em pouco tempo. Contudo, estava determinada:

— Claro, Boris. Não estou aqui para barganhar. Nunca fui disso. Só quero que o serviço seja, como sempre — ela salientou —, bem-feito, bem-acabado, sem rastros.

— Isso é tão fácil! Meus homens cuidarão de tudo, com extrema cautela e discrição.

— Eu o pagarei em dólares e euros. Onde os entrego desta vez?

— Pode deixar a mala com o dinheiro neste endereço. Anote.

— É um hotel de luxo.

— Sim. Coloque tudo em uma mala e peça para seu motorista procurar a moça da recepção. Joana. Três dias depois do serviço realizado, como praxe, entregue os vinte por cento restantes no mesmo endereço, mesmo horário, para a mesma pessoa.

— Combinado.

Desligaram o telefone e Elisa ligou para tio Edmundo.

— Preciso de dinheiro, muito dinheiro. Para ontem. Vai ter de se virar, tio. Problema seu. Não quero saber. Venda quadros, esculturas, galpões, ouro, faça o diabo.

Elisa desligou, possessa. Logo se controlou e voltou a si. Sentiu uma opressão no peito. Ela fizera tudo para ter Humberto ao seu lado. Se ele estava a ponto de deixá-la, melhor... Ela fechou e abriu os olhos. Fitou um ponto indefinido na sala.

Ela poderia fazer uma escolha, dentre várias. Fez aquela. Estava selando seu futuro próximo. Se ele seria bom ou ruim? Tudo, na vida, é questão de ponto de vista!

Havia uma força interna que suplicava: "Não, não faça isso. Pense e reflita melhor". E tinha uma outra voz, poderosíssima, que gritava: "Isso mesmo! Acabe logo com isso e recomece sua vida!".

Estava completamente envolvida, seduzida pela ideia da segunda voz, uma mistura de seus ódios, coisas mal resolvidas que empurrara para baixo do tapete havia anos associada aos pensamentos de espíritos que ali estavam para ver, literalmente, o circo pegar fogo. Eram os tais que se nutriam da desgraça alheia.

Ela deu de ombros e, pelo telefone interno do escritório, pediu para chamar Toninha. Em um instante a moça entrou na sala.

— Pois não, dona Elisa.

— Quero que você tire uns dias de folga.

— Como assim?

— Vamos ter o feriado de carnaval. Por hábito, a loja trabalha normalmente, só fecha na terça-feira. Depois reabrimos na quarta, após o meio-dia.

— Sim.

— Quero que saia na sexta-feira, logo depois do almoço, e retorne só na quinta-feira, de manhã.

— Aconteceu alguma coisa?

— Quero que se divirta um pouco. Está trabalhando demais da conta. Pode programar viagem, passeio, o que quiser. Sua irmã morreu há alguns meses, você nem tirou licença...

Elisa comentou para tocar no emocional de Toninha. E conseguiu.

— Obrigada, dona Elisa. É muita gentileza sua.

— Qual nada! Descanse. Você merece.

— Tudo bem.

— Não vou descontar nada de seu salário. Fique sossegada.

— Obrigada.

— Agora pode ir.

Toninha saiu da sala tocada, mas depois, refletindo melhor, ficou encucada. Elisa era uma boa chefe, porém não era dada a ser tão generosa assim. Era firme com horários e descontava tudo o que podia das meninas.

— Muito estranho esses dias todos assim, de graça — murmurou baixinho.

Em todo caso, ela se lembrou de Vera. Por ora, deixou as indagações de lado e ligou para a amiga.

— Que horas você vai descer na sexta-feira?

— No fim da tarde.

— Eu fui liberada pela minha chefe por toda a semana de carnaval e ela me dispensou já na sexta depois do almoço — Toninha estava radiante.

— Notícia boa! Então vamos juntas!

— Tudo bem? Não tinha lhe dado certeza.

— Claro. Eu vou ficar no apartamento de uma amiga, Estela. Já tinha lhe dito que ela não iria se importar de levar alguém comigo. Fique tranquila, Toninha. Pode fazer as malas!

— Fico feliz que vamos viajar. Vamos aproveitar!

Toninha desligou o telefone e, no fim do expediente, ao chegar a sua casa, encontrou Esmeralda.

— Já chegou, Esmeralda?

— Hoje o instituto não vai abrir.

— Jantou?

— Ainda não. Vamos lanchar juntas?

— Sim — Toninha fez um aceno com a cabeça e foram para a cozinha.

Esmeralda abriu a geladeira, tirou de lá frios, um pacote de pão de forma, maionese, refrigerante. Toninha arrumou a mesinha e sentaram-se.

— Sabe, Esmeralda, às vezes me pergunto se Berenice está bem, se conseguiu adaptar-se à nova realidade.

— Pois claro. Essa nova realidade é a realidade do espírito. O mundo em que vivemos no momento é o passageiro, o que vai rápido, que passa num piscar de olhos. O verdadeiro mundo é o outro. Ocorre que nos esquecemos dele quando estamos aqui e parece que o lado de lá é misterioso, terrível, um lugar desconhecido. Mas não. Aqui é que é barra-pesada. Viver no planeta requer muito jogo de cintura, sabedoria, perseverança, bom humor. É aqui que nosso caráter é colocado à prova.

— Não seria a pessoa fruto do meio o qual foi criada? Muitos estudiosos acreditam que o meio molda a pessoa.

— Contribui, bastante, mas não é o responsável direto. Se você nascer com tendências para o crime e for criado entre criminosos, num ambiente que propicia crime e violência, vai desenvolver mais facilmente estas habilidades; o seu espírito vai expressá-las com maior naturalidade. O mesmo ocorre com a bondade, generosidade e afins.

— Então aqui é uma escola, um lugar para exercitarmos nossos verdadeiros valores?

— Mais ou menos. Aqui você tem a chance de mostrar-se quem é. Por isso esquece o que foi no passado. Imagine um filho descobrir que seu pai o matou em outra vida. Ou vice-versa. Como haverá convívio ou perdão entre os dois? Temos dificuldade em lidar com mágoas da infância desta vida, imagine lidar com problemas mais graves de uma, duas, três vidas atrás.

— Faz sentido.

Esmeralda olhava para o nada quando disse:

— Berenice desenvolveu sua força, aprendeu a ser dona de si, ter e seguir suas próprias ideias. Viveu entre espíritos que fizeram parte de uma civilização dotada de extrema sensibilidade e inteligência. Infelizmente, depois de passar por situações ruins, o espírito dela se trancou, como se estivesse se protegendo para não se machucar. Deixou de acreditar no imenso potencial que já tinha conseguido alcançar e permitiu que o medo a e insegurança a dominassem por vidas. Agora tem a chance de libertar-se desses medos infundados e voltar a ser o que era: um espírito forte, lúcido, dotado de extrema sabedoria.

Toninha estava profundamente tocada.

— Como sabe tudo isso?

— O quê?

— Sobre o que relatou de Berenice, ora!

— Você quer maionese no seu lanche?

Toninha percebeu que Esmeralda não se dera conta do que havia lhe dito. De vez em quando a amiga agia assim, ou seja, desandava a falar com profundidade, depois voltava a conversar trivialidades, como se nada tivesse acontecido.

Esmeralda confessou:

— Às vezes, falo inspirada pelo meu mentor. Não registro as palavras dele, só a sensação boa que me causa quando se aproxima. O que posso lhe garantir é que Berenice recuperou-se muito bem.

— É mesmo?

— Sim. Sua irmã não é um espírito qualquer, comum. Berenice é especial.

— Torço para que ela fique bem.

— Não precisa torcer. Ela está bem.

— Obrigada pelas palavras gentis, amiga.

Comeram em silêncio até que em determinado momento Esmeralda tocou no braço de Toninha e indagou:

— O que foi?

— Por que pergunta? — quis saber Toninha.

— Intuição, sensibilidade aguçada. Algo a incomoda profundamente. No trabalho. O que acontece?

— Não adianta esconder nada de você — Toninha sorriu.

— Vi uma cena muito ruim com sua chefe. Ela está aprontando.

Esmeralda viu uma determinada cena, no entanto, Toninha acreditou que fosse sobre outro assunto. E emendou, aflita:

— Acredito que dona Elisa esteja contrabandeando mercadorias, sonegando, burlando o fisco.

— Tem provas?

— Sim. Achei uma nota fiscal de venda direta de uns vestidos de uma grife europeia. Depois, encontrei a planilha onde constavam os mesmos vestidos vendidos por uma exportadora norte-americana para uma importadora em Goiânia.

— Como teve acesso a essas informações? — interrogou Esmeralda, com o olho arregalado.

— Minha chefe me ligou e pediu para desligar o computador dela. Não bisbilhotei, juro. Quando a tela do monitor se acendeu na minha frente, apareceram as planilhas com valores discrepantes. Eu salvei tudo e copiei notas fiscais. Já tinha guardado coisas que julgava serem estranhas. Tenho arquivos. Faz meses que noto algo diferente na loja.

Esmeralda considerou:

— Esse é um material explosivo de primeira. Sabe que, se tudo for mesmo verdade, poderá desencadear um processo que envolverá polícia, governo, imprensa. Elisa é uma mulher da sociedade, riquíssima, poderosa.

— Sei. Mas não posso compactuar com esse jeitinho brasileiro. Posso perder meu emprego e ela pode virar um bicho contra mim. Se tudo isso for mesmo verdade e ela estiver lesando o fisco, vou denunciá-la. Não compro nada pirata e não sou de burlar a lei. Sigo os meus princípios e valores. É o meu jeito de ser.

Esmeralda sorriu.

— A sua ética é pautada sobre valores nobres.

— Sou responsável por mim, por minha vida, mas, se puder orientar minha vida para que outros também possam alcançar bem-estar, será melhor ainda. Acho que, se todos pensassem em atitudes positivas que gerassem o bem para nós e consequentemente para os outros, viveríamos numa sociedade melhor.

— Bom, lá no instituto tenho um amigo, colaborador, que é advogado. Posso colocá-lo em contato com você.

— Tenho medo de...

Esmeralda a cortou com amabilidade na voz:

— Não se preocupe. Jorge é de extrema confiança. Além do mais, o irmão dele trabalha no Ministério Público. Fique tranquila porque você está agindo da maneira certa e vai contatar as pessoas certas. Quando há a intenção de promover o bem, a vida sempre dá uma ajudinha.

Continuaram a conversa. Esmeralda não deixou que Toninha percebesse um leve desconforto que lhe ia no peito. A cena que vira momentos antes não era nada agradável. Muito pelo contrário. Era triste. Extremamente triste.

No entanto, como estava acostumada com esse tipo de visões ao longo da vida, esperou a hora de deitar-se para fazer uma vibração a todos os envolvidos na situação que acreditava estar por vir.

CAPÍTULO 35

Gustavo, depois de muito tempo, estava animado. Com a cabeça voltada para o apartamento, conseguia, por alguns momentos, deixar de pensar em Toninha.

Enquanto arrumava a mochila para a viagem do feriadão, abriu o guarda-roupa e passou a escolher quais roupas levaria para o litoral, para o apartamento novo e quais não levaria. Elisa entrou de supetão, assustando-o, quase gritando:

— Nossa! Por que tanta bagunça? Você é tão organizado! E é só uma viagem para a praia, aqui do lado de casa.

Ele sorriu e se recompôs do susto. Depois continuou a separar camisas e outras peças de vestuário.

— Estou aproveitando o momento e a disposição para ver o que vou levar para o novo endereço. Há roupas que não quero mais e vou doá-las para aquela instituição da Vila Mariana.

— Não posso acreditar que vai mesmo levar essa loucura até o fim.

— Não se trata de loucura, mãe. Sou homem, adulto, ganho meu dinheiro. Ter meu espaço é mais um degrau para a conquista da independência em todos os níveis.

— Se quer tanto alcançar a independência, pois que vá viver sozinho — observou entredentes, irritada. — Por que tem de levar seu irmão a tiracolo? Não entendo.

— Guilherme é um ótimo irmão. Aliás, é mais que um irmão. É um bom amigo.

Elisa segurava um lápis que apanhara sobre a escrivaninha e o partiu ao meio, tamanha irritação. Odiava esse melaço todo de Gustavo por Guilherme. Fizera o possível e o impossível, ao longo dos anos, para afastar os irmãos, gerar discórdia entre os dois. Em vão.

Humberto não percebia muito esses desatinos de Elisa, ora porque trabalhava demais, ora porque, sozinha com as crianças, ela se portava de uma maneira e na frente de Humberto transformava-se em outra mulher, mais dócil e amável.

Elisa iria dizer mais alguma coisa. Levantou-se pronta para falar um monte de bobagens, encher a cabeça de Gustavo com um punhado de idiotices sobre o irmão, mas refletiu. Não valia mais a pena. Faltava pouco para tudo aquilo acabar. Calou-se.

Guilherme entrou quase correndo, alegre, sorridente. Estancou o passo e fechou a cara ao ver a mãe.

— Oi — disse numa voz fria.

Ela tornou, apressada:

— Depois conversamos. Preciso ir.

— Não vejo a hora de ir embora. Estou farto de você — aquilo saiu da boca de Guilherme como se estivesse no automático, pronto para ser expelido havia tempos.

Elisa já estava na porta. Rodou nos calcanhares e o encarou, olhos duros, voz metálica, sem emoção:

— Quem está farta de você há trinta anos sou eu. Eu é que não vejo a hora de me ver livre de você.

— É bom dizer o que sente. Isso mesmo — Guilherme bateu palmas. — Desabafe, dona Elisa. Fale tudo o que sente. Bote para fora!

Gustavo interveio:

— Por que brigarem? Bobagem. Vocês sempre foram de se pegar. Vamos acalmar os ânimos. Discutir de cabeça quente não é bom.

— Estou cansado de engolir os desaforos e as caras e bocas dela — bradou Guilherme. — Como vou embora desta casa depois do feriado, melhor colocar tudo em pratos limpos.

— Estão de cabeça quente, já disse. Depois que estiverem calmos, podem pensar no que vão fazer, ou falar.

— Tem razão — concordou Guilherme.

Elisa estava a um passo de esfregar na cara de Guilherme que ele não era filho de Humberto, que seu pai era... Bom, ela travou a língua entre os dentes.

Não vale a pena, pensou. *Preciso me conter*. E concluiu:

— A minha cabeça está fervendo. Não vou brigar com você nem com você — encarou Gustavo, com olhos estranhos.

Gustavo nunca a vira daquele jeito. Assustou-se. Aquela mulher na sua frente não era sua mãe. Antes que um dos dois dissesse alguma coisa, Elisa rosnou para Guilherme:

— Por que não liga para sua madrinha e não vai pedir colinho para a anormal da Danusa? Deixe-me em paz. Tenho mais o que fazer.

Saiu do quarto, batendo a porta com força. Guilherme bufou e sentou-se na cama. Gustavo sentou-se ao lado dele e deu um tapinha no ombro do irmão, encorajando-o:

— Ela não está bem. Não a leve a sério. Vamos pensar em nossa viagem. Além do mais, depois do carnaval, vamos sair daqui e viver nossa vida. Já pensou como vai ser bom?

Guilherme esboçou um sorriso:

— Tem razão. Quer saber? Elisa que se dane!

Abraçaram-se e ele tornou:

— Sabe, Gustavo, você está certo. De nada vai adiantar bater de frente com ela. Se existe mesmo esse lance que a dinda afirma sobre vidas passadas, tenho certeza de que houve alguma coisa pesada entre mim e a mãe.

— Se houve, seja da sua parte ou da parte dela, não importa. Resolva você a questão.

— Mas como? Não dá para termos o mínimo de conversa, tampouco respeito. Você acabou de ver.

— Resolva a questão dentro de você — Gustavo encostou a mão no peito de Guilherme, na altura do coração. — É aí dentro que você precisa resolver a questão, mano.

— De que modo?

— Compreendendo que você fez o que foi possível para conviver de maneira harmônica com ela e chegou ao seu limite, porque você é humano, não é santo. Precisa entender também que você é único, tem sentimentos, emoções, vivências, que são só suas. Daí que só você é que pode encontrar um jeito de resolver essa discórdia.

— Preferia empurrar para debaixo do tapete. O melhor é esquecer.

— Não, meu irmão. Não coloque nada debaixo do tapete, porque a sujeira incomoda, atrapalha e uma hora ela vai ter de sair. Em nosso caso, como somos humanos e não somos tapetes, essa sujeira, se não sair por meio de uma boa limpeza, transforma-se em doença porque o corpo precisa expurgar essa sujeira de alguma maneira. O nosso espírito não suporta guardar nada que nos faça mal por muito tempo, por mais que tentemos evitar ter contato com as lembranças ruins ou dolorosas que nos machucaram ao longo da vida.

— Está falando como tia Danusa.

— Pode ser. Mas falei com a alma. Eu amo muito você e quero vê-lo muito feliz, não importa como, onde, com quem. Não quero que se torne uma pessoa amarga ou infeliz porque vive às turras com alguém, mesmo que esse alguém seja sua própria mãe!

Os dois riram.

— Ainda bem que temos um pai amoroso. Ausente, mas amoroso — reclamou Guilherme.

— Papai nunca quis depender da fortuna da mamãe. Sempre deu duro, trabalhou bastante. Se foi ausente durante nossa infância e adolescência, é porque estava trabalhando.

— É verdade — anuiu Guilherme. — Agora que estou economizando para ter uma vida independente, consigo entendê-lo. Ele nunca quis depender dela. Se quer saber, ele estava certo.

— De mais a mais — complementou Gustavo — nos momentos que podia estar conosco, papai brincava, levava-nos para passear, permitia que trouxéssemos amigos em casa para um churrasco...

— Para desespero de dona Elisa.

Riram novamente.

— E, se quer saber, papai só segurou esse casamento por nossa causa. Hoje percebo que ele nunca foi feliz.

— Também tenho essa impressão. Mas, ultimamente, lá no escritório, às vezes o vejo assoviando. Estou desconfiado — tornou Guilherme, agora mais calmo — de que papai tenha alguém.

— Eu também. Dá para perceber que o casamento de nossos pais já era.

— Pode apostar, depois que nos mudarmos, eles vão se separar.

— Também acho — replicou Gustavo, um tanto entristecido. — Por que as pessoas não conseguem se acertar no amor?

— Está falando isso por causa do pai e da mãe ou porque ainda pensa naquela moça do bar?

Gustavo deu meio sorriso.

— Incrível. O tempo passa e, mesmo assim, não consigo tirá-la do meu pensamento. Até consegui esquecê-la por momentos, distraindo-me com a mudança e a reforma do apartamento, mas agora, falando sobre relacionamentos, casamento...

— Vai ver é um anjo.

— Pode ser — asseverou, sorrindo. — Mudando de assunto, por que entrou sorridente, antes de bater boca com mamãe?

— Vou levar uma convidada para a praia. Tudo bem, né?

— Sem problemas. A casa é grande. Temos quartos de sobra. Mas... posso saber quem é a eleita?

— Não vai acreditar — Guilherme estava meio sem jeito. — Convidei a Paula.

— Sério? Ela reapareceu?

— Sim. Eu a reencontrei num restaurante esta semana e, rapaz, fiquei atônito, com as pernas bambas! Não tem jeito. Ela mexe muito comigo. Não sei explicar o que sinto.

— Não precisa — Gustavo acrescentou e se levantou. — Você tem o direito de ser feliz.

— Sinto medo de ela me abandonar de novo...

— Não pense nisso. Ao menos ela não vai abandoná-lo no feriado. Depois do carnaval você pensa, reflete melhor. Aproveite o momento!

— Você tem toda a razão — concordou Guilherme.

— Vamos fazer sua mochila.

— Tem roupa minha lá na casa da praia. Vou pegar pouca coisa. Mais itens de higiene pessoal.

— Gravei umas músicas para levar. E os empregados da praia já ligaram. A casa está abastecida. Tudo em ordem. Vai descer amanhã à tarde?

— Não. Vou trabalhar numa obra externa e fiquei de pegar Paula no meio da noite. Lá pelas dez.

❧

Elisa entrou no quarto e bateu a porta. Arrancou os sapatos e os jogou para qualquer lado. Depois se despiu e se enfiou debaixo de uma ducha morna e reconfortante.

— Que ódio desse bastardo! — vociferou. — Ai que vontade louca de contar toda a verdade, só para ver e rir da cara dele. Queria tanto magoá-lo! Infeliz. Gustavo também me irrita. Mania que tem de botar panos quentes. Deveria ter entrado num seminário e se tornado padre, teria me dado menos trabalho. Estou farta. Dos dois!

Renato, sentado na poltrona do quarto, captava os pensamentos tumultuados e a conversa de Elisa consigo mesma. Estava assombrado com o teor da energia densa e com as próprias ideias que Elisa fazia questão de lucubrar com ironia e frieza, sem um pingo de emoção.

— Ela não pode pensar dessa forma! Recebeu Guilherme como filho para desenvolver o amor de mãe, o amor incondicional. Pode ter lá suas diferenças do passado, mas o amor maternal serve justamente para abrandar a animosidade, atenuar a discórdia, amolecer o coração endurecido. À sua maneira, Guilherme consegue compreender a situação e vai perdoar a si e, por consequência, perdoá-la. Mas e ela? E Gustavo? Por que tem de sofrer? Não entendo...

Ágata entrou no quarto naquele momento. Um halo de luz rósea a envolvia. O espírito arregalou os olhos:

— Confesse para mim, vai. É uma santa?

— Só se for do pau oco!

Renato riu.

— Você me comove e também me faz rir. Como pode?

— Não é porque estamos em outra dimensão que sejamos diferentes de quando estávamos vivendo no planeta. Somos os mesmos, talvez mais lúcidos, porém os mesmos.

— Está mais linda que da última vez. Sua luz está mais forte.

— Estou bem comigo mesma. Quando estamos de bem com a gente, nossa luz fica mais forte, se expande! — Ágata sorriu, aproximou-se e indagou: — E então? Pensou na proposta? Quer vir comigo?

— Pensei bastante nos últimos tempos. Deveria partir, mas não acho justo essa psicopata se safar de tudo o que faz.

— Você não é Deus, não pode decidir pelos outros. Cada um sabe o melhor para si.

— Elisa vai continuar a fazer mal para os outros.

— Ninguém faz mal para ninguém. O mal só entra pela maldade do outro.

— Não entendi.

— Você só pode me fazer mal se eu tiver o mal dentro de mim.

Renato encarou Ágata com fisionomia de "não entendi". Ela esclareceu:

— Vou ser didática. Imagine que eu tenha sentimentos negativos comigo.

— Como assim?

— Sentimentos negativos sobre o mundo, do tipo: o mundo é cruel, tem gente ruim no mundo, tem violência demais no mundo, uns sofrem demais, às vezes a vida não parece justa e outros pensamentos que não são positivos.

— Estou seguindo o raciocínio. Continue.

— E também imagine que, na sua cabeça, também abrigue pensamentos ruins a seu respeito como: eu sou burro, não sou bom o suficiente, deveria ser melhor, mais bonito, menos assim, mais assado, ou seja, sempre olhando um defeito, querendo se corrigir, achando que precisa melhorar porque é imperfeito. Geralmente temos o hábito de nos colocar para baixo, de nos inferiorizar. Isso tudo é o que chamo de "mal" dentro de mim. E o mal do outro me atinge porque eu cultivo esse tipo de pensamentos.

— Ah, entendi.

— Daí que uma pessoa diz: "Não acredito em macumba. Em mim não pega. De jeito nenhum". A pessoa tem uma crença tão forte, é tão segura consigo própria, está tão do lado dela mesma que não tem olho-gordo que passe perto. O olho--gordo derrete.

Os dois riram. Renato quis saber:

— Então, se disserem que alguém fez trabalho para mim e eu ficar com medo ou inseguro...

— Vai receber a carga negativa desse trabalho — completou Ágata. — Porque você deu força ao ruim, ao negativo.

— É um exercício de muita força interior.

— Sem dúvida. Mas é esse o motivo, dentre outros, porque reencarnamos. Também para fortalecer nosso pensamento no bem, nas coisas boas, não entrar na negatividade do mundo, nas ideias ruins que a sociedade tenta impor a todo momento, obrigando as pessoas a se comparar, ter mais que o outro, ostentar, atingir patamares falsos de felicidade, riqueza e satisfação que preenchem escalas e metas do mundo e não preenchem a pessoa, não realizam o ser.

— Quanto a Elisa...

— Esqueça-a, Renato. O mal tem um limite. Se não tivesse, o mundo já teria sido destruído. O sofrimento pode ser visto como maldição para muitos, mas para nós, do lado de cá da vida, é visto como remédio que Deus dá para que o ser possa voltar ao seu rumo, porque estava desviando do caminho traçado.

— Mas ela é má.

— Não a julgue. Deixe-a ser julgada pela própria consciência. A vida sabe até onde o mal pode chegar. Tudo tem um limite. Cada um responde por si. Além do mais, a vivência neste mundo não passa de um pontinho das várias existências que ainda virão. Temos a eternidade pela frente.

— Falando em vivência, eu não vivi para mim — refletiu Renato. — Deixei-me levar pela vaidade, quis fazer bonito para o mundo, para as pessoas me acharem bonito, maravilhoso, quis ser aceito.

— Porque não se aceitava — tornou Ágata. — Caso se aceitasse, tivesse se apoiado, colocasse você sempre em primeiro lugar, jamais dependeria da aprovação da sociedade, do mundo. Nunca dependeria dos outros. Claro que conviveria com as pessoas, porque os laços de amizade e afeto são essenciais para o ser, mas não dependeria deles para sedimentar a sua felicidade, o seu bem-estar.

— Agora é tarde. Morri, amarguei anos de solidão e sofrimento. Fiquei aqui atormentando essa louca desequilibrada e confesso: estou cansado.

— Querido — Ágata pousou delicadamente a mão sobre a dele —, vale ainda o velho e bom ditado: cada um colhe o que planta. Deixe Elisa com o mundo dela. Liberte-se dela. Siga seu caminho.

— E Humberto? Queria tanto que desse certo entre nós...

— Não era para ser.

— Ele já está em outra. Sinto que vai ser feliz.

— Ele já é feliz. Humberto está bem.

— No dia em que o vi, notei que tinha uma energia boa em volta dele.

— Aos poucos, Humberto está tirando as cascas que o impediam de ser ele mesmo. Está aprendendo a se valorizar, colocar os próprios sentimentos acima do julgamento do mundo.

— É. Ele está sabendo aproveitar esta vida. Eu, não.

— Saia da ilusão. Com tantos bilhões de espíritos pelo universo, você fica preso a algo que não foi possível viver? Se não viveu, é porque, no fundo, sua alma não desejava viver essa experiência. Ninguém vive o que não precisa.

— Lá vem você de novo com ideias diferentes.

— Sou pragmática. Agora decida-se: vem comigo ou não?

— Vou.

— Ótimo!

Ágata estendeu a mão e Renato levantou-se da poltrona. Em segundos, sumiram do ambiente.

CAPÍTULO 36

Guilherme finalmente terminou de inspecionar a obra que estava sob sua supervisão. Como se tratava de véspera de feriado prolongado, os funcionários ali envolvidos estavam torcendo para serem liberados do expediente um pouco mais cedo.

Foi o que aconteceu. Ao dar cinco horas em ponto, Guilherme tirou o capacete de proteção e sacudiu as mãos.

— Chega por hoje.

— Estamos bem adiantados — tornou outro engenheiro. — Ficarei na cidade nesses dias. Caso haja necessidade de alguma emergência, estarei por perto.

— Obrigado, Seixas — agradeceu Guilherme. — Vou liberar os demais.

Despediram-se e ele consultou novamente o relógio. Decidiu ligar para Danusa e passar na casa dela.

— Venha jantar comigo.

— Coisa rápida, dinda. Logo mais vou viajar.

— Venha! Nem que fique meia hora comigo! Seu padrinho foi jogar tênis no clube. Sem Manuela por perto me sinto muito só. E estou louca de saudades de você.

Desligaram. Guilherme foi até o estacionamento, pegou o carro e nem ligou para o engarrafamento que começava a engessar e se espalhar pela cidade naquele horário. Ligou o rádio e sintonizou numa estação de baladas antigas intercaladas com comentários dos apresentadores, criticando, com sátira, os principais eventos da semana.

Guilherme ria e se divertia com as piadas e cantarolava as canções. Nem deu bola para o trânsito pesado. Passou numa floricultura e escolheu uma orquídea linda para presentear Danusa.

☙❧

Não muito longe dali, dentro de uma elegante cafeteria nos Jardins, Paula cruzava as pernas bem torneadas sob um vestido justíssimo e sobre saltos imensos. Terminava de bebericar seu suco. Estava impaciente. Consultou o relógio:

— A fofa pensa que é quem? A rainha da Inglaterra? Não posso ficar aqui pela eternidade. Preciso terminar de arrumar minha mala...

Resmungou mais um pouco, bufou, pediu outro suco, um lanchinho natural. Os rapazes que por ela passavam não conseguiam desviar os olhos daquelas pernas esculturais. Paula percebia e, intimamente, ria.

Homens. Idiotas. Facilmente manipuláveis. É só ter um corpo bonito e eles se derretem. Ainda bem que sou privilegiada, pensou, sorridente.

Logo Elisa entrou, óculos escuros, cabelos presos em coque, conjunto escuro de blusa e saia. Vestia-se de maneira bem discreta, elegante.

Aproximou-se e sentou-se, justificando a demora:

— Mil desculpas. Não pensei que em véspera de feriado a loja fosse receber tantas clientes. Está cheia. Muitas vão viajar só no fim da noite, para o exterior, ou amanhã cedo.

— Não vai pular carnaval na sua cidade maravilhosa?

— Não gosto de carnaval — rebateu Elisa. — Uma das coisas que me desagradam profundamente no Rio. É festa de povo, de gente que perde as estribeiras, que não tem noção nem limite de nada. Tenho pavor disso.

Paula gargalhou.

— Você tem pavor de gente que não tem noção ou limite de nada? Por favor, né, Elisa? Vamos combinar que você seria a última criatura do planeta a se indispor com falta de limite.

— Imagine! Não sou esse monstro que você tanto pinta na tela de sua mente. Sou uma mulher de muitas posses, milionária. Preciso saber me defender. Apenas isso.

— Pois bem...

Elisa a cortou:

— Veja, você já me chantageou uma vez, agora voltou a dar uma de chantagista de novo. Pensa que já não passei por isso antes, com outras pessoas?

— Alto lá, fofa! Não sou chantagista. Aqui é uma mão lavando a outra. Eu não revelo ao mundo sobre o seu passado e você me entrega o filho que detesta, mais um punhadinho de dólares, que, cá entre nós, é mixaria para você. Simples assim. É uma troca. Não é chantagem. É coisa de amiga. Uma ajudando a outra. Depois que Guilherme se casar comigo, nunca, jamais, irei pedir um centavo para você. Sabe disso. Mas, no momento, preciso de dinheiro. Vamos pensar nele como um presentinho para o feriado. Não fica melhor? Não soa menos invasivo?

— Você deveria trabalhar com vendas. Sabe vender seu peixe muito bem.

— Tive de aprender a me virar na marra. Já me acostumei a chamá-la de sogra, sogrinha fofa, sabia?

Elisa deu de ombros.

— Faça ou fale como quiser. Aqui está — abriu a bolsa enorme e dela tirou um envelope pardo. — Como combinado. Cinquenta mil. Acha que dá?

— Para o feriado? Dá, sim.

Elisa ruborizou.

— Por favor, Paula, extorsão, não!

Paula bebeu o resto do outro suco que o garçom tinha lhe trazido. Pegou o envelope com o dinheiro, colocou-o em uma bolsa grande. Dessa vez não estava com sua bolsinha dourada. Levantou-se da mesa, encarou Elisa, sorriu.

— Se eu quiser, será assim até o dia que eu subir ao altar e sair da Nossa Senhora do Brasil casada com seu filho, com um reluzente anel de ouro neste dedo — encostou o anelar esquerdo no rosto de Elisa. — Enquanto isso não acontecer, eu peço e você dá.

Elisa fulminou-a com os olhos, e as mãos começaram a tremer sobre a mesa. Ela ia dizer alguma coisa, mas Paula, antes de se afastar, despediu-se:

— Ótimo feriado pra você! Beijo no coração. Tchau.

Paula saiu, rebolando, atraindo os olhares de todos, inclusive do garçom que a atendera.

Elisa, por sua vez, não conseguia sair da mesa. Estava com vontade de quebrar alguma coisa, de gritar, de dar vazão ao seu ódio. Não podia fazer cena em público. Precisava se controlar. Lembrou-se de todas as amigas socialites, de todas as grandes damas da sociedade que admirava e que passaram por situações terríveis sem perder a compostura.

Um minuto depois, estava calma, como se nada tivesse acontecido. Pediu uma água com gás e, quando a água chegou, bebeu o líquido quase num gole só. Tirou um lenço de seda da bolsa e passou pelo pescoço e pelo rosto, eliminando um pingo de suor que teimava em escorrer pelo canto da testa.

— Vaca! Tenho certeza de que você também vai ter um carnaval maravilhoso. Pensa que está ganhando o jogo? Pois pense. Melhor assim. O seu está guardado.

Danusa abriu a porta e atirou-se sobre Guilherme.

— Quanta saudade!

Eles se abraçaram com amor. Guilherme a beijou no rosto. Abaixou-se e pegou o vasinho que estava no chão.

— Especialmente para você!

Danusa sentiu uma emoção diferente. De todas as orquídeas que ganhara de Guilherme, aquela parecia a mais bela de todas. Ela se emocionou.

— É deslumbrante.

— Imagine, dinda. Comprei às pressas. Nem é tão maravilhosa assim. Já lhe dei orquídeas mais belas.

— Não sei explicar — Danusa beijou a pétala e acariciou a planta. — Parece que é a orquídea mais linda do mundo. Tem um significado tão especial. Desculpe a emoção...

Abraçaram-se e Guilherme, para tirar Danusa daquele estado emotivo, foi levando-a para dentro de casa e disse, entre risos:

— Desculpe, madrinha. Manuela decidiu tudo tão rápido, foi viajar assim, num estalo de dedos. Eu fiquei meio sem chão.

— Entendo. Entre, meu querido. Vamos conversar.

Foram para a cozinha. Dessa vez, Danusa colocou o vaso ali sobre a bancada. Não quis levá-la para a estufa.

O cheiro de comida gostosa invadiu as narinas de Guilherme.

— Não me diga que está fazendo...

— Arroz, feijão, bife e batatas fritas. E salada de alface com tomate — completou Danusa. — Bem como você gosta.

— Dinda, você é o máximo! É o prato que mais amo na vida.

— Eu sei. Se sua mãe descobrir que eu estou fazendo esses pratos populares para você, é capaz de me denunciar para a liga das finas e sofisticadas.

— Lá em casa essa é considerada comida de pobre. Mamãe sempre teve essa mania de estratificação social. Ou era classe alta, média ou baixa. Arroz com feijão era coisa de classe baixa, na cabeça dela, vale ressaltar.

— Elisa foi criada por babás até a adolescência; depois vieram os tutores, quando os pais morreram. Nunca teve o carinho e afeto dos pais. Há de compreender que o mundo da sua mãe é cheio de regras rígidas de conduta, de valores. É um mundo muito chato, se você quer saber.

— Uma pena. Creio que ela sempre teve muito, mas muito dinheiro. Poderia comprar tudo o que quisesse, porém noto que é profundamente infeliz.

— Porque não pode comprar afeto, carinho, amor.

Guilherme levantou o sobrolho:

— Por acaso, sabe da relação entre meu pai e minha mãe, madrinha?

Danusa foi para o fogão, mexer nas panelas. Desconversou:

— Nunca me meti nos assuntos dos outros. Não participo tanto da vida de seus pais. Não tenho o que dizer.

Guilherme queria saber mais coisas. Tinha tantas lacunas para preencher em sua cabeça! Notara desde sempre que a relação entre Elisa e Humberto era bem cordial, sem demonstrações de carinho, de afeto. Agora, adulto, ficava claro que os pais nunca viveram um relacionamento de amor. Viveram bem, mas como dois amigos, não como um casal de verdade.

Estava intrigado, pensativo. Danusa percebeu o semblante do rapaz, apanhou uma bebida e entregou a ele. Em seguida mudou completamente o assunto:

— Experimente o caldo do feijão. Veja se está salgado ou se está no ponto.

Ele experimentou e sorriu:

— Está ótimo. Muito bom.

Danusa aproveitou e emendou:

— Sabe, na virada do ano, Manuela fez uma listinha.

— Lembro que tivemos essa conversa antes — Guilherme bebeu seu refrigerante um tanto contrariado.

Danusa prosseguiu:

— Mas ela fez uma listinha diferente daquela que geralmente as pessoas fazem. Fez uma lista do que não mais queria.

— Estranho. Na virada do ano, costumamos fazer uma lista do que queremos no ano que vai nascer.

— Ela fez o contrário. Listou tudo o que não mais desejava na vida. Teve uma clareza súbita na mente, um *insight*, como dizem. Dentre muitas coisas que listou, percebeu que não adiantava combater a insegurança, mas precisava aceitar que era insegura.

— Sério? Mas isso significa aceitar o ruim. Você não é contra? Combater o ruim e só aceitar o bom em nós?

— Sim. Mas não adianta esconder o ruim, fazer de conta que ele não existe. Manuela precisava perceber que ela tem inseguranças, que é normal, que faz parte do ser humano. À medida que enfrentamos as inseguranças, elas vão desaparecendo e nos tornamos maduros, seguros, firmes e decididos do que queremos e desejamos de melhor para nossa vida.

— Agora entendo sua colocação. Manuela, num primeiro momento, aceitou a insegurança para, depois, chegar à segurança.

— Mais ou menos. Ela percebeu que não sabia ao certo qual era sua vocação, embora adorasse mexer com roupas e acessórios. Sentia-se perdida. E decidiu que não iria mais trabalhar na biblioteca da escola. Por esse motivo, em seguida, veio a vontade de viajar, conhecer outras culturas, melhorar o inglês e o francês. Surgiu a oportunidade de aperfeiçoar-se nos dois idiomas em um mesmo país.

— O Canadá.

— Sim.

— Com o bonitão do Fernando.

Danusa riu alto e emendou:

— Quem sabe dessa amizade tão antiga não sai namoro?

— Só quero que minha priminha seja feliz. Se o bonitão a fizer sofrer, Danusa, juro, sou capaz de percorrer a pé os oito mil, cento e cinquenta e sete quilômetros de distância que nos separa e dar uns bons sopapos no Fernando!

— Como sabe com precisão essa distância entre São Paulo e Montreal?

— Pesquisei na internet, dinda.

Os dois riram.

— Houve uma época de minha vida que até pensei que gostasse da Manuela, de outra forma. Conheci outras mulheres e hoje posso assegurar que o sentimento por Manuela nada mais é que um profundo laço de carinho e afeto. Está acima do desejo entre homem e mulher, se é que você me entende.

Danusa pousou sua mão sobre a dele.

— Claro que entendo. Eu também, por certo tempo, considerei que os dois haviam sido feitos um para o outro. Lembra-se de quando lhe revelei um sonho que tive do passado, de outra vida?

— Fiquei impressionado com toda a história. A bem da verdade, pensando bem, faz todo o sentido eu não ter desejo por Manuela. Ela foi minha meia-irmã, né? Já tínhamos um amor fraternal, um amor bonito, que transcendia o desejo.

— Isso é. Depois do sonho, eu passei a ter certeza de que você e ela iriam perceber esse sentimento e valorizá-lo com o tempo. O amor de vocês agora é para continuar a ser de irmãos, pais, filhos...

— Acredita que Fernando seja o amor da vida dela?

— Sinto que sim. O que mais quero é que Manuela seja feliz. Se Fernando for quem vai fazê-la se sentir bem, que seja.

Guilherme ia fazer um comentário, mas o dispositivo sobre a bancada da pia apitou e Danusa sorriu animada:

— É Manuela! Vamos conversar. Vou atender e não falarei de você. Será surpresa!

Danusa apertou um botão e a imagem da filha apareceu, bem nítida, na tela. Sorridente, Manuela saudou:

— Oi, mãe. Tudo bom?

— Filha! Que saudade! Como está? Adaptando-se bem?

— Melhor, impossível. Mãe, parece que eu pertenço a este lugar. É como se eu sempre tivesse vivido aqui.

— Encontrou-se!

— Mais que isso. É uma sensação de estar de volta para casa, sabe? Ando pelas ruas e sei onde estou, aonde vou, qual direção seguir. O Fernando fica besta comigo. Diz que eu já vim para cá. Não acredita que é a primeira vez que boto os pés aqui.

— Conte-me como está a adaptação, o curso...

— A adaptação não foi necessária. Como disse, cada dia que passa, mais me sinto fazendo parte deste mundo aqui. Olha que estamos em março e a temperatura média é de dois graus negativos. Eu me sinto ótima. Amo o frio. O curso é delicioso. Falo inglês o dia todo, com gente do mundo inteiro. Decidimos, eu e o Fernando, falarmos inglês e francês entre nós. Só tomei a liberdade de falar português com você.

— Onde está o Fernando?

— Foi ao mercado comprar frutas. Aqui é fim de tarde, tem um solzinho para aproveitar. A família aqui é acolhedora, simpática. Estamos adorando.

Antes de Danusa falar, Manuela disse:

— Mãe, eu liguei para você porque esta madrugada tive um sonho ruim com o Guilherme.

Danusa sentiu os pelos eriçarem pelo corpo todo.

— É, filha?

— É. Não me lembro nada do que sonhei. Acordei com uma sensação muito, mas muito ruim. Levantei, quis sair sozinha pela cidade, fui caminhar nos arredores da rua Saint Paul Ouest. Passei pela Catedral de Notre Dame e, do meu jeito, ali na entrada, fiz uma oração para ele. Tem visto o Guilherme? Ele está bem?

— Melhor que isso. Olha quem está aqui comigo.

Danusa saiu da frente do aparelho e Guilherme apareceu, sorridente:

— Oi, prima. Tudo bom?

— Guilherme! Não tem ideia de como é bom ver você! Tirou um peso enorme do meu coração. Estava tão angustiada.

— Bobagem. Sabe bem que os sonhos não dizem nada. É só limpeza da mente. Vai ver sentiu minha falta e acordou desse jeito — riu, descontraído.

— Não tripudie sobre meus sentimentos. Foi muito real. Eu acordei péssima, com enjoo, suando em bicas. Só me lembro de tudo escuro. Como se eu o tivesse perdido.

— Fique tranquila. Estou bem. Vou devorar aqui um pratão de arroz com feijão, bife e batatas fritas.

— Dona Danusa está mimando você. Agora que estou longe, vai estragá-lo de vez! Se fosse meu filho, eu o colocava na linha.

Danusa interveio:

— Se fosse... Quem sabe, na próxima encarnação? Mas agora eu vou. Aproveito que tenho a fama de desequilibrada e louca, e estrago esse menino.

— Menino... sei, mãe.

Os três riram. Ouviram um barulho e era Fernando chegando. Ele se abaixou e apareceu no monitor. Cumprimentou Danusa e logo se despediram.

Em seguida, Manuela chamou Guilherme:

— Querido, gosto muito de você. Fique bem. Por favor!

— Também adoro você. Vou ficar. Pode deixar.

— Venha me visitar.

— Um dia, quem sabe.

— Beijo.

— Tchau.

Danusa desligou o aparelho e na sequência arrumou a mesa. Pôs os pratos e a conversa fluiu agradável. Ao se levantarem da mesa, Danusa o abraçou forte e o beijou várias vezes no rosto.

— Eu o amo muito. Nunca esqueça isso.

— Sei, dinda. Também amo você.

Despediram-se e, quando Danusa voltou para dentro de casa, apanhou o vaso de orquídeas e sentou-se numa poltrona. Abraçou o vaso e ficou observando a delicadeza das pétalas, a beleza da vida. Sentiu uma emoção muito forte e como se alguém a abraçasse com tanto carinho que Danusa amoleceu e chorou. Um choro misturado com saudade e tristeza.

CAPÍTULO 37

Toninha foi dispensada na hora do almoço. Saiu da loja achando aquela dispensa meio esquisita.

— Converso ou não converso com Jorge, o amigo de Esmeralda? Será que vou colocar dona Elisa em uma situação de risco? Será que serei justa?

Eram tantas perguntas, tantas ideias matutando a cabeça que decidiu afastar os pensamentos com as mãos.

— Basta! Não quero saber de mais nada, por ora. Vou aproveitar o feriado. Viajar, curtir, me divertir, tomar sol, me jogar na água do mar. Quando voltar, estarei com a cabeça fresca para pensar sobre o assunto.

Chegou a sua casa e, como era no meio do dia, Esmeralda ainda estava trabalhando. Arrumou tudo e, como havia dito a Vera que iria somente viajar à noite, ligou para a amiga:

— Como havia lhe dito, fui dispensada mais cedo.

— Que bom, Toninha, mas só vou conseguir sair às seis.

— Liguei para avisar que estou às ordens!

— Tem tempo de sobra. Aproveite e arrume a mala com calma, vá dar um passeio.

— Sabe o que vou fazer?

— O quê?

— Depois que fechar a mala, vou passar naquela loja perto do meu trabalho e comprar um biquíni para mim e outro para você.

— Não há necessidade. Eu tenho dois.

— E daí, Vera? Será um presente. Está sendo tão gentil em me dar carona. Já sei seu número e seu gosto. Deixe comigo.

— Obrigada, amiga.

— Está tudo pronto. A partir das seis já estarei em casa. É só ligar que desço. Nem precisa estacionar.

— Está bem. Não vou passar na minha casa. Minha mala está no carro. Vou sair do serviço, pegá-la e desceremos a serra. Um beijo.

— Outro.

Toninha desligou o telefone e foi para o quarto. Em uma hora arrumou a mala. Sentiu fome, fez um lanche.

No meio da tarde, decidiu andar pela redondeza. Subiu a Frei Caneca, andou pela avenida Paulista, desceu a rua da Consolação e dobrou à esquerda na Oscar Freire, a poucas quadras do seu trabalho. Mais uns passos e entrou na loja de biquínis e maiôs.

Escolheu dois biquínis bem bonitos, da moda. Pagou e pegou a sacolinha. Continuou passeando, olhando vitrines. E a hora foi passando. Decidiu parar para tomar um suco.

Entrou na cafeteria, sentou-se a uma mesinha bem ao fundo, reservada. Fez o pedido e, quando estava pagando a conta, viu Elisa entrar, óculos escuros, toda elegante, e sentar-se a uma mesa ali perto.

Elisa estava de costas para Toninha. Paula estava de frente para Toninha, mas nem a notara. Também, Paula a vira uma vez na loja e, de mais a mais, estava tão entretida na conversa com Elisa que mal notava as pessoas à sua volta.

Toninha percebeu que a conversa era tensa e no final escutou Paula dizer:

"Será assim até o dia que eu subir ao altar e sair da Nossa Senhora do Brasil casada com seu filho. Enquanto isso não acontecer, eu peço e você dá".

Depois, conseguiu escutar de Elisa:

"Pensa que está ganhando o jogo? Pois pense. Melhor assim. O seu está guardado".

— O que está acontecendo entre essas duas? — indagou para si mesma, perplexa. — Por que dona Elisa veio se encontrar com essa moça aqui no café? A mesma moça que, estranhamente, ela recebeu na loja outro dia? E o que tinha naquele envelope? Será que dona Elisa está sendo chantageada?

Enquanto ela tentava concatenar os pensamentos, Elisa se levantou e saiu. Toninha ficou com uma pulga imensa atrás da orelha. Contudo, resolveu guardar aquilo para si. Era mais outro fato estranhíssimo que somava a outros.

— Não quero pensar! É muita coisa. Daqui a pouco Vera vai me pegar e vamos pegar a estrada rumo ao litoral. Melhor eu ir.

Pagou a conta e saiu. Logo chegou a sua casa. Descansou um pouco e não demorou muito para Vera ligar e Toninha descer.

— Vamos — disse Vera. — Estou sentindo que você vai ter um bom feriado.

— Tomara. Estou precisando.

⤞✦⤝

A estrada estava cheia, mas o trânsito fluiu bem. Geralmente, uma viagem de São Paulo ao Guarujá leva em torno de pouco mais de uma hora. Vera desceu a serra até a praia da Enseada em duas horas.

Chegaram ao apartamento, cada uma ficou com um quarto.

— E sua amiga, vai ficar onde?

— Estela adora pular carnaval. Gosta de ir a bailes. Provavelmente ficará perambulando por festas em Santos ou São

Vicente. Duvido que a veremos. Se aparecer, vai ficar no meu quarto. Fique tranquila. Aquela suíte — mostrou — é só sua.

Toninha ajeitou as roupas e entregou a sacola com o biquíni para Vera.

— Espero que goste. A cor está na última moda.

Vera abriu o pacote e disse, maravilhada:

— Vai ficar lindo em mim. Você tem extremo bom gosto. Obrigada.

Beijou-a no rosto, feliz.

— Vai atrair um monte de garotões.

— Meu coração tem dono, você sabe.

Toninha bufou.

— Ainda presa ao Luciano? Essa novela não acabou?

— Fazer o quê? Coisas do amor.

— Faça o favor, Vera. Tome vergonha na cara. Ou tome um chá de semancol.

— Não brinque com meus sentimentos.

— Não se trata disso. Ficou tudo tão claro. Por que insiste em algo que não vai acontecer, nunca, jamais, de forma alguma?

— Planejei tudo. Desta vez vai dar tudo certo.

— Como assim?

— Luciano está aqui.

— Aqui onde?

— Nesta praia. Na Enseada.

— Você é louca?! Isso é perseguição. Está virando obsessão.

— Bobagem. Descobri tudo. Ele está hospedado num hotel aqui perto.

— Vai invadir o hotel e forçá-lo a ficar com você?

— Não. Nada disso. Vou fazer de conta que o acaso nos juntou. Amanhã de manhã vou ao hotel como quem não quer nada, vou me misturar aos hóspedes e pronto. Ele não vai resistir, ainda mais com esse biquíni que você me deu.

— E se ele estiver com alguém? Não pensou nisso?

— Negativo. Chequei tudo. Não tem mulher nenhuma na jogada. Nadica de nada. Eu e Luciano. Luciano e eu — Vera falava e dançava pela sala, em rodopios.

— É louca. Caso de internação.

— Coloque um vestido, uma sandália de dedos e vamos bater pernas. A noite está agradabilíssima. Vamos comer alguma coisa.

— Louca. Mil vezes louca.

— Uma louca adorável, né?

Toninha bateu com a mão nas nádegas de Vera e saíram, rindo e conversando sobre vários assuntos. Por mais perdida que Vera fosse nos sentimentos, era uma boa moça. Toninha gostava dela.

Comeram um lanche, andaram pela redondeza. Decidiram andar na beirada da praia, molhando os pés na água.

Era quase meia-noite quando decidiram voltar. Vera viu um homem parecido com Luciano mais à frente e decidiu correr:

— Calma — tornou Toninha.

Vera nem deu atenção. Foi na direção do estranho. Cutucou o moço. Não era Luciano. Vera desculpou-se, deu de ombros e continuou a andar sem direção.

Toninha riu da loucura da amiga e foi caminhando sozinha, de cabeça baixa. Sem perceber, deu um esbarrão num moço que vinha na direção contrária.

— Desculpe — ela tornou, voz gentil.

— Você?!

— Oi — ela disse.

— Toninha?!

— É Gustavo, não?

— Não posso acreditar! — ele não sabia se a beijava, apertava a mão ou a abraçava. Estava em estado de choque.

Ela estava surpresa, mas não em choque. Tomou a liberdade e o beijou no rosto.

— Meu Deus, quanto tempo!

— Pois é. Estou esperando aquele nosso jantar até hoje. Ou esqueço de vez esse jantar? — foi o que ele conseguiu dizer.

— Parece que tive uma atitude rude, que fui deselegante. Não quis causar má impressão.

— Está namorando?

— Não. De forma alguma.

— Só queria entender, mesmo, por que pegou meu cartão, me encheu de esperanças e nunca me ligou.

Gustavo falou com tanta sinceridade e com a voz tão embargada que Toninha não resistiu. Levantou os pés e o beijou nos lábios, pegando-o desprevenido. No entanto, Gustavo correspondeu, sentindo uma emoção difícil de explicar.

Depois de se beijarem, ela acrescentou:

— Será que esse beijo mostra um pouco do que sinto por você?

Ele sorriu.

— Sim. Mas não entendo o que aconteceu.

— Coisas muito tristes.

Gustavo pegou na mão dela e foram caminhando pela praia. Toninha contou-lhe tudo, desde a saída do bar, na noite em que se conheceram, passando pela morte de Berenice, da mudança dela para a casa de Esmeralda, do medo de ela ligar depois de semanas, da vontade de colocar os estudos e a carreira em primeiro lugar. E finalizou:

— Trabalho numa loja sofisticada, muito elegante, mas não é o que desejo para minha vida. Estou bem lá, porém quero seguir a carreira na área de Relações Internacionais.

Gustavo não ligou os pontos e jamais poderia imaginar que Toninha era o braço direito de Elisa, sua mãe. Estava tão emocionado, tão tocado com o reencontro, com a história da morte de Berenice, com os perrengues pelos quais Toninha havia passado que só tinha vontade de ficar abraçado a ela e protegê-la, não mais largá-la, por nada desse mundo.

— Não quero deixá-la. Nunca mais.

— Já disse — observou ela sorrindo. — Quero estudar, viajar, conhecer o mundo.

— Não tem problema. Eu vou me adaptar a você. Jamais irei tolhê-la. Eu quero aprender a amá-la, só isso.

Beijaram-se novamente e ela perguntou:

— Onde está hospedado?

— Minha família tem casa no pé daquele morro, vê? — apontou para o morro no alto da praia da Enseada. — Eu e meu irmão viemos para cá. Quer vir passar a noite comigo?

— Não pega bem. Não vou ficar na casa de dois estranhos.

— Eu não sou um estranho. Não mais.

— Eu sei. Mas estou com uma amiga.

— Deixe-me ficar com você.

Toninha mordiscou os lábios.

— Não sei.

— Poxa. Acabamos de nos reencontrar. Somos adultos, sabemos o que queremos. Não estou a fim de ficar com você só por uma noite. Quero estar com você por muitas, centenas, milhares de noites.

Vera apareceu. Surpresa, perguntou:

— Você é o rapaz do bar, não é?

— Eu mesmo. Em carne, osso e cheio de amor para dar. Para ela, claro — apontou para Toninha.

— Ai que fofo! Queria que o Lu fosse assim também.

— Quem? — Gustavo quis saber.

— Um cara por quem ela é alucinada — informou Toninha.

— Vera, ajude-me a convencer sua amiga a passar a noite comigo.

— Ele quer ir lá para o apartamento — disse Toninha, meio sem jeito.

— Fique à vontade. Estela está lá na frente com um grupo grande de amigos. Está rolando uma festa num apartamento em Pitangueiras. Eu vou e não tenho hora para voltar. É festa das boas, daquelas de acabar de manhã.

— Ué! E amanhã cedo não vai atrás do seu amor? — indagou Toninha.

— Vou à festa para espairecer, esquecer um pouco. Eu não vou dormir mesmo, pensando no encontro de amanhã. Então, melhor ficar acordada numa festa do que ficar olhando para o teto do quarto. Por isso, lindinhos, aproveitem.

Vera se despediu deles com um beijo jogado no ar.

— Sua amiga é doidinha, mas um amor. Temos um apartamento só para nós!

— Quer passar na sua casa para pegar alguma coisa?

— Não. Quero você.

Saíram da praia abraçados e foram para o apartamento onde Toninha estava hospedada. Foi uma noite de amor incrível.

⁓❧⁓

Por conta da estrada cheia, já era madrugada quando Guilherme e Paula chegaram à casa dele, no morro da Enseada. Ela olhou ao redor e, ao encostar na varanda e vislumbrar o mar à sua frente, suspirou convicta:

— Gosto disso. É a vida que sempre quis ter para mim.

— Gostou? — indagou Guilherme, logo atrás.

— Bem o que eu queria. Quer dizer, para relaxar, né? Não gosto muito de baile, blocos, essas coisas.

— Sou mais de descansar, também — ele se afastou e foi pegar uma bebida. — Aceita um uísque, um espumante?

— Um espumante.

Guilherme a serviu. Encostaram os copos.

— Saúde! A nós! — brindou.

Ela repetiu a frase e, em seguida, acrescentou:

— Agi como louca na época em que ficamos juntos. Eu o abandonei e sumi. Insegurança total — mentiu, fazendo voz melíflua.

— Para que se lembrar disso agora?

— Porque estamos aqui e agora sozinhos. Juntos. Só queria lhe dizer que o que passou não vai mais se repetir. Pode ficar sossegado que não vou mais desaparecer. Nunca mais.

Guilherme sentiu alívio. Era tudo o que mais queria ouvir.

— Confesso que nunca senti por mulher nenhuma o que sinto por você, Paula. Você é um furacão.

Caiu direitinho, pensou ela, enquanto bebericava seu espumante. *Ele não tem ideia e nunca vai saber de toda essa armação.*

Pensou uma coisa e disse outra:

— Na verdade — mentiu, claro — eu me afastei porque estava na cara que você tinha uma queda pela sua prima Manuela.

Sempre fomos amigas e nas entrelinhas eu percebia que havia um clima entre vocês. Achei por bem deixá-los viver um lance, sei lá...

Guilherme voltou até o bar e serviu-se de mais uísque. Não queria mais saber os motivos pelos quais ela se afastara. Importava o momento, o agora. Queria e desejava Paula. Só ela.

— Nunca fiz e não quero fazer parte dos planos de Manuela. O meu negócio é outro...

Paula aproveitou a deixa:

— Qual é o seu negócio?

— Por que quer saber? — ele fez a pergunta e se aproximou a ponto de ela sentir o leve hálito adocicado da bebida que emanava da boca dele.

Ela jogou os loiros cabelos e inclinou as costas também para trás, apoiando o quadril no peitoril da varanda. Guilherme não resistiu. Inebriado de prazer e louco para tê-la, beijou-a com sofreguidão.

De repente veio um calor, os dois entraram num ritmo frenético, Guilherme se desfez das taças, pegou Paula pelos braços e a conduziu até o quarto. Entregaram-se ao amor até quase o amanhecer, quando, exaustos, adormeceram, abraçados.

CAPÍTULO 38

Passava das oito quando a chave girou na porta e Vera entrou no apartamento, cheia de confetes em volta dos cabelos, aparentando leve embriaguez. Ela tirou os sapatos e entrou de fininho, evitando fazer barulho.

O apartamento estava em silêncio. Passou pelo corredor, entrou no outro quarto. Foi direto ao banheiro. Arrancou a roupa e entrou debaixo da água morna. Demorou para tirar a purpurina e os confetes, mas tirou tudo do corpo.

Até pensou em deitar um pouco, mas consultou o relógio e já eram quase nove da manhã.

— Luciano toma café por volta deste horário. Preciso encontrá-lo. Durmo depois. A hora é agora. Vou passar uma maquiagem leve e me produzir. Preciso impressioná-lo.

Colocou o biquíni que ganhou de Toninha, vestiu uma bonita saída de banho por cima, apanhou um chapéu e óculos de sol. Abriu uma caixinha de joias e pegou pulseiras, anéis e um par de brincos lindíssimos. Completou o figurino com uma bolsa e um par de tamancos de salto plataforma. Jogou um pouco de colônia sobre os pulsos e o colo.

Saiu e, como o apartamento ainda estivesse na quietude, não quis bater na porta do quarto de Toninha.

— A noite deve ter sido maravilhosa — murmurou. — Espero ter uma noite igual à deles.

Ouviu risos vindos do quarto, depois um "te amo" e sorriu.

— Ao menos estão bem. Felizes. Eu também vou ficar. Logo, logo.

Mal Vera fechou a porta e pegou o elevador, Toninha saiu do quarto para preparar o café da manhã. Estava com um sorriso radiante, os olhos brilhantes. Feliz.

Gustavo vinha logo atrás, de cuecas, também com o mesmo semblante distendido.

— Precisamos pensar em nossa vida.

— Calma. Passamos uma noite juntos — tornou Toninha, enquanto esquentava a água para fazer o café.

— Assim que terminar o feriado, eu e meu irmão vamos viver juntos, morar no mesmo apartamento. Nossa mudança está programada para quarta-feira. É que já estou aqui pensando...

— Pensando...

— Ah, se o feriado for assim tão bom como foi esta noite, se nos entendermos mesmo, quem sabe você não poderá passar os fins de semana na minha casa. Depois vai estendendo, es-tendendo, até termos um lugar só para nós.

— Olha, já está pensando em viver junto.

— Depois do que vivi esta noite, quero viver junto com você para sempre!

— Engraçadinho.

Os dois riram e ficaram ali conversando, trocando juras de amor, fazendo planos. Uma energia de amor puro os envolvia naquele momento.

❧❧❧

Vera chegou ao hotel e, como previra, conseguiu se misturar aos hóspedes. Viu um rapaz que estivera na festa, na noite anterior, e o chamou. O rapaz acenou, o gerente sorriu e fez sinal para ela entrar. Vera agradeceu, entrou, caminhou e logo estava na área do café da manhã.

Cumprimentou o rapaz e disse que iria tomar café com a prima que estava hospedada ali no hotel. Despediu-se do rapaz, espremeu os olhos para enxergar melhor e olhou para todos os lados do salão. Avistou Luciano sentado numa mesa ao fundo e abriu um sorriso imenso.

— Sabia que iria encontrá-lo. Sozinho, claro.

Vera foi caminhando por entre as mesas e de repente estancou, estarrecida. Outro homem apareceu e os dois se abraçaram. Mas não era um abraço comum, entre amigos. Era um abraço diferente. Ela *sabia* que era diferente.

O outro homem sentou-se ao lado de Luciano e logo suas mãos, discretamente, se entrelaçaram por debaixo da mesa. Quem estivesse sentado não perceberia. Era muito sutil. Mas Vera viu. E, quando o homem virou o rosto para o garçom, ela levou a mão à boca:

— Não pode ser! Eu sabia sobre esse lado do Luciano, entretanto, envolver-se com *ele*? — enfatizou, perplexa, atônita.

Vera não viu mais nada. Ficou cega de decepção, de raiva, de desapontamento, de perder de uma vez por todas as esperanças. Virou o corpo sobre os calcanhares e saiu correndo, feito uma doida varrida.

Correu pela avenida da praia e caminhou sem destino. Estava em total estado de perplexidade. Ela poderia competir com todas as mulheres do mundo, poderia fazer o possível e o impossível para ter Luciano. No entanto, Vera não poderia, jamais, competir com um homem. Não dava. Não tinha jeito. Deus a fizera mulher. Na cabeça dela, estava tudo errado.

— E se eu mudar o sexo? E se eu operar? A filha da cantora Cher virou homem, não foi? Roberta Close era homem e virou mulher. Eu posso também me transformar.

Vera cogitava como se a cirurgia de redesignação sexual, ou mudança de sexo, fosse algo banal, uma simples troca, que a pessoa decide num piscar de olhos, sem levar em conta a vontade do espírito, as características psicológicas do ser, sem a mínima sensibilidade para entender o transtorno de identidade de gênero.

Ela estava fora de seu juízo perfeito, distante de seu espírito. Tivera a chance, inúmeras na verdade, de colocar-se em primeiro lugar, valorizar seus sentimentos, aprender a ter apreço por si mesma, desenvolver sua autoestima.

A vida colocou amigos ao seu redor que ajudassem Vera a despertar esses valores em si mesma, mas ela os desprezou. Estava entrando nos meandros da loucura. E tudo indicava que ela estivesse mesmo caminhando para a esquizofrenia.

Os tamancos a atrapalhavam sobremaneira. Arrancou-os e os jogou pelo meio da calçada. Também tirou e se desfez do chapéu. Dois meninos de rua vieram correndo, pegaram os tamancos e o chapéu. Vera deu de ombros.

— Peguem, vendam, façam o que quiserem! Não estou nem aí.

Outros dois, marmanjões, que tinham assaltado um casal havia pouco, viram a cena e passaram a segui-la. Vera parecia fragilizada, era presa fácil. Os brincos chamavam atenção. As pulseiras refletiam sob a luz do sol. A bolsa dela era grande.

Na cabeça deles, Vera parecia ser uma mulher rica. Deveria estar carregada de dinheiro, ter celular dos bons, coisas de valor.

Eles foram muito rápidos. Cada um se colocou do lado dela. Um a empurrou e ao mesmo tempo arrancou-lhe os brincos, o outro puxou a bolsa. Vera gritou de dor. Caiu levando uma mão numa orelha e com a outra tentava segurar a bolsa, com força.

— Me passa a bolsa, vai — vociferava um.

— Não dou — rebatia ela, movida pelo ódio. Era como se Luciano estivesse na sua frente. — Você me traiu!

— E também quero as pulseiras — exigiu o outro, não ligando para o que ela dizia, enquanto arrancava os acessórios do braço dela.

Vera tirou a mão da orelha, ensanguentada, e agarrou a bolsa contra o peito com as duas mãos.

— Não vão levar. Nem a pau!

O primeiro tirou uma faca escondida da bermuda e não teve dó. Foi direto na direção da barriga, perfurando-a umas cinco vezes. Arrancaram a bolsa com violência e saíram correndo. Sumiram.

As pessoas começaram a se aproximar e acudir. Demorou para a ambulância chegar. Quando os paramédicos colocaram Vera sobre a maca, ela já não respirava mais.

CAPÍTULO 39

Assim que terminaram o café da manhã, Toninha e Gustavo decidiram tomar um banho e depois passariam na casa dele para, dali, irem dar uma volta de lancha.

— Nunca andei de barco ou lancha — comentou Toninha.

— Vai adorar. Um barquinho nos levará até a lancha que já está no mar e temos duas possibilidades.

— Quais? — perguntou ela, interessada.

— Podemos passar o tempo na lancha, tomando sol e mergulhando ao redor. O mar, mais ao fundo, é mais fresquinho, uma delícia para nadar, e dá pra ver peixinhos.

— E a outra?

— Podemos dar um giro por outras praias, em direção a Bertioga. Guaiuba, Iporanga, Saco do Major, Perequê... São muitas praias lindíssimas às quais poderei levá-la para conhecer.

— Acho que é muita informação conhecer tanta praia — Toninha sorriu.

— Não. Iríamos a uma por vez.

— Prefiro a primeira opção.

— Está bem. Vou ligar para meu irmão. Guilherme é quem pilota. Adora conduzir as embarcações da família.

— Enquanto liga para seu irmão, vou tomar um banho.

Gustavo ligou e Guilherme atendeu, sonolento, mas com a voz boa:

— Bom dia, meu irmão — Gustavo saudou, alegre.

— Bom dia mesmo, não? — Guilherme bocejou, dando uma risadinha.

— A noite foi ótima. Leu minha mensagem de que iria dormir fora, não?

— Li, sim. A minha noite também foi ótima.

— Você e Paula...

— Nossa, rapaz — Guilherme baixou a voz enquanto se cobria com o lençol e saía do quarto. — Que noite! Fantástica. Estou muito bem.

— Fico feliz por você. Fazia tempo que não ouvia sua voz assim, calma, tranquila.

— Confesso que estou apaixonado!

— Sinal de que as coisas estão melhorando para nós dois.

— Parece que sim. E você?

— Mais feliz, impossível.

— Vamos comemorar os quatro, juntos?

— Foi o que pensei. Conversei com Toninha e gostaria de levá-la para um passeio de lancha. Mesmo que fiquemos os quatro tomando sol, bebericando, comendo uns petiscos.

— Perfeito! Vou providenciar tudo com os empregados. Que horas você vem? Assim, regulo aqui o horário para nos levarem os quatro juntos até a lancha.

— Creio que daqui a uma hora, no máximo.

— Está certo. Nos vemos daqui a pouco. Beijo.

— Outro, meu irmão. Até daqui a pouco.

Gustavo desligou o telefone e sorriu, contente.

— Parece que os irmãos agora vão desencalhar. Talvez vamos viver quatro no apartamento novo, em vez de dois? Será? O que o futuro nos reserva? Vai saber...

Em seguida a porta da sala abriu-se num estrondo. Entrou uma mulher cambaleando, gritando feito doida, voz dramática, chorosa. Atrás dela um senhor com um par de tamancos nas mãos.

O senhor conduziu a mulher até o sofá e apresentou-se:

— Meu nome é Evaristo. Sou o zelador do prédio. Esta é a dona Estela, dona do imóvel.

Gustavo fez sim com a cabeça e, aturdido com a cena, perguntou:

— Toninha me falou sobre ela. O que aconteceu? Por que está nesse estado?

— Pode pegar um copo de água para ela, por favor? — pediu o zelador.

— Sim.

Gustavo foi até a cozinha e voltou em seguida com um copo d'água.

Estela sorveu o líquido, suas mãos tremiam, ela balbuciou algumas palavras e Gustavo encarou o zelador.

— Sabe o que é? — o homem foi dizendo: — A dona Estela estava chegando agorinha de uma festa e ao mesmo tempo apareceu um senhor com esses tamancos nas mãos. Disse que dois meninos jogaram no lixo, mas, como ele estava fazendo a caminhada diária dele pela calçada da praia, viu toda a cena.

— Que cena? — indagou Gustavo.

Toninha entrou na sala naquele momento. Tinha acabado de tomar banho e se arrumar. Não estava entendendo nada.

Gustavo foi rápido e ela logo teve um péssimo pressentimento.

— Vera — murmurou.

Estela encarou-a e, olhos marejados, disparou:

— Ela foi atacada por dois bandidos.

Toninha deixou-se cair numa poltrona. Gustavo sentiu o ar faltar por um momento. Evaristo, o zelador, prosseguiu no relato:

— O senhor que encontrou os tamancos disse que viu quando a moça, Vera, tirou os calçados e os deixou pelo caminho. Os meninos pegaram os tamancos e o chapéu. Viu logo depois ela ser assaltada e ferida.

— Ela está viva?! — exclamou Toninha, tentando agarrar-se a um fiozinho de esperança.

O zelador meneou a cabeça negativamente:

— Infelizmente, o senhor que veio aqui foi categórico. Afirmou que, quando a moça foi colocada na ambulância, já estava morta.

Toninha levou as mãos ao rosto. Estela deu um grito e voltou a chorar, de forma dramática.

— A culpa foi minha! Eu deveria estar aqui. Se estivesse com ela, Vera não teria morrido.

— Você não tem culpa de nada — tentou apaziguar Gustavo, sem saber direito o que fazer.

Evaristo, sem jeito, informou:

— Ela foi levada para este hospital — entregou um pedaço de papel com o endereço escrito a lápis. — O senhor que trouxe os tamancos anotou e me deu. Talvez ela não tenha morrido. As pessoas inventam, exageram no drama, contam mentiras. Melhor irem até lá para verificar.

— Tem razão — concordou Gustavo.

Toninha, ainda em lágrimas, mas tentando não esmorecer, ajuntou:

— Também concordo. Vou tirar o biquíni, colocar um vestido e ir até o hospital.

— Vou com você — tornou Gustavo.

— Obrigada.

Estela só mexia a cabeça para os lados:

— Não sei o que fazer. Estou sem chão.

Toninha abaixou-se e abraçou-a:

— Querida, melhor tomar um calmante e descansar. Você não dormiu a noite toda. Precisa de um banho e descanso. Deixe que eu e o Gustavo vamos atrás de detalhes, saberemos tudo, direitinho, o que aconteceu. Depois voltaremos para cá e informaremos você. Está bem, assim?

Ela falou de uma maneira tão terna, tão agradável, que Estela parou de chorar e tranquilizou-se.

— Tem razão. Lá no armário do banheiro, em cima da pia, tem uma caixinha de ansiolítico. Faça a gentileza de pegar dois para mim? Quero dormir. Depois eu tomo um banho.

— Está certo.

Toninha foi ao banheiro, apanhou dois comprimidos. Estela os engoliu e se deitou. Pediu para que cerrassem as cortinas e logo adormeceu.

Em seguida, Toninha foi ao outro quarto e trocou-se de maneira rápida. Gustavo já havia ligado para Guilherme e dito que não iria mais ao passeio. Contou, por cima, que uma amiga de Toninha havia sido assaltada e iria ajudá-la à cata de informações. Foi bem discreto.

Desceram com o zelador, conseguiram um táxi e foram direto para o hospital.

⁂

Guilherme desligou o telefone e voltou para a cama. Paula espreguiçou-se e bocejou. Ele passou levemente os dedos pelos lábios dela:

— Dorminhoca, acorde. Hora de levantar.

— Dormimos tão pouco. Esqueceu-se de que passamos a noite toda namorando?

— Não esqueci — ele sorriu. — Está um lindo dia — levantou-se e subiu as persianas.

O sol invadiu o quarto. Paula cobriu os olhos com as mãos.

— Nossa, que sol!

— Um dia lindo para um passeio de lancha.

Ela revirou os olhos nas órbitas.

Isso é a minha cara. É muito Paula, pensou, mas questionou:

— Lancha? Não prefere um banho de piscina ou praia?

Ele riu.

— Está maluca? A praia está sendo disputada a tapa. Sem chances. E ficar aqui na piscina também não tem graça. Meu irmão iria conosco, mas surgiu um probleminha. Então, seremos só eu e você.

— Nós dois, num dia de sol, em uma lancha. É essa a proposta?

— É.

— Acho que está bom.

— Você *acha* que está bom?

— Digamos que dá para o gasto. Já tive momentos melhores.

— Danadinha!

Guilherme jogou um travesseiro sobre ela. Começaram a brincar sobre a cama e logo estavam ali, deitados e, mais uma vez, amando-se.

CAPÍTULO 40

Berenice fez tratamento intensivo com Ondina. Se fosse um curso, o título seria algo como *Reassuma sua força o mais rápido possível*. Repassava para aquela senhorinha todas as técnicas que aprendera na cidade extrafísica em que vivia.

Como havia dificuldade para Ondina desprender-se do corpo quando dormia, Berenice conversava com ela como se conversa com uma pessoa quando se encontra em coma, ou seja, conversa-se normalmente com a pessoa, sussurrando em seu ouvido. Pode parecer que a pessoa não escuta, mas seu espírito está ali, atento, absorvendo cada palavra.

Ao acordar, a pessoa não processa palavra por palavra do que lhe foi transmitido, mas capta a essência da mensagem, o principal da conversa. Este é o ponto positivo.

O mesmo ocorre conosco quando recebemos a inspiração ou orientação de um anjo guardião, ou guia, espírito protetor, santo ou mentor — qualquer que seja o nome que dê à força que protege você, independentemente da sua crença religiosa ou da maneira como professa sua fé.

Essas mensagens dos nossos protetores nos chegam por diversos meios. Elas não costumam vir de maneira direta, clara, como se alguém estivesse ao nosso lado falando no nosso ouvido. Isso é raríssimo.

O comum mesmo é uma voz dentro da gente, uma abertura ou um fechamento no peito, uma grande inspiração ou ideia, do nada, que soluciona determinado problema, ou quando uma pessoa aparece também do nada e nos traz a mensagem ou a solução. Às vezes até uma cena de filme pode ser o mecanismo que vai trazer a clareza de ideia para nos ajudar a resolver determinada questão que nos aflige.

No caso de Ondina, Berenice fez um trabalho de conversa ao pé do ouvido. Toda noite ela se sentava ao lado da cama e, carinhosamente, conversava com a mulher. Foram dias, semanas.

De certa forma, Berenice também estava mudando, porque ela escutava o que dizia, ou seja, escutava a si mesma. Ondina era um espelho, um reflexo, para que Berenice, sem perceber, também trabalhasse suas crenças, modificasse sua postura diante da vida, restabelecesse uma proximidade maior com sua essência, tivesse mais domínio sobre suas escolhas e, consequentemente, sobre seu destino.

Era o que Ágata chamava de terapia dois em um. Eram dois espíritos, sofrendo as mesmas angústias, precisando do mesmo tratamento.

E estava surtindo resultado. Por fim, naquela noite em particular, Ágata aproximou-se de Berenice.

— Como está bonita!

— Obrigada. Tenho me sentido mais leve. Sabe que, desde que passei a conversar com Ondina, todas as noites, fui me sentindo outra pessoa, diferente daquela Berenice chatinha, cobradora, ranzinza. Não sei, parece que estou descobrindo valores incríveis em mim.

— Isso é muito bom. Está redescobrindo a própria força. Quando voltamos a ter nosso poder de volta, tudo muda ao nosso redor. A vida ganha novo significado.

— Além de mais leve, também tenho me sentido mais forte. Sabe, Ágata, o que mais percebi nestas semanas todas é que eu sou imprevisível. Aprendi a me libertar de ser sempre a mesma.

Ágata emocionou-se.

— Está voltando a ser a menina inca de alguns séculos atrás! Como é bom vê-la mais confiante e mais forte.

— Veja, olhe o que meu espírito tem vontade de transmitir a Ondina esta noite.

— Aproveite. Estamos para nos despedir.

Berenice sorriu, acariciou o perispírito de Ondina e disse:

— Ondina, você é forte, dona de si, tem tudo para seguir sua vida sozinha, sem mais depender de Leônidas. Não é uma mulher que precise ser tratada dessa maneira tão grosseira e vulgar como ele a trata. Ponha-se, definitivamente, em primeiro lugar. Vou lhe ensinar um truque ótimo.

Ágata piscou assentindo e Berenice continuou:

— Ao encarar seu marido, feche os olhos e o diminua na sua frente. Você vai crescendo, crescendo, e ele vai diminuindo, ficando pequeno, bem pequeno. Vá fazendo com que ele fique do tamanho de uma formiga, depois de uma pulguinha, até sumir. Anule-o na sua frente. É um exercício ótimo para anular, sumir com a pessoa que a incomoda, que tenta colocá-la para baixo, que a atemoriza, diminuindo-a, pondo essa criatura menor, sem importância nenhuma, sem valor nenhum, como aquelas pessoas que passam na rua e você nem as vê.

O corpo de Ondina estremeceu levemente. Ágata aproximou-se e segurou na mão de Berenice. Ela prosseguiu:

— Se Leônidas a dominou ou lhe fez mal, é porque você deu poder a ele. Sabe, ninguém tem poder sobre você. Ninguém! Quando ele quiser dominá-la, dê de ombros. Diga: "A forte aqui sou eu!". Feche os olhos e o veja caindo, diminuindo, sumindo, desaparecendo.

Ágata acrescentou:

— Meu caminho agora é limpo e me sinto livre para fazer o que eu quiser, sem passado.

— Vamos aguardá-la acordar — tornou Berenice. — E esperar para ver o quanto ela captou de nossa conversa.

Ágata fez sim com a cabeça.

⁓୧⁓

Passava das sete quando Ondina levantou, bem-disposta. Ela abriu os olhos, sorriu. Calçou os chinelos, olhou para o lado da cama. Leônidas não dormia mais em casa com regularidade.

— Ele pensa que me engana. Vem com a desculpa esfarrapada do jogo de cartas até tarde com os amigos aposentados da polícia. Sei. Em pleno carnaval? Está esquentando a cama da tal da Soraia. Mas, quer saber, eu não quero mais ficar casada com esse homem.

Foi até o banheiro, fez a toalete, desceu as escadas chegou à cozinha e preparou o café. O telefone tocou. Era Inês:

— E então, mãe, o que vai fazer neste carnaval?

— Nada, filha. Arrumar umas coisas em casa, descansar.

— Venha até aqui. O Durval adoraria conhecê-la melhor, conversar, conviver...

Ondina mordiscou o lábio inferior. Na hora veio Leônidas na cabeça. Se ele soubesse que a esposa estava tendo relações de amizade com a filha e que tivesse a intenção de visitá-la, seria capaz de partir para a agressão.

Foi tão interessante o processo mental! A voz veio e meteu medo em Ondina. De repente outra força surgiu em sua mente e tentou rebater a voz. Era a força das palavras de Berenice, tentando fazer o trabalho de reformulação dessas crenças antigas, afastando o medo que ela sentia.

Ondina a rebateu e respondeu:

— Pode ser. Vou esperar seu pai aparecer e ver o que ele vai querer.

Inês estava indignada.

— Como assim?! Ele não dormiu em casa de novo?

— Foi jogar cartas com os amigos do clube da sexta-feira.

— A senhora sabe que...

Ondina a interrompeu:

— Posso estar velha, ser espírita à moda antiga, ter meu jeito meio carola, mas não sou burra. Seu pai não me faz mais de idiota. Estou esperando ele aparecer. Vamos ter uma conversa. Séria.

Inês surpreendeu-se. Nunca ouvira a mãe falar naquele tom firme. Simplesmente disse:

— Se precisar de mim, estou à disposição.

— Pode deixar, filha. Sei que sempre poderei contar com você. Beijo.

Desligaram o telefone. Ondina foi para o quintal. Olhou para o sol e sentiu o calor no rosto aquecer suas bochechas. Sorriu. Entrou na cozinha e tomou seu café da manhã.

Não demorou muito para Leônidas entrar em casa com cara de quem estava ali de passagem, como se estivesse tudo normal.

— Cadê o almoço?

— Quê? — ela perguntou?

— Além de velha, está ficando surda? Perguntei do almoço.

— Não tem almoço.

Leônidas exasperou-se.

— Como não? Estou com fome.

— Problema seu.

— Ondina! — exclamou, possesso. — Que jeito é esse de falar comigo? Você bebeu?

— Não — respondeu num tom para lá de normal. — Não bebi. Nunca fui de beber nada alcoólico. Mas não tem almoço. Acabei de tomar meu café da manhã. Não estou com fome e tampouco com vontade de cozinhar.

— Isso é um disparate!

— A cozinha está fechada durante o carnaval. Vire-se.

— Exijo que cozinhe para mim. Sou seu marido!

Ela se levantou e o encarou:

— Não. Não é. É um visitante. Alguém que passa por esta casa quando quer, na hora que deseja e acha que eu sou sua empregada. Não sou.

— Está saidinha. Quer levar uns sopapos? É isso?

— Já disse que, se vier com agressão, eu vou até a Delegacia da Mulher. Faço escândalo. Não vou deixar barato.

Ele pensou bem e replicou:

— Estou para me aposentar. Não fica bem estar no meio de um escândalo. Mas a minha mão está quente. Você não tem ideia de quanto...

Ela o cortou:

— Vá descontar sua raiva sobre Soraia.

Leônidas engoliu em seco.

— Não pronuncie esse nome. Nunca mais abra a boca para falar esse nome! — vociferou.

— Por que não vai viver com ela de uma vez por todas?

— Sou das antigas. Como você. Sigo as Escrituras à risca. Você mesma repetiu ao longo de quase vinte e cinco anos — ele levou o dedo ao queixo, pensativo e citou: — apóstolo Marcos, capítulo 10, versículos 1 a 12: "O que Deus uniu o homem não separa". É isso, não?

— O homem não separa, mas a mulher, sim. Quero o divórcio.

Leônidas não entendeu.

— O que foi que disse?

— Isso mesmo que você escutou. Não se faça de besta. Quero o divórcio.

Berenice estava posicionada ao lado de Ondina, transmitindo-lhe forças:

— Vai dar tudo certo. Fique firme. Confie!

Leônidas sentiu o sangue subir. Não conseguiu segurar a mão e o tapa foi certeiro no rosto de Ondina. Plaft.

O rosto dela se virou com o impacto e os cabelos balançaram. Não deu tempo de ele se esquivar. De maneira inesperada e rápida, Ondina abriu a mão e encheu os dedos no rosto dele, devolvendo outro tapa e em seguida o empurrou. Leônidas perdeu o equilíbrio e caiu no chão.

Nesse momento, Ondina o encarou com fúria e imediatamente lhe veio o exercício de diminuí-lo. Aproveitou que ele estava no chão, meio zonzo, tentando se reerguer do tombo e do susto do tapa.

— Nunca mais você vai encostar um dedo no meu rosto ou no meu corpo. Se voltar a me bater, eu grito, chamo a polícia, faço escândalo. Quero o divórcio. E que você suma desta casa.

— Ela é minha! Eu comprei esta casa.

— É nossa! Comprada durante nosso casamento. Metade é minha. Você sai e vai viver com sua amante. Vou entrar com os papéis na Justiça e pedir para ficar na casa, provando que você é infiel. Além de tudo, vou arrancar metade do seu salário. Quero pensão.

— Maldita! Não é espírita? Cadê a caridade?

— Já estou fazendo.

— Arrancando tudo de mim?

— Não! — vociferou Ondina, olhos furiosos. — Deixando você viver! Essa vai ser a minha caridade!

Leônidas sentiu medo pela primeira vez na vida. A voz de Ondina estava transformada, o rosto transfigurado. Era como se ela fosse outra pessoa. Levantou-se rápido, subiu e fez uma mala. Desceu as escadas dez minutos depois.

— A história ainda não acabou — tornou Leônidas.

— Claro que não. Vamos nos ver no fórum, com nossos advogados. Agora suma daqui antes que eu comece a gritar e quebrar tudo — Ondina começou a atirar copos e pratos no chão, fazendo o maior estardalhaço e deixando Leônidas assustadíssimo.

— Pare com isso, Ondina! Os vizinhos podem escutar...

— Quero mais que escutem! Não paro! Saia desta casa. A forte, aqui, sou eu!

Ele nunca vira Ondina reagir. Ela, sempre passiva e cordata, mostrava-se agora uma mulher completamente diferente: dona de si, forte, determinada. No fundo, Leônidas sentiu medo. Não disse mais uma palavra. Saiu rápido pela porta da frente, feito um rojão.

Ela fechou a porta e passou o trinco, gritando:

— Nunca mais volte, Leônidas. Nunca mais! Vai pular o carnaval com a sua concubina!

Ainda presa aos costumes antigos, sem familiaridade com aplicativos ou internet, Ondina pegou a lista telefônica, de classificados, e ligou para um chaveiro ali da região. Pediu para que fosse trocar a fechadura do portãozinho e da porta de entrada.

Em seguida, ligou para Inês, a voz um tanto trêmula.

— O que foi, mãe? Ele foi aí? Brigaram?

— Pior. Eu o botei para fora de casa.

Ondina se surpreenderia com a expressão no rosto da filha. Inês entrou em estado de total perplexidade.

— Estou indo para sua casa, mãe. Agora!

Assim que desligou o telefone, Ondina teve uma crise de choro. Mas não foi um choro de arrependimento. Foi um pranto de emoção reprimido por anos, misturado a um sentimento de vitória, de conquista da própria liberdade.

Ágata aproximou-se dela e beijou-a no rosto. Ondina sentiu um leve calor pelo corpo. O pranto diminuiu e ela, depois de limpar o rosto com as costas das mãos, sentiu forças para começar a limpar a bagunça na cozinha.

Berenice disse, num tom amoroso:

— Eu quero ficar mais um pouco, você se importa?

— Por certo — respondeu Ágata. — Fique o tempo que achar necessário, muito embora eu acredite que logo você vai embora.

— Por quê?

— Porque Ondina já aprendeu, ao menos, a se conectar com a própria força. Ela é espiritualizada, à sua maneira, obviamente, mas tem seu mérito, seu valor. Ela é uma mulher que, mesmo presa a conceitos um tanto arcaicos, está ligada no bem e deseja o bem, tanto para si como para os outros. Ela vai superar essa crise, dar a volta por cima e viver a vida do seu jeito, sem as atormentações de Leônidas. É um grande avanço.

— Sim. Embora Durval não fosse estúpido como Leônidas, vivíamos uma relação meio parecida com a dela. Eu me vi muito em Ondina.

— Por isso quis que você estivesse ao lado dela, ajudando-a, orientando-a para que se libertasse de velhos conceitos e pudesse assumir a própria força. O trabalho que fez com ela serviu para ajudar você mesma.

— Confesso que estou bem melhor.

— Deixarei você com ela e vou ajudar no resgate de amigos que estão vindo para esta dimensão. O nosso tempo no planeta está se esgotando. Aproveite este tempo precioso ao lado de Ondina e compartilhe com ela outras mensagens positivas acerca da consideração por si mesma. As pessoas precisam aprender, de uma vez por todas, que cada um de nós é especial e precisa de muito amor-próprio para não sucumbir às dores do mundo!

— Pode deixar. Farei esse trabalho com o maior prazer.

Despediram-se e Berenice foi à cozinha, com o coração cheio de luz para irradiar boas energias sobre Ondina, sua nova e querida amiga.

CAPÍTULO 41

Vera sentiu uma dor infernal no abdome. A região da barriga ardia, queimava. Ela levou uma mão ao ventre e outra à cabeça.

— O que aconteceu? Tentaram me assaltar!

Um espírito socorrista, rapaz simpático, apareceu e sorriu:

— Oi, Vera.

Ela deu um passinho para trás, mas a dor era tão forte que ela cambaleou e ele a pegou nos braços.

— Não me pegue — murmurou, voz fraca. — Já levaram tudo de mim.

— Vim ajudá-la.

— Como sabe meu nome?

— Sou um amigo. Só quero o seu bem.

Ela olhou para o lado e para baixo. Viu o próprio corpo estendido no chão. Era tudo surreal. O jovem tentou esclarecer:

— Não ligue para o que vê. Está debilitada. Venha comigo.

Ela não teve forças. Desmaiou.

Outro rapaz, mais atrás, agachado, tentava desatar os nós que prendiam o perispírito dela — ou corpo astral — ao corpo morto.

— Estou tentando fazer o possível aqui — disse o outro espírito.

— Temos de ser rápidos. Logo virão os perdidos, as aves de rapina. Tem muita energia vital no corpo dela. Chegarão a qualquer momento, loucos para sugar essa energia, como se estivessem em um banquete dos deuses.

— Por isso tento desatar o que dá para que Vera não sinta nada. Se começarem a atacar o corpo físico dela sem desprendermos todos os laços, ela vai sentir incômodo, enjoo, mal-estar.

O rapaz fez umas manobras com os dedos e logo conseguiram separar o espírito dela do corpo. Colocaram Vera sobre uma padiola e sumiram sob uma luz intensa.

❧

Naquele momento, Guilherme entrou no barco e esticou as mãos para Paula:

— Venha, não tenha medo. Pule.

— E se eu escorregar?

— É só passar uma perna para cá e logo a outra já vem, no automático. Confie em mim.

— Está bem. Se você diz, eu acredito.

Ela segurou firme nas mãos dele e deu um salto. Entrou no barco e o agarrou.

— Viu como é fácil? Agora é só chegarmos até a lancha.

Paula sentiu uma emoção como nunca sentira na vida. Um monte de cenas passou pela sua mente, desde a infância ruim, indo de casa em casa, passando por lugares horríveis com Célia sempre cambaleando, ora porque se drogava, ora porque estava bêbada, até a vida sofrida no Pari; depois lembrou-se dos tempos duros de faculdade, do dinheiro pingado do tio Edgar, das privações que sofrera; na sequência, reapareceu Célia, doente, não falando coisa com coisa, mas que, no fim das contas, a ajudara a estar ali, vivendo aquele momento mágico.

Olhou para o mar à sua frente, enquanto o barquinho seguia para a lancha e murmurou:

— Célia, você foi uma mãe péssima, mas, no fim das contas, me abriu caminho para eu ter a vida que sempre quis, o passaporte para a vida de rainha à qual sempre tive direito. Foi a minha porta da esperança. Obrigada!

— Falando sozinha? — indagou Guilherme.

— Não. Estava aqui pensando na vida, em coisas do passado. Já foi.

— Você nunca me falou do seu passado, de seus pais...

— Um dia conto tudo. Hoje, não.

— Está certo — concordou Guilherme. — Veja! — apontou para a frente, com o queixo. — Chegamos.

Paula olhou para aquele monumento branco à sua frente. Parecia cena de novela. Do núcleo rico, sofisticado. Ela ficou sem palavras.

Subiu os degrauzinhos, botou os pés na embarcação e foi direto para o convés. Tirou a saída de banho, o chapéu, e sentou-se sobre as pernas.

— Volte às cinco da tarde — pediu Guilherme ao rapaz que os trouxera.

— Sim, senhor.

O barco se afastou. Guilherme desceu. Subiu com uma garrafa de champanhe e duas taças.

— Vamos brindar.

— Esse mar é tudo de bom! Não quero sair daqui.

— Podemos ficar. Depois, dá até para mergulharmos aqui por perto.

— Quero tomar sol, passar o dia todo ao seu lado.

— Eu havia abastecido a lancha com petiscos e comida para nós e meu irmão mais a namorada dele. Pensei que fôssemos quatro. Agora, pensando bem... — ele encheu as taças e entregou uma a ela, piscando um olho.

— Está pensando em quê?

— Acho que estou com vontade de fazer tudo o que fizemos lá na casa, durante a noite e nesta manhã.

Paula bebericou seu champanhe e espantou-se:

— Fala sério? Depois de tanto nos amar, você quer outra dose? Não tem sossego?

— Vai se acostumando — tornou ele, sorriso maroto nos lábios.

Beijaram-se e Guilherme deitou-se sobre ela. O dia estava lindo e ficariam assim por horas.

Passava das duas da tarde quando houve a explosão e a lancha foi para os ares. Não sobrou uma peça para contar a história. As pessoas, na praia, assustaram-se e desesperaram-se com a bola de fogo que se formou ali no fundo. Parecia que uma bomba havia caído logo ali.

A violência da explosão foi tamanha que os corpos de Guilherme e Paula praticamente sumiram por entre os destroços.

❧

Toninha e Gustavo chegaram ao hospital. Estava lotado. Procuraram pela recepção, havia um monte de gente. Nem parecia que estavam em pleno carnaval.

Depois de insistirem, uma moça, sem muita paciência, gritou pelo corredor:

— Abel, tem um pessoal aqui querendo saber da emergência que chegou às dez e meia.

— É da família? — gritou o homem.

— É da família? — repetiu a ruiva, mascando um chiclete e tentando, inutilmente, formar uma bolha.

— Somos amigos — informou Gustavo.

— Ih, acho que vai ser problema. Casos assim só tratamos com gente da família.

— A família está em São Paulo. A paciente veio conosco passar o feriado — tornou Toninha, tentando manter a calma.

A mocinha olhou para Toninha e Gustavo. Sentiu certa compaixão.

— Olha, não costumo fazer isso, mas vou liberar vocês para falar com o Abel. Casos assim, de morte...

Toninha sentiu um aperto no peito e Gustavo segurou na mão dela. Foi rápido:

— Por favor, leve-me até ele, por caridade.

— Está certo, me acompanhem.

Eles passaram por um corredor com paredes cuja pintura estava desgastada, encardida. O cheiro era uma mistura de álcool, éter e doença, como se doença tivesse cheiro, mas foi o que Toninha sentiu, ao passar por aquele lugar pavoroso.

Encontraram um homem troncudo, mas boa gente. Abel trabalhava no hospital fazia anos e estava acostumado com todo tipo de casos.

— Sinto muito pela amiga de vocês — foi logo dizendo. — É que toda a papelada precisa ser assinada por algum familiar, um parente direto.

— Posso vê-la? — quis saber Toninha.

— Não — Abel fez uma cara triste. — O corpo dela já foi encaminhado para o Instituto Médico Legal do município.

Toninha não viu mais nada. Desmaiou nos braços de Gustavo.

❧

No fim da tarde, depois de passarem por todo o processo delicado e triste de acompanharem e prestar assistência a um irmão de Vera, que descera até o litoral para liberar o corpo para o funeral, Gustavo e Toninha estavam exaustos.

Ele a colocou debaixo do chuveiro e foi ver como Estela se encontrava. A moça não estava nada bem. Continuava a insistir, repetitiva:

— Foi minha culpa! Eu deveria estar junto dela.

— Pare de se culpar, Estela. Não tem nada a ver. Foi uma fatalidade. Aconteceu com ela como poderia ter acontecido com você, comigo...

Ela o encarou, olhos úmidos e inchados:

— Acha mesmo?

— Claro.

— Não está dizendo isso para me consolar?

— De forma alguma.

— E a família dela?

— Um irmão está aqui na cidade tomando as providências necessárias. O corpo está para ser trasladado para a capital. Deixei meu telefone caso ele precise de algo.

— Sabe quando vai ser o velório?

— Se tudo correr bem, talvez se realize amanhã.

— Posso ir com vocês?

— Claro que pode — Gustavo passou a mão pelo ombro dela. Estela sorriu.

— É um bom rapaz. Toninha tem sorte de ter encontrado você.

— E você também vai encontrar alguém.

Ela bateu na mesinha ao lado do sofá.

— Deus me livre! Já me casei três vezes!

Foi a primeira vez que Gustavo conseguiu relaxar um pouco e sorrir.

— Três vezes? — indagou, tentando demonstrar descontração.

— Não caio mais nessa. Não sou boa em relacionamentos afetivos. Prefiro a solteirice. Sinto-me melhor assim.

— Se prefere assim e se sente bem, ótimo.

— Estou muito bem dessa forma. Mas vibro de felicidade quando vejo duas pessoas apaixonadas.

Continuaram conversando. A campainha tocou. Estela deu de ombros. Gustavo foi até a porta.

— Deve ser o porteiro — presumiu ela. — Saber alguma informação para passar aos moradores. O povo aqui do prédio ficou transtornado com o ocorrido.

Gustavo concordou e abriu a porta. Era o porteiro, acompanhado de Humberto.

— Pai! — exclamou. — Que cara é essa?

— Ainda bem que está aqui — Humberto o abraçou com força e o pranto veio com mais força. — Não suportaria perder os dois de uma vez. Seria crueldade demais!

Logo atrás entrou Conrado. Gustavo sentiu um frio percorrer-lhe a espinha.

— Tio! O que está havendo?

— Menino, primeiro, deixe-me lhe dar um beijo e um abraço.

— O que está acontecendo? — perguntou ele, depois de receber um beijo e um abraço bem apertado de Conrado.

Todos entraram, o porteiro se despediu, Gustavo fechou a porta. Estela os cumprimentou e Toninha apareceu na sala. Gustavo as apresentou:

— Estela — apontou para a mulher sentada no sofá — é a dona do apartamento, e Toninha — puxou-a para junto de si — é minha namorada.

Humberto e Conrado esboçaram um sorriso. Humberto estava meio alheio, choroso, e foi Conrado quem falou:

— Aconteceu uma tragédia e...

Gustavo disse, de supetão:

— Sei.

— Sabe?! — Conrado estava perplexo.

— A amiga da Toninha sofreu um assalto hoje de manhã na praia e, infelizmente, veio a falecer.

Conrado levou a mão à boca. Era muita coisa ruim num dia só. Espantou os pensamentos com as mãos.

— Sinto muito — admitiu sincero, encarando Toninha —, contudo, o que nos traz aqui, na verdade é...

Humberto, meio em desespero, jogou-se sobre o filho e gritou, aos prantos:

— Guilherme está morto!

Toninha e Estela se entreolharam, assustadas. Gustavo abraçou-se ao pai e demorou um pouco para concatenar a ideia.

— Como assim, pai? Guilherme, morto?

Conrado admitiu, em lágrimas:

— É, meu filho. Seu irmão morreu. Num acidente.

— Como?! O que aconteceu?

— A lancha em que ele estava explodiu. Não sabemos o que de fato aconteceu. A Superintendência da Polícia Técnico--Científica, ligada à Secretaria de Segurança Pública, está averiguando.

Toninha tomou a dianteira:

— Éramos para estar na lancha! — exclamou, nervosa, e em seguida deixou-se cair sobre o sofá.

— Por isso vim correndo — tornou Humberto. — Sua mãe disse que vocês dois estavam no barco, com suas namoradas.

— Como mamãe sabia que estávamos num passeio de lancha?

— Ela ligou para a casa e um dos empregados informou que ouviu seu irmão conversar com você sobre o passeio.

— Onde ela está?

— Sua mãe? — indagou Humberto.

— É, pai. Cadê ela?

— Em casa. Preocupada. Quer notícias.

— Nem desceu para cá? — tornou irritado. — O Guilherme morreu e ela nem deve estar ligando.

— Não diga isso, filho. Guilherme é filho dela. Elisa está sofrendo.

Gustavo não quis continuar. Estava muito nervoso. A situação era inverossímil, esquisita. O irmão o havia convidado mais Toninha para um passeio. Por causa de uma tragédia, ou seja, por causa da morte de Vera, ele e Toninha declinaram o convite. Se Vera não tivesse sido assaltada e não tivesse morrido...

Foi a vez de Gustavo sentar-se no sofá. Suas pernas ficaram bambas. Toninha o abraçou com força. As lágrimas escorriam sem cessar.

Ela escutou Humberto falar em Elisa. De repente, Toninha ligou o nome da mãe aos filhos. Lembrava, claro, que Elisa era casada com um arquiteto chamado Humberto. Era mãe de dois filhos, Guilherme e Gustavo. Foi então que a ficha dela caiu.

— Você é filho da Elisa Brandão! — Toninha exclamou, surpresa, para Gustavo.

— Sou. Por que me pergunta isso agora?

— Nada. Depois conversamos.

E, se a ficha de Toninha caiu naquele momento em relação a Elisa, a de Gustavo em relação a Paula cairia em segundos. De repente, lembrou-se da moça.

— Pai! A Paula... Ela...

Humberto fez sim com a cabeça. Conrado afirmou:

— Também morreu.

— Não pode ser! Não pode ser...

Gustavo agarrou-se a Toninha e chorou. Chorou muito naquele fim de tarde.

CAPÍTULO 42

Dois dias depois, o corpo de Vera foi enterrado, no Araçá. Na manhã da quarta-feira de cinzas, uma avalanche de gente, desde amigos, familiares e repórteres, acompanhava a cerimônia de cremação simbólica de Guilherme e Paula, na Vila Alpina, único crematório da capital. A família dele — já que Paula não tinha parentes — decidiu por uma cremação simbólica porque praticamente nada sobrara dos dois corpos.

Danusa, sentada em um canto do salão, sofria em silêncio. Amparada por Conrado, chorava como se, de fato, estivesse se despedindo de um filho seu que acabara de morrer.

— Seja forte, meu amor — Conrado tentava levantar-lhe o ânimo. — Não é você quem diz que a morte não é o fim?

— Eu sei. Claro que sei — ela assoou o nariz, chorosa. — Estou triste. É diferente. É a separação que me entristece, por ora. É a saudade de não poder vê-lo, sentir o seu abraço, sentir o seu perfume que tanto me encantava, ganhar sua orquídea... Sei que, com o passar dos dias, vou me acostumar e vou substituir a tristeza pela alegria, porque ninguém tira o amor que sinto por Guilherme. A morte pode nos separar por um tempo, porque a vida funciona dessa forma, não tem jeito. Mas o meu amor por ele sempre estará aqui — ela levou a mão ao peito. — O meu amor por ele vai sempre se manter. E a certeza de que a vida é eterna e de que vamos nos reencontrar um dia amenizará a minha dor.

Conrado comoveu-se com as palavras e deixou que as lágrimas descessem pela face.

— Eu a amo tanto, Danusa! Do fundo de minha alma. Como a amo!

— Eu sei. Também o amo, querido.

Ele a abraçou e prosseguiu:

— Queria tanto que Manuela estivesse aqui.

— Ela não tem estrutura emocional nem daria tempo para viajar e estar aqui neste momento. Quando soube da morte de Guilherme, teve um ataque. Ainda bem que Fernando é um rapaz doce e compreensivo. Está segurando a barra dela — anuiu Danusa.

— Não está sendo fácil para ninguém.

— Menos para aquela fingida — Danusa mirou em direção a Elisa.

De fato, duas situações inusitadas ocorreram ao longo da cerimônia. A primeira delas, percebida por Danusa logo de cara, foi o tom excessivamente dramático com que Elisa se debulhava em lágrimas pela morte trágica do filho.

Mais da metade que ali estava sabia do relacionamento tortuoso entre ambos, desde sempre. Contudo, por se tratar da morte de um filho, quase todos ali acharam que o excesso de chilique se devia à fatalidade, à perda de Guilherme.

Danusa percebeu o excesso. Elisa procurava não encará-la. Humberto também percebera certo exagero; no entanto, como Elisa era a mãe biológica de Guilherme, achava que talvez ali existisse um misto de remorso com arrependimento.

Humberto estava tão devastado, as pessoas vinham e o abraçavam com muita emoção.

A segunda situação inusitada foi quando, ao término da cerimônia, Elisa correu para abraçar Gustavo e o viu de mãos dadas com Toninha. O choro e a encenação acabaram ali. Ela limpou o rosto com um lenço, fungou e disparou, indignada:

— O que significa isso?

— Está perguntando o que para quem, mãe? — quis saber Gustavo, meio alheio, passado com a morte do irmão.

— Você e ela. Juntos. Não entendo.

— Tanta tragédia... Nem deu tempo de apresentá-la.

— Nem precisa.

— Como não?

Toninha interveio:

— Dona Elisa, calma. Eu não sabia.

Elisa deu uma risada de escárnio.

— Não sabia que o Gustavo Brandão é meu filho? Mesmo?

— Nem sabia o sobrenome dele. Só o conhecia pelo nome.

— Conte outra, Toninha.

— Vocês se conhecem? — Gustavo estava perplexo.

Foi Elisa quem respondeu, irônica:

— Trabalha para mim, na minha loja. É minha subalterna.

Toninha não curtiu a palavra subalterna.

— Sou funcionária da butique da sua mãe.

— Não posso acreditar — ele observou. — Que coincidência!

— Acredita mesmo em coincidência, filho? Não vê que está sendo vítima de um golpe?

— Vou respeitar sua dor porque acabou de perder seu filho — ressaltou Toninha —, mas tenho meu valor e minha dignidade. Não vou deixar que me desrespeite.

— Na loja, a gente conversa.

Elisa virou-se e bateu o salto. Foi na direção de Humberto, que estava recebendo os cumprimentos de amigos e familiares. Ninguém se despediu dela. Os tios, Edmundo e Eduardo, não puderam comparecer porque estavam muito ocupados. Enviaram coroas de flores e cartões de condolências.

— Humberto, vamos para casa. Estou cansada.

— Já vamos.

— Agora!

Ele deu um sorrisinho amarelo. O motorista abriu a porta para entrarem. Elisa o viu acenar para alguém. Tentou ver quem era e pareceu ser uma das secretárias da empresa. Ficou fula da vida. Engoliu a raiva.

— Vai comigo para casa? — ela estava surpresa.

— Sem cenas, Elisa. Um de nossos filhos acabou de morrer.

— *Meu* filho — enfatizou.

— Não quero discutir. Não agora.

— Pois que seja.

Ela bufou e sentiu o telefone vibrar. Abriu a bolsinha preta e disfarçou, para que Humberto não visse, ou lesse a mensagem.

"Serviço feito. Favor levar o dinheiro ao endereço solicitado. Hoje. Às seis da tarde."

Elisa sorriu.

Boris é fantástico. Perfeito!

∽⟨𝓛⟩∾

Depois de se encontrar com Elisa na cerimônia de cremação, Toninha sabia que, ao retornar ao serviço, iria lidar com uma fera.

Ainda abatida pela morte de Vera, surpresa por ter reen-contrado Gustavo e chocada com a morte de Guilherme e de Paula, era profissional. Recompôs-se e foi para o trabalho. Mal colocou os pés na loja, Elisa a fulminou com os olhos.

— Ia ligar para você vir. Direto para minha sala — ordenou, seca.

Toninha assentiu e a seguiu. Elisa entrou na sala, sentou-se na cadeira atrás da mesa e nem a deixou se sentar. Foi logo dizendo:

— Encoste a porta.

— Sim.

— Serei curta e grossa.

— Não sei o que passou pela sua cabeça, mas...

Elisa a cortou com a voz alterada:

— Nem queira imaginar. Só o pior. Você soube armar tudo direitinho.

— Não pode acreditar que eu tenha me utilizado do emprego para me aproximar do seu filho.

— Conte outra, Toninha.

— Eu juro.

— Vai me dizer que foi uma grande coincidência da vida? Agora quer também que eu acredite em espíritos, na força transformadora do pensamento positivo, na fada do dente... Ei, pensa que está falando com uma débil mental?

— Por mais que eu tente contra-argumentar, jamais vai acreditar em mim. Foi coincidência. Pura coincidência. Nunca imaginei que Gustavo pudesse ser seu filho.

— Não sei o que fez. Ele jamais se encantaria por uma... — Elisa calou-se de maneira abrupta.

Toninha percebeu o que ela iria dizer e indignou-se:

— Vamos, diga! Ele jamais se encantaria por uma negra. É isso?

— Não coloque palavras em minha boca.

— Mas foi o que pensou.

Elisa enrubesceu, porém manteve a pose altiva. Sabia que, se concordasse, poderia criar uma situação desfavorável, dar munição para Toninha processá-la por racismo. Mentiu:

— Agora é vidente? Lê pensamentos? Ora, ora. Quis dizer que Gustavo jamais se encantaria por uma moça tão jovem. Ele sempre gostou de mulheres mais experientes.

— Safou-se por pouco.

— Olha aqui — Elisa levantou-se, irritada. — Eu sou a chefe e estou descontente com seu serviço. Está dispensada.

Toninha já esperava pela demissão. A maneira como Elisa a medira com desprezo e desaprovação na cerimônia de cremação, vendo-a abraçada a Gustavo, já mostrava que seu emprego tinha ido para os ares.

— Bom, e...

— Já sei. Não precisa nem cumprir aviso prévio. Pode ir para casa que vai receber pelos trinta dias, sem problemas. Vou pagar tudo a que tem direito, dentro da lei. Satisfeita?

— Sim.

— Pode limpar sua mesa. Tem quinze minutos — disse, consultando o relógio no pulso.

Toninha baixou os olhos e foi até sua mesa, ao lado da sala de Elisa. Apanhou alguns pertences e os colocou em uma caixa. Era pouca coisa. O mais importante, um pendrive com várias cópias de notas duplicadas e outras planilhas que copiara dos servidores, já estava nas mãos de Jorge, amigo de Esmeralda.

Nesse meio-tempo, Elisa chamou um dos seguranças da loja. Foi com ele até a mesa de Toninha e ordenou, ríspida:

— Reviste a caixa e a bolsa dela. Quero ver se carrega algum dispositivo, se gravou alguma coisa. Nunca podemos confiar nessa gente.

— Isso é abuso de autoridade — bradou Toninha, enquanto o segurança abria a bolsa dela e revistava o interior, além de mexer na caixa.

— Nada, senhora.

— Ainda bem.

— Você não é nada do que aparenta. É manipuladora, autoritária, acha que tem o rei na barriga — disparou Toninha.

— Cuidado com suas palavras, garota.

— Por quê? Vai me calar como calou seu filho?

Elisa sentiu um peso sobre o corpo e um frio percorrer-lhe a espinha.

O que essa menina está dizendo? De onde..., pensou rápido e rebateu:

— Que pergunta mais estapafúrdia é essa, Toninha? Só porque perdeu o emprego não precisa ficar desorientada e falar coisas sem nexo — tentou agir da maneira mais natural possível.

Toninha percebeu um leve tremor na voz e uma ponta de suor escorrer na testa de Elisa.

— Nunca poderei provar. Aliás, jamais alguém poderá provar que a explosão da lancha foi proposital. Eu a vi conversando com Paula na sexta-feira passada. Vi como praguejou quando ela saiu da cafeteria. Sei que tem dedo seu, um dedo bem podre, nesse acidente. Em todo caso, a Justiça vai pegar você, de um jeito ou de outro. Você vai parar atrás das grades. Pode apostar.

Toninha falou, apanhou a bolsa, ajeitou a caixa com as mãos e saiu, batendo o salto. O segurança a seguiu e Elisa deixou-se cair na cadeira, com o rosto pálido, as mãos tremendo.

Fazia muito, mas muito tempo que ela não sentia medo. A sensação era-lhe extremamente desagradável. Elisa procurou espantar os pensamentos com as mãos, tomou alguns comprimidos para dor de cabeça e tentou trabalhar.

Por mais que evitasse lembrar, as palavras de Toninha não saíam de sua cabeça. O dia demorou a passar. Foi arrastado. E pesado.

⚬⚭⚬

Toninha decidiu pegar um táxi. Chegou a sua casa e colocou a caixa sobre a mesa de jantar. Jogou a bolsa sobre a cadeira e sentou-se na poltrona, pensativa.

Esmeralda estava se arrumando para ir trabalhar. Ao vê-la, sentiu energias estranhas. Aproximou-se e, ao tocar no ombro de Toninha, teve uma visão.

— Não se martirize. Coloque-se para cima, para que sua energia fique equilibrada. Quando você está bem, tudo fica mais fácil de lidar.

— Eu sei — Toninha suspirou. — Tive uma discussão com Elisa, fui demitida e acabei me exasperando com ela. Falei que desconfio que ela seja a responsável pela morte de Guilherme e Paula.

— E é — informou Esmeralda com tranquilidade, para espanto de Toninha. E prosseguiu: — Como julgar o outro? Quando você critica, está colocando para fora seu lado negativo. Preste atenção, Toninha: como vai conquistar coisas boas na sua vida pensando no mal? O mal atrai o mal, e o bem faz bem. Simples assim.

— E como fica Elisa?

— O problema é dela, não é seu. Você não vai mudar o destino de ninguém, tampouco é Deus. Pare de querer ser a justiceira, de querer que os outros paguem pelos pecados cometidos. Livre-se do julgamento. Quando você julga, você pega a energia do outro. Se a vida acha que tem que ter um limite, cria meios de limitar a pessoa.

— E a verdade? Nunca virá à tona?

— Querer enxergar a verdade não implica julgar Elisa ou entrar na maldade dela. Ela tem seu próprio caminho. Entregue Elisa nas mãos da Justiça e de Deus.

— Entreguei aqueles relatórios, cópias de notas para seu amigo. Será que vai surtir efeito? Nenhuma pessoa rica é presa neste país.

— As coisas estão mudando. A justiça dos homens está menos cega do que tempos atrás. Além do mais, a justiça divina toma conta de tudo e cada um recebe de acordo com o que faz. Está tudo certo. Jorge vai ajudar você. Confie.

— Vi que me tocou e sentiu algo. Sentiu e previu.

Esmeralda sorriu.

— Vi coisas boas. Você tem um bom coração e seu caminho está aberto para que você o trilhe de acordo com os desejos do seu coração. Quer estudar? Estude. Quer viver ao lado de Gustavo? Pois viva. Você é dona do próprio destino.

Toninha sorriu.

— Sei que é cedo, mas, diante dessas tragédias, somadas à morte recente de minha irmã, percebo o quanto a vida é curta e imprevisível. Sabe, Gustavo me convidou para morarmos juntos. Ele dividiria o apartamento com Guilherme, contudo, diante dos acontecimentos, quer que eu vá viver com ele.

— Vá.

— Desempregada?

— Ele a convidou. É um rapaz de posses. Pode bancar as despesas da casa, por ora. Enquanto isso, use o dinheiro de sua rescisão para começar sua faculdade. Para que fazer cursinho e esperar ingressar em uma universidade pública?

Ainda há tempo de se inscrever em uma boa faculdade. O ano letivo mal começou. E acredite que vai conseguir pagar as mensalidades. Quando acreditamos, a vida nos provê. Nada falta.

— Tem razão, Esmeralda.

O telefone tocou. Esmeralda atendeu. Desligou e explicou:

— Jorge tem certeza de que há fortes indícios de fraudes e falsificações de documentos.

— Eu sabia!

— Ele entregou tudo para o irmão, que é do Ministério Público e tem conhecidos na Polícia Federal. Jorge quer saber se você estaria disposta a prestar depoimento sobre os relatórios apresentados. Se você der esclarecimentos consistentes, o Ministério Público, a Polícia e a Receita Federal vão trabalhar juntos. A operação para apurar a denúncia vai levar meses, mas nem preciso utilizar de minha sensibilidade para afirmar: Elisa será presa. Pode acreditar.

— Deus a ouça! — exultou Toninha.

CAPÍTULO 43

Danusa regava as plantas do jardim enquanto as lágrimas escorriam pela face. Parou diante da estufa e contemplou as suas orquídeas. Depois, foi até à bancada em que separou as que ganhara de Guilherme. Em especial, a última. Estava linda, florida.

Ela deixou que uma lágrima escapasse pelo canto do olho e, acariciando uma das pétalas que acabara de nascer, considerou:

— Meu querido, onde quer que esteja, fique bem. Sei que não sentiu nada quando morreu, porque seu espírito foi arrancado milésimos de segundos antes da explosão. Tenho certeza de que foi resgatado e conduzido para um local de refazimento. Torço para que logo você tenha acesso a algumas lembranças do passado e não se revolte com nada nem ninguém. E saiba que eu o amo muito.

Ela fechou os olhos e o imaginou sorridente, feliz, rindo com ela na sala de tevê, assistindo aos filmes de suspense e terror que tanto adoravam.

Logo sentiu um calor e alívio no peito. Obviamente, aquela vibração boa, pura e terna de amor foi sentida por Guilherme e o ajudou sobremaneira em sua recuperação. Mas isso veremos mais adiante.

Danusa beijou aquela orquídea em especial, saiu da estufa, terminou de regar as plantas, aspirou o ar gostoso misturado ao aroma da terra molhada do jardim. Olhou ao redor e, quando estava para entrar na cozinha, a campainha tocou. Instantes depois, a empregada veio chamá-la:

— Tem uma moça no portão querendo vê-la.

— Quem é?

— Disse que se chama Nilza. Nunca a vi mais gorda, dona Danusa.

— É vendedora, é o quê?

— Parou o carro ali perto. O vigia da quadra disse que a viu estacionar. Embora esteja vestida de maneira simples, tem uma cara boa e traz uma caixa nas mãos.

— Bom, vamos ver o que é. Vá dar uma olhada nas panelas sobre o fogão. O Conrado agora vem almoçar todos os dias. Tão bonitinho. Quer me fazer companhia. Que marido!

A empregada sorriu e entrou na cozinha. Danusa seguiu pelo corredor lateral e chegou até o portão. Viu a moça, simpática, e logo atrás o vigia da rua.

— Dona Danusa, estou aqui só acompanhando — falou o vigia.

— Obrigada, Dimas.

A moça olhou-a de maneira tímida.

— Desculpe-me — disse num tom baixo. — Eu sou Nilza. Filha da Mirtes.

Danusa enrugou a testa, pensativa. Mordiscou os lábios e abriu a boca:

— Mirtes? Mirtes Siqueira? Do Tremembé?

— Ela mesma.

— Nossa! Você deve ter a idade da minha filha Manuela. Uns vinte e cinco anos, talvez.

Ela abriu um sorriso de orelha a orelha.

— Vinte e oito.

— Está conservadíssima, menina.

— Obrigada.

— Pode ir, Dimas. Tudo em ordem.

— Ao seu dispor, dona Danusa.

Ele se afastou e Danusa a fez entrar. Nilza entrou e foi rápida:

— Não vim tomar seu tempo. Aliás, foi um sufoco encontrar seu endereço! Mas deu tudo certo. Parece que os espíri... — ela se calou, rubra.

Danusa alegrou-se:

— Espíritos? Iria falar essa palavra?

— É. Sou espírita, kardecista. Há anos. Mamãe também.

— Que ótimo! Não sou espírita de frequentar centro, mas acredito na existência da vida depois da morte.

— Que bom! Então não vai me achar louca.

— Estou passando por uma fase triste, mas com força, coragem e boas doses de alegria no coração, tudo passa. Justamente por acreditar que a vida continua, meu coração se alegra um pouquinho e sofre menos.

— A morte não é o fim. O corpo morre, mas o espírito é eterno — tornou Nilza.

— Gostei de você, menina!

— Obrigada, dona Danusa. Mamãe disse que a senhora me receberia muito bem.

— Por que ela não veio?

— Está doente.

— Sinto muito. Por que veio me procurar?

Danusa conduziu-a até a sala. Fez Nilza sentar-se numa poltrona e sentou-se ao lado da moça. Nilza colocou a caixa sobre a mesa de centro e explicou:

— A história é a seguinte: um tempo atrás, uma senhora ligou para minha mãe, disse que achou o número na lista telefônica.

— Existe lista, ainda? — perguntou Danusa, maneira engraçada.

— Nem sei. Mas nosso número nunca mudou. É o mesmo desde que nasci. Só mudou o prefixo. Não foi difícil nos encontrar. Em todo caso, essa senhora ligou, conversou rapidamente com minha mãe e pediu para ir à casa dela pegar essa caixa — apontou.

— Sim — Danusa estava intrigadíssima. — Continue.

— Como mamãe está doente, não pode sair de casa. Eu fui, encontrei a mulher. Ela me deu a caixa, pediu para localizar Danusa Brandão.

— E como chegou aqui em casa?

— Foi um sufoco! Tive ajuda espiritual. Só pode ser. Depois que me deu seu nome e a caixa, a mulher comentou que a senhora namorava um engenheiro de nome Gonçalo.

Danusa riu.

— Meu marido se chama Conrado.

— Sim. Pesquisei na internet e descobri que não era Gonçalo, mas se tratava de Conrado Brandão, encontrei o site do escritório do seu marido, enfim, aqui estou. A minha missão era lhe entregar pessoalmente a caixa com todo o conteúdo.

— Para mim?

— É.

— O que tem nela?

— Não quis ser enxerida. Só olhei de maneira superficial, saber por alto o seu conteúdo. Pareceu-me ser um punhado de cartas. Bem antigas.

— Cartas?

— É. Bom — Nilza se levantou. — Vim cumprir o que nos foi solicitado. A caixa foi entregue.

Quase chegando ao portão, Danusa indagou:

— Por acaso, quem foi que ligou para sua mãe?

— Uma colega de vocês, Célia.

Danusa deu de ombros porque Renato nunca tinha revelado a ela que tivera uma irmã.

— Não sei de quem se trata — respondeu sincera. — Vai saber o que tem lá dentro.

— O passado será, enfim, revelado e tudo será esclarecido — Nilza declarou convicta, fitando o nada.

— O que foi que disse?

A moça encarou-a e sorriu:

— Às vezes falo sem perceber, dona Danusa. O que eu falei?

— Nada, minha filha. Mande um beijão para sua mãe e estimo suas melhoras.

Despediram-se. Danusa voltou à sala. Apanhou a caixa, sentou-se confortavelmente no sofá e colocou-a sobre as pernas. Abriu-a e ali havia várias cartas amareladas, envelhecidas pelo tempo.

Pegou a primeira e olhou o destinatário: Edgar Martins. Virou ao contrário para ver o remetente: Renato Marques, seu amigo de longa data.

Danusa levou a mão à boca.

— Renato! — exclamou. — Sumiu há tantos anos e nunca mais tive notícias suas! O que aconteceu com você? Eu desconfio, mas...

Ela pegou as cartas e viu que todas tinham sido devolvidas ao remetente, por conta de o endereço ser insuficiente para ser entregue ao destinatário.

Separou-as por datas, em ordem crescente, da primeira à última. E, dessa forma, Danusa começou a entender tudo o que acontecera em Paris, pouco mais de trinta anos atrás, entre Elisa, Humberto e Renato...

⚜

Renato era um moço lindo, um tipo de chamar bastante atenção. Alto, forte, cabelos castanhos lisos, olhos esverdeados, barba sempre aparada e impecável. Estava sempre bem-vestido e perfumado. Por onde passava, deixava no ar um agradável aroma de perfume Azzaro, perfume que teve seu auge naqueles tempos.

Ele se dava bem com Célia, sua irmã, mas não gostava do tio Edgar, por tentar educá-los de maneira muito rígida. Ao atingir a maioridade, ele e Célia caíram no mundo. Célia foi viver com um namorado e começou a se interessar por drogas.

Renato descobrira a homossexualidade e estava confuso sobre seus sentimentos. Vivia sozinho no mundo e, quando conheceu o Hare Krishna, encantou-se com a filosofia. Tentou arrastar Célia para ver se largava o uso de drogas, mas em vão. Ela já estava envolvida com drogas mais pesadas e Renato brigava com a irmã por conta de entorpecentes. Renato odiava drogas.

Um dia, tiveram uma discussão, ele brigou feio com Célia, mudou-se para a comunidade e conheceu Danusa enquanto fazia demonstrações de cânticos do Hare Krishna nas imediações do Centro Cultural São Paulo, próximo da estação Vergueiro do metrô.

A amizade brotou espontânea. Logo, Danusa estava metida com ele na comunidade, mas não ficaram ali muito tempo. Danusa queria conhecer Maria Stella Splendore, queria meditar. Logo engatou namoro com Conrado, e o namorado valia mais que tudo.

Ela foi estudar psicologia, ajudou Renato a conseguir trabalho numa loja de shopping e dividiam um apartamento no centro da cidade. Renato e Danusa pareciam irmãos, viviam grudados, e Conrado não ligava para a amizade deles, pois sabia que Renato, a essa altura, era gay assumido.

Certa vez, Humberto veio a São Paulo, passar uns dias na casa de Conrado. Foi quando Renato e Humberto se conheceram. Houve uma paixão avassaladora e passaram um fim de semana trancados no apartamento de Renato. Danusa dava o maior incentivo à relação. Humberto, com medo de se assumir perante a sociedade e com pavor dos próprios sentimentos, decidiu afastar-se de Renato e voltou para o Rio determinado a esquecer o romance.

Danusa e Conrado voaram para a capital fluminense, tentaram uma conversa franca com o primo, ajudá-lo a se assumir, mas em vão. Humberto negou tudo, disse que fora um deslize, que gostava de mulher, e tudo o que acontecera entre ele e Renato fora um grande equívoco.

Foi quando Danusa e Conrado conheceram Elisa. Ela surgira na vida de Humberto de repente. Tinham se conhecido em uma festa, Elisa cismara com ele e começou a dar em cima, mas Humberto não sentia atração por ela.

Danusa descobriu que era Elisa quem amedrontava e confundia a cabeça de Humberto. Era ela quem o enchia de dúvidas, pois Humberto, inocente, revelara a Elisa sobre o breve envolvimento amoroso com Renato.

Elisa e Danusa não se bicaram logo de cara. Danusa a peitou, foi tirar satisfações, exigir que Elisa se afastasse de Humberto e o deixasse ser feliz ao lado de Renato, se pegaram no tapa. Elisa apanhou feio e Conrado levou a namorada de volta a São Paulo. Triste e desiludida, Danusa revelou a verdade a Renato, confidenciando ao amigo que uma mulher — Elisa — estava minando a vida amorosa dele e de Humberto.

Cansado de lutar e de sofrer, arrasado e desiludido, Renato cogitou se matar. Danusa o demoveu da ideia. Ele estava amargurado, fulo da vida. Estava apaixonado, não era correspondido. Seus amigos estavam morrendo de aids. Renato estava se sentindo muito só. Pediu demissão do emprego e, com ajuda financeira de Danusa e Conrado, partiu para tentar a vida em Paris. Não se despediu de Célia que, a essa altura, já estava afundada em drogas pesadíssimas.

E a vida seguia. Por mais que Humberto evitasse, a saudade de Renato aumentava e, sabendo que Conrado tinha custeado uma passagem para o moço embarcar para Paris, decidiu fazer um curso na mesma cidade, na tentativa de reencontrá-lo. Elisa, que não desgrudava de Humberto feito um carrapato, descobriu a intenção do amado, também arranjou um curso e embarcou para Paris.

Um sábado, passeando pelo bairro do Marais, os olhos de Renato e Humberto se cruzaram. Era coisa do destino. Abraçaram-se, emocionados. Foram para um bar e Humberto falou de seus medos, de sua saudade e, finalmente, declarou-se a Renato. Depois de uma longa conversa, juras de amor, os dois acabaram juntos, num hotelzinho ali perto.

Elisa ficava no pé de Humberto, forçava o namoro, uma aproximação. Sabia que Humberto era bissexual, pois escutara boatos de um envolvimento dele com uma colega da turma de arquitetura. Elisa tinha certeza de que, com seu charme e empenho, mais o cenário de Paris, Humberto não resistiria e eles ficariam juntos para sempre.

Ao descobrir que Humberto e Renato passaram um fim de semana como dois namorados, Elisa ficou possessa e, assim que teve chance, foi tirar satisfações com Renato. Ele não estava nem aí. Renato não se deixava intimidar e enfrentara Elisa.

— Você é rica, poderosa, mas não tem no meio das pernas o que eu tenho para oferecer ao Humberto. Além do mais, eu o amo de verdade. Você, não. Tem fixação, cisma. É louca. Bem diferente.

Ela tentou lhe dar um tapa no rosto e ele segurou a mão dela com força.

— Cuidado, vadia! Aqui não é o Rio de Janeiro. Lá você pode mandar, aqui você não tem poder sobre ninguém, nem sobre mim.

Elisa saiu espumando e soltando chispas de fogo pelas ventas.

— Essa bicha me paga! Vamos ver quem tem mais poder.

Foi tomar suas providências. Boris já trabalhava para ela e sua família. Na Europa era mais fácil contratar os serviços sujos do marginal. Ela o contratou, enquanto tentava seduzir e confundir a cabeça de Humberto, como fizera no Rio, botando medo na cabeça dele, falando sobre o mundo de perdição o qual Humberto iria se deparar etc.

Afinal de contas, por mais que sentisse desejo por outro homem, Humberto ainda tinha medo de se assumir e enfrentar a sociedade, o que "os outros iriam dizer". O peso do mundo ainda era mais forte do que a sua própria vontade.

Elisa sabia dessa fraqueza dele. Azucrinava-o, criava situações mirabolantes, falava sobre crimes contra gays, humilhações e, pior, atormentava-o com o pesadelo da doença horripilante que estava matando gays em todo o mundo. Estavam no meio da década de 1980. A aids era fatal.

Mesmo com todos esses pontos ruins que jogava sobre a cabeça dele, Elisa descobriu que o amor vencera todo seu jogo sujo. Renato conseguira convencer Humberto a partirem juntos para Amsterdã, quando o curso de férias dele terminasse, dali a dois meses.

Elisa praticamente teve um chilique, uma vontade imensa de matar Renato. Mas precisava acalmar-se e começar a correr com seu plano, mais requintado.

Primeiro, ela começou a frequentar o bar do hotel em que estava hospedada. Toda noite. E secava o barman. Ela falava bem o francês, transou com ele uma noite, duas, uma semana.

O cara se amarrou nela e Elisa propôs a ele montarem um bar em troca de Jean Luc, o barman, dopar Renato, para que ela tirasse fotos nuas ao lado dele, as mais chulas possíveis. Seriam evidências irrefutáveis que ela esfregaria com prazer no rosto de Humberto.

Um truque idiota, clichê, mas funcionava muito bem nos tempos em que não existiam internet, fotos instantâneas, selfies e as pessoas eram, de certa forma, mais ingênuas e acreditavam com maior facilidade nos truques toscos de imagem de fotografia.

Segundo, Elisa não conseguia ir para a cama com Humberto. Só arrancava dele uns beijinhos. Obviamente, engravidou do barman sem o rapaz ter noção disso.

Resumindo, mostradas as fotos, confusão criada, Humberto acreditou que Elisa estivesse grávida de... Renato! Foi correndo tirar satisfações. Ligou para Renato, nervoso. Marcou encontro.

Próximo da hora marcada, Boris sequestrou Renato e Jean Luc, o barman, e os levou para um galpão. Com uma faca no pescoço, fez Renato escrever uma carta de despedida para Humberto, afirmando que engravidara Elisa e pedindo perdão pelo ato tresloucado, que estava morrendo de vergonha e, por conta disso, iria sumir.

Na sequência, Renato e Jean Luc foram levados para bem longe. Se voltassem, ou abrissem o bico, Boris mataria Célia e a mãe de Jean Luc.

Detalhe: a turma de Boris levou junto o barman para que não houvesse rastros, indícios, nada que ligasse o rapaz a Elisa, à gravidez, mesmo que o moço nem tivesse a mínima noção de que a tivesse engravidado. Só para garantir, Elisa pedira para fazerem serviço completo, a fim de evitar, quem sabe, uma futura chantagem de Jean Luc.

Renato viu quando atiraram no barman. Só que, por um erro estúpido de pontaria, Jean Luc sobreviveu. Fingiu estar morto e, quando largaram o corpo do rapaz na estrada e continuaram a viagem com Renato, Jean Luc voltou a Paris e tentou denunciar Elisa. Não deu em nada. As autoridades nunca conseguiram localizar a estrangeira que, supostamente, mandara sequestrá-lo.

Acreditando que Jean Luc havia sido morto, Renato pensou que logo seria o próximo daquela lista funesta. Contudo, foi deixado na fronteira com a Bélgica. Com uma ajuda aqui e outra ali, Renato conseguiu juntar dinheiro e pegar um trem até Amsterdã, onde tinha alguns amigos brasileiros.

Elisa, olhos frios, entregou a carta de Renato a Humberto. Ele leu aquelas linhas com uma dor imensa no coração. Em lágrimas e com o coração confrangido, acreditou na carta, assumiu a criança porque, apaixonado por Renato, sabia que o bebê que Elisa carregava no ventre seria um pedaço vivo da pessoa que mais amara na vida até então e, acabrunhado, voltou ao Brasil. Casou-se com Elisa. Todavia, antes de assinar os papéis, fez um trato, que ela teve de engolir:

— Nada de sexo — comunicou, convicto de sua decisão.

Elisa deu de ombros. Acreditava que Humberto poderia mudar, interessar-se por ela. Fez de tudo: comprou camisolas, insinuava-se para ele, tentava seduzi-lo. Mas não. Quatro anos e pouco depois de casados, por meio de inseminação artificial, nasceu Gustavo.

Maquiavélica, Elisa ainda fez com que Boris obrigasse Renato, antes de ser deixado na fronteira com a Bélgica, a escrever uma carta horrível a Célia, declarando que estava cansado dela, expondo em algumas linhas o quanto a desprezava e a odiava, que era uma irmã possessiva, chata e que era melhor esquecê-lo, porque ele já tinha se esquecido dela, ou melhor, que jamais tivera uma irmã.

Essa carta, Elisa despachou assim que pisou no país, de braços dados com Humberto.

Célia, durante todo esse tempo, nunca soubera da verdade. Desapontada e sentindo-se a pior das criaturas, afundou-se de vez nas drogas, nas orgias, engravidou, teve uma vida incomum e uma filha mais incomum ainda. Viviam mudando de casa, de bairro, até que Odete, uma amiga de Célia, influenciada pelo espírito de Renato, indicou-lhe emprego num atacadão e deu-lhe uma casinha para morar com a filhinha, Paula.

Anos depois, o dono do bar que alugara o cômodo para Renato em Amsterdã morreu. A neta dele, que iria utilizar o espaço, depois de uma faxina, encontrou ali uma caixa com o punhado de cartas por ele escritas. E arriscara devolvê-las para o endereço do destinatário, que era a casa do tio de Célia. Verificou, com um amigo português, o problema do endereço insuficiente e notaram que Renato, já debilitado pela doença, escrevera o endereço de forma quase ilegível, e em algumas faltava o CEP. O rapaz entrou no site dos correios, pesquisou um dos endereços que parecia estar mais fácil de entender e arriscaram enviar a caixa para o Brasil.

Quando Célia recebeu a caixa com as cartas, emocionou-se. Praticamente todas eram endereçadas ao tio Edgar e, ao lado do nome do tio, havia uma barra e escrito o nome de Humberto. Ela não abriu uma sequer. Apenas apanhou e abriu a que era endereçada a ela. Ao ler, entrou em estado apoplético.

Naquela carta, Renato relatava à irmã tudo pelo que tinha passado, inclusive que Jean Luc havia sido morto — afinal, ele tinha presenciado o tiro — e estava morrendo em consequência da aids. Foi na carta que Renato comentava com Célia sobre a linda amizade com Danusa, amiga que torcia para ele ficar com Humberto, que era a pessoa mais amável e confiável do mundo.

Algum tempo depois, ainda sem saber que era afetada pelo tumor, Célia teve uma ideia. Procurou na lista, pediu ajuda ao porteiro do prédio, ligou pedindo à filha de Mirtes que, por caridade, entregasse a caixa com as cartas para Danusa.

Célia tinha certeza de que Danusa, caso tivesse a caixa em mãos, a entregaria para Humberto.

Depois disso, Célia contou para a filha o conteúdo da carta dela e foi então que Paula teve um *insight* e bolou seu plano. Pobre Paula.

∽✺✺✺∾

As lágrimas escorriam insopitáveis. Danusa sentiu um aperto no peito sem igual. Humberto e Renato haviam se reencontrado em Paris e o amor deles fora, novamente, impossibilitado de ser vivido por Elisa.

— Humberto jamais me contou que eles se reencontraram em Paris. Elisa, ardilosa, fez o impossível para separá-los. Renato, quando afastado, provavelmente já estava doente, mas seu sistema imunológico deve ter entrado em colapso, tamanha depressão, causando sua morte um ano depois. Se tivessem ficado juntos, ele não teria morrido tão cedo, ou talvez, estivesse vivo até hoje. Vai saber os porquês da vida.

Ela suspirou. Prosseguiu:

— Humberto só se casou com ela porque acreditou que Guilherme fosse filho de Renato. Bom, a bruxa má ao menos fez uma boa ação, nos deu um presente lindo. Tivemos o privilégio de receber Guilherme em nossas vidas.

Danusa sentiu uma ponta de profunda emoção. Balançou a cabeça para os lados. Conrado apareceu na sala e a cumprimentou com um beijo nos lábios.

— O que faz com esse pacotinho de cartas velhas? Por que esses olhos inchados?

Ela limpou os olhos com as costas das mãos.

— Nada. Coisas do passado. Não interessam a nós, embora façamos parte de todo rolo.

Conrado não entendeu e emendou:

— Trouxe visita para o almoço.

Danusa inclinou o rosto para cima e viu Humberto por trás do ombro do marido. Sorriu emocionada:

— Está tão feliz assim em me ver? — ele perguntou, sorrindo e inclinando-se, beijando-a no rosto.

— Humberto! — Danusa exclamou, emocionada. — Foi Deus quem mandou você aqui!

CAPÍTULO 44

Danusa não esperou mais um minuto para se recompor. Pediu para Humberto sentar-se ao seu lado e, com calma, respirou fundo e começou a contar a história, desde a chegada de Nilza até a leitura das cartas. Não revelou a ele o conteúdo.

— Agora vou deixá-lo aqui sozinho para entender, de fato, o que aconteceu com Renato.

— Pode ficar comigo, se quiser.

— Não, Humberto. Você não faz ideia do que tem escrito nessas linhas. O passado finalmente lhe está sendo revelado. Creio que, agora, estará livre para viver a vida que sempre sonhou, sem medos, nem receios. O conjunto delas representa sua carta de alforria, sua tão sonhada liberdade de ser você mesmo. Informo que algumas estão com a letra bem ruim, as últimas — ela salientou — porque quem as escreveu estava bem debilitado, já não tinha tantas forças. Mas não precisará de muito esforço para entender o que está escrito —

Danusa fez um sinal para o marido: — Venha, Conrado. Deixemos Humberto. Vamos almoçar.

Eles saíram e fecharam a porta da sala. Conrado, na cozinha, indagou, aflito:

— O que está acontecendo?

— Aquelas cartas respondem a todas aquelas perguntas que Humberto sempre deve ter feito a si mesmo em silêncio, durante trinta anos. Todas as dúvidas, creio eu, agora serão dissipadas. Lá estão todas as respostas.

— Não quero ver meu primo sofrer. Sabe que, com a morte de Guilherme, tenho medo de que ele...

— Fique como antes de ir a Paris ou atormentado como voltou de lá? Humberto nunca mais foi o mesmo depois que voltou da Europa. Ele se fechou em copas.

— Você bem sabe...

— Sei, Conrado. As cartas têm tudo a ver com antes, durante e depois de Paris. Conheço Humberto como a palma de minha mão. Ele vai poder fazer novas escolhas. Você vai ver. Pode acreditar. Agora venha. Sente-se.

— O cheiro está bom!

Danusa sorriu e beijou o marido nos lábios.

— Eu o amo tanto, Conrado.

— Também a adoro, minha maluquinha.

❧

Assim que terminou a última linha, da última carta, Humberto, olhos úmidos, respirou fundo, meneou a cabeça negativamente e murmurou:

— Agora chega! Elisa não me manipula mais. Acabou!

Levantou-se e foi até a cozinha. Danusa o encarou com um meio-sorriso:

— E então?

— O fato de saber que Guilherme não era filho de Renato não me surpreende. Refletindo bem, mentir e me manipular para se dar bem, conseguir tudo o que quer é atitude típica de Elisa.

Amei esse menino como meu filho legítimo. E essa descoberta não muda o amor que sinto pelo meu *filho* — Humberto enfatizou, emocionado.

Danusa considerou, também sob forte comoção:

— O meu amor por Guilherme também não mudou. Não importa o homem com quem Elisa tenha se deitado. Importa o relacionamento, o vínculo de amor, carinho e afeto que conseguimos estabelecer e fortalecer com ele ao longo desses trinta anos.

Humberto assentiu com a cabeça e prosseguiu, desalentado:

— O que mais me dói foi ela ter-me impedido de viver uma história de amor verdadeira ao lado de Renato.

Conrado interveio:

— Por isso, meu primo, chegou o momento de você assumir, de uma vez por todas, o que sente.

Danusa encarou o marido, curiosa.

— O que quer dizer?

Ele voltou os olhos para Humberto e respondeu, comovido:

— Meu primo sabe. Nunca houve segredos entre nós. Não precisava se esconder, contudo, Humberto, antes das cartas, ainda se sentia preso às pressões do mundo, do que os outros poderiam dizer caso ele assumisse o relacionamento com outro homem.

— Agora — acrescentou Humberto — depois de ler todas as cartas, o medo se foi, sumiu pelos ares. Nunca me senti tão forte e poderoso em toda a minha vida. Nunca tive uma força tão grande! De hoje em diante não quero mais saber o que os outros pensem ou achem de mim. Estou cansado de escutar o mundo. Agora entendo o que Danusa queria me dizer naquela conversa que tivemos no Rio, antes de eu ir para Paris e que sempre dissera ao longo de tantos anos: devo me colocar em primeiro lugar. Preciso estar bem para enfrentar os novos desafios da vida!

Danusa lembrou-se da conversa, anos atrás, e se emocionou. Ele sorriu para ela, lágrimas nos olhos, e continuou:

— Minha querida, preciso estar bem comigo para superar a morte do meu filho Guilherme e aprender a lidar com a saudade. Só posso levar minha vida adiante, andando com a cabeça erguida. E só conseguirei isso resgatando minha dignidade. Por esse motivo, escolho, a partir de agora, cuidar de mim!

Danusa levantou-se da mesa e correu a abraçá-lo. Conrado fez o mesmo. Ficaram os três, num abraço fraterno, amoroso. Uma energia luminosa, de força, coragem, harmonia, paz e amor os envolveu.

Depois do caloroso abraço, Humberto se despediu, pediu que Danusa guardasse as cartas com ela, por ora, e seguiria para casa. Teria uma conversa definitiva com Elisa.

Humberto estava cansado física e emocionalmente. Pediu a Danusa se podia tomar um banho, trocar de roupa. Ele sempre tinha uma muda de roupas no carro, para emergências, viagens curtas. Depois almoçou, deitou no sofá da sala e descansou um pouco.

Conrado não permitiu que voltasse a trabalhar naquela tarde.

— Precisa descansar, descontrair, relaxar a mente. É muita emoção para digerir em tão pouco tempo!

— Tem razão, primo. Só que eu preciso e *quero* me encontrar com Elisa.

— Tem certeza?

— Sim. Já tomei banho, comi, descansei. Sinto que, quanto mais tempo eu demorar para conversar, mais nervoso vou ficar. Quero resolver essa história de uma vez por todas.

— Ele tem razão — concordou Danusa.

❧

No meio da tarde, Humberto se despediu de Danusa.

— Você é como uma irmã para mim. Sou-lhe grato por tudo. E, além do mais, obrigado por ter amado meu filho como uma verdadeira mãe.

Ela deixou uma lágrima escorrer pelo canto do olho.

— Eu sempre tive por Guilherme um amor especial. Deve ser de outras vidas.

Humberto riu.

— Seja de outras vidas ou não, o importante é que você fez por ele o que a mãe biológica nunca fez. Obrigado, de coração.

Abraçaram-se comovidos. Humberto a beijou no rosto e partiu. Entrou no carro — Conrado tinha vindo de carona com Humberto, mas seguiria para o escritório com o carro de Danusa —, deu partida e logo seu carro desapareceu na primeira alameda.

⤋⤋⤋

No trajeto para casa, Humberto ligou para Elisa e exigiu que largasse o expediente na loja e o encontrasse imediatamente em casa. Ela sentiu um frio no estômago. Sabia que teriam uma conversa séria, mas não imaginava o que seria.

Elisa ainda matutou:

— Será que vai discutir comigo porque dei entrada com a papelada para resgatar o seguro de vida do Guilherme? Cobre o desfalque que Paula me deu, ajuda a diminuir um pouquinho o rombo no caixa para cobrir as despesas de Boris. E também, fazer o quê? A vida segue...

Ela não queria sair da loja. Depois que Toninha saíra, o serviço acumulara. Agora percebia o quanto a moça era eficiente, porém jamais daria o braço a torcer. Largou tudo a contragosto, desligou o computador, deu uma e outra ordem para as funcionárias e chamou um dos seguranças para levá-la para casa.

Entrou no apartamento e estava tudo na penumbra. Só havia uma luz vinda do abajur na mesinha da varanda. Ela foi até lá e quis saber:

— Cadê os empregados? Fizeram greve?

— Eu os dispensei por uma hora. Pedi que fossem dar uma volta, ir ao parque, tomar um ar — esclareceu Humberto.

— Por quê? O assunto é tão grave?

— Não. É porque, como você adora ser dramática e fazer cenas, quero poupá-los de um espetáculo ridículo — a voz dele era seca, grave.

Elisa nunca, em trinta anos, escutara Humberto falar naquele tom. Gelou.

— O que está havendo? Se o problema é porque dei entrada no seguro de vida do Guilherme...

Humberto explodiu. Levantou-se da poltrona e seu rosto quase encostou no dela.

— Ainda por cima teve cabeça para pensar em resgatar o seguro de vida do seu filho?

— Mais de dois milhões. Não posso desprezar.

— Você não vale nada!

— Alto lá! Sei que amava Guilherme, mais do que eu. Mas, só porque ele era filho do seu amiguinho invertido, não desconte a perda do elo afetivo sobre mim.

Humberto teve vontade de esbofeteá-la, mas não o fez. Respirou fundo e riu, de forma sarcástica.

— É uma piranha de quinta!

— Quem pensa que é? — Elisa levantou a mão para dar um tapa no rosto dele.

Humberto segurou a mão dela e a torceu. Elisa gritou de dor e dobrou o corpo sobre os joelhos, ficando de quatro.

— Quem eu sou? — ele replicou. — Sabe quem eu sou, Elisa? Sou o otário que acreditou no seu teatrinho por trinta anos. Bem que Renato me alertou, disse que você não valia nada, que não prestava.

— Ele abusou de mim — tentou fingir uma voz chorosa.

— Cale a boca, sua biscate! Vagabunda é elogio para você, Elisa. Eu espero que Renato, onde quer que esteja, me perdoe por ter acreditado em você e não nele.

— Ele me violentou! Fui forçada a fazer sexo com ele...

— Pode parar! — ele a cortou. — Chega de teatro, vadia! Recebi um monte de cartas escritas por ele. Um monte — Humberto fez um gesto com os dedos.

Elisa levantou a cabeça e arregalou os olhos. Engoliu em seco. Humberto prosseguiu, colérico:

— Sei que contratou aquele seu capanga de estimação para afastá-lo de mim. Sei que Guilherme não é filho dele. Sei também que matou o barman. Não precisa mais mentir.

— É mentira. Renato quis confundi-lo. Posso provar.

— É? Com o quê? Eu sei qual era o tipo sanguíneo do Renato porque ele relatou em uma das cartas. E sei qual era o do Guilherme. Impossível serem pai e filho. Só por milagre.

— Entenda — Elisa tentou contemporizar. — Fiz tudo por amor!

— Amor, sei — Humberto meneava a cabeça para os lados. — Você sempre foi uma mulher que manipulou e usou as pessoas. Ficou comigo esses anos todos sem termos intimidade, sem sexo. Que mulher se submete a uma situação dessas? Só uma psicopata.

— E daí? — ela rebateu. — E um homem? Por que se submete?

— Porque eu tinha medo da sociedade. Tinha medo de enfrentar o dedo acusador do mundo. Mas os tempos agora são outros, Elisa. O mundo mudou. E, mais importante: eu mudei!

— Vamos esquecer tudo e viver nosso amor! Eu lhe imploro!

— Você mentiu para mim e me privou de viver uma história de amor.

— Com um promíscuo? — ela revidou, amarga. — Se vivesse com Renato, provavelmente você já estaria morto.

— Não admito que fale assim de Renato!

— Sei — Elisa fez força para se levantar e acendeu a luz da varanda.

Foi só naquele momento que ela viu Humberto por inteiro. Ele usava uma camisa polo azul, com gola vermelha. Exclusiva da loja dela. Imediatamente Elisa se lembrou de quando Vera — ela não se lembrava do nome no momento — comprara a camisa, tempos atrás. Ficou possessa.

Humberto a encarou:

— Que cara de louca é essa? Cometeu um monte de desatinos e ainda me encara desse jeito?

— Que camisa é essa, Humberto?

— O quê?

— Que camisa é essa? Quem foi a vagabunda que lhe deu essa camisa?

— Não estou entendendo.

— Essa camisa que você está usando é vendida com exclusividade na minha butique. Reconheci pelo detalhe da gola e pelo logo na altura do peito.

— E daí? Foi um presente.

— Então está tendo um caso com uma mulher! Vai me deixar por outra. Eu bem que desconfiava daquela cadelinha que foi à loja. Qual era mesmo o nome dela? Era...

— Elisa, não sei do que você está falando. O fato é que, antes de descobrir a verdade sobre a paternidade de Guilherme e sobre o jogo sujo que armou para me separar de Renato, eu já cogitava me separar. Agora, me sinto completamente livre, leve e solto para pegar o resto de minhas coisas e partir. De vez.

— Já tem outra. Eu sabia! Eu vou atrapalhar a vida de vocês. Vou azucrinar essa vagabunda. Quem é ela?

— Não é ela. É *ele* — ressaltou.

Elisa sentiu como se tivesse levado uma bordoada. Não, duas bordoadas. Rodou a cabeça e perguntou novamente:

— Como é que é?!

— Isso mesmo que você ouviu. Estou apaixonado por outro homem. O nome dele é Luciano. Você o conhece. Foi namorado da Manuela. É como se fosse da família, portanto, dispensa maiores apresentações. Agora, se me dá licença, vou fazer minhas malas e sumir da sua vida. Nossa conversa daqui para a frente será por intermédio de advogados.

— Desgraçado! — ela bradou. — Bicha velha!

— Pode xingar, valer-se de todos os termos chulos que sua boca adora proferir. Não me importo. Estou farto de você. Você só me causa repulsa.

— Saiba que casamos com separação total de bens. Você comprou este apartamento, mas está no meu nome.

— Fique com ele. Engula-o, ou, se fosse descer ao seu nível, mandaria você enfiá-lo sabe bem onde.

— Ah, é? A loja é minha, todas as aplicações no banco são minhas, os quadros e as esculturas são meus, inclusive todas as joias que me deu. Você só tem aquela empresa chinfrim em sociedade com seu primo, seu carro, modelo nacional — ela desdenhou —, e mais nada.

— Está de bom tamanho. Não preciso de muito para viver bem. Não quero nada de você. Tudo o que vem de você ou de sua família é maldito, sujo, condenado. Não quero dinheiro vindo à custa de posse ilegal de terras, matança de índios, escravidão e sabe-se lá o que mais a sua *tradicional* família tenha feito ao longo dos séculos para se manter abastada e no poder. Quero distância do seu dinheiro, de você, daqueles tios nojentos.

— Des...

— Ah! — Humberto a cortou de novo. — A única coisa que você não vai tirar de mim, de jeito algum, é o relacionamento maravilhoso que tenho com Gustavo. Já soube que se indispôs com a namorada dele. Pelo jeito, vai terminar sozinha, com seus quadros, suas joias, suas esculturas e seu dinheiro... ou não — refletiu, num tom profético.

Humberto falou e apertou o passo na direção do quarto. Arrumou seus pertences em três malas grandes e partiu. Nunca mais voltaria àquele apartamento.

Elisa ficou em estado de choque. Demorou para concatenar as ideias. E, por mais que tentasse, vultos atormentados a acompanhavam por toda parte, insuflando-a de ideias negativas, de ódio contra as pessoas, o mundo e, pior, contra ela mesma.

Foi até o banheiro, apanhou três comprimidos para dor de cabeça, engoliu-os com um gole d'água e tentou dormir. Revirou a noite toda na cama e só pegou no sono quando os primeiros raios de sol atravessavam as frestas da veneziana.

CAPÍTULO 45

Um ano se passou. A rotina de Ondina mudou bastante nesse tempo. Depois que assinara os papéis do divórcio, ficou com a casa e parte dos rendimentos de Leônidas.

Ele espumou de ódio; no entanto, alguns meses antes da audiência, o advogado dele assegurou-lhe que seria melhor aceitar os termos exigidos por Ondina.

— Aceite tudo, senão ela vai expor o seu relacionamento com Soraia. Não vai ficar bem. Soraia é da Corregedoria, trinta anos mais jovem que você. E tem a criança...

Leônidas aceitou, totalmente a contragosto. Assinaram os documentos e, meses depois de tudo resolvido, Ondina era dona do próprio nariz.

Acordava cedo, pegava a roupa de ginástica e ia para a academia, exercitar-se. Tinha também a turma de hidroginástica, duas vezes por semana. Perdera uns quilos, estava com o corpo mais esbelto, a saúde melhorara.

Os exames de saúde estavam todos ótimos e ela esbanjava saúde. Pintara a casa, arrumara o jardim, enchera as paredes dos cômodos de cor, flores, objetos que escolhia quando apareciam peças das quais gostava no bazar do centro espírita.

Ondina continuava trabalhando ativamente no mesmo centro espírita. Adorava aquele ambiente, os dirigentes, colegas de trabalho, amava tudo o que fazia. Sentia-se uma missionária da luz, uma discípula de Allan Kardec. Entretanto, algo em seu íntimo mudara.

Ondina atendia as pessoas, mas não citava mais apenas as palavras das Escrituras. Acrescentou aos textos bíblicos os da doutrina espírita e os interpretava segundo uma óptica que prezasse o crescimento, o bem-estar do ser humano, sempre valorizando a união das almas por meio do amor verdadeiro. Queria que cada pessoa atendida por ela saísse do centro com a certeza de que podia aprender a conquistar a felicidade e dirigir o próprio destino.

Ondina mudara bastante. Por dentro e por fora. Com a inauguração do salão de beleza de Inês, foi-lhe oferecido um emprego de meio período, um salário e tinha corte e tintura de cabelo gratuitos. Os cabelos brancos foram substituídos por um castanho-alourado, o que a fizera rejuvenescer sobremaneira na aparência.

Ela se transformara em uma nova mulher, bem consigo mesma, com a vida.

Estava mexendo nas plantas do jardim, aparando a roseira, quando o telefone tocou. Era Inês:

— Mãe, tenho uma novidade! Está sentada?

— Ajoelhada, para ser exata — brincou. — Aparando as flores do jardim. O que aconteceu? Precisa de ajuda para limpar o salão?

— Não. Mas, já que falou em ajuda, quando virá trabalhar comigo o dia todo?

— Já disse a você, filha. Mamãe tem tantas atividades. Meio período está de bom tamanho, não acha?

— Não. Creio que precisarei de você mais do que pensa.

— O que foi? Está doente?

— Estou bem à beça. Você vai ser avó!

— Jura! — Ondina não cabia em si, tamanha felicidade. — Que bênção! Jesus nos concedeu o privilégio de recebermos um espírito em nossa família. Um serzinho que vai reencarnar! — Ondina mantinha seu jeito de espírita de falar. — Que notícia boa, minha filha. Parabéns! Vou correndo até sua casa.

— Não. Hoje é segunda-feira. O salão está fechado. Vou almoçar com você.

— Pois venha. Vou fazer um prato bem gostoso. E Durval, como está?

— Ele está que não se segura, sentindo-se nas nuvens! Já está programando os jogos de futebol, escolhendo as roupas do time, essas coisas.

— E se for menina?

— Adianta falar? Caçoou de mim, jurando que vai ensiná-la a jogar bola do mesmo jeito!

As duas riram.

— Ah, filha. Venha. Fico muito feliz por vocês.

— Logo estarei aí.

— Depois combinaremos, os três, para fazer um Evangelho no lar. Especial.

— A senhora é quem manda. Durval vai gostar.

— Beijo. Te amo, filha.

— Também amo a senhora.

Ondina desligou o telefone sentindo-se tão feliz, mas tão feliz, que Berenice, a certa distância, não conteve a emoção.

— Ela está ótima!

— Você fez um bom trabalho — parabenizou Ágata. — Um ano de tratamento ao lado dela. Viu que beleza? Todos podem melhorar, sem exceção. Ondina só precisava descobrir a própria força interior.

— Além do mais, a ajuda espiritual só é válida para quem se ajuda, quem se dispõe a fazer as coisas da melhor forma, como ocorreu com Ondina.

— Não só da melhor forma, mas também com alegria — completou Ágata. — A alegria é o tônico da vida, é o que nos move para a frente. É uma energia que deixa você se sentir forte, capaz.

— Ondina aprendeu e eu também. Hoje me considero um ser alegre, porque, ao ter a certeza de que continuamos vivendo depois da morte, conservando a individualidade e tudo quanto aprendemos nesta ou nas outras vidas, conforta e estimula a busca pelo conhecimento em todos os dias da nossa vida.

— A confiança na vida é uma coisa muito boa, não? E é essa confiança que nos enche de paz!

Ágata falou e fez um sinal. Berenice entendeu, aproximou-se dela, estenderam os braços e abriram as mãos na direção de Ondina. Fecharam os olhos e imaginaram uma luz azulada saindo da região do coração delas em direção ao coração da mulher, que desligara o telefone e voltara a aparar as rosas no jardim.

Ondina sentiu um leve calor invadir-lhe o peito. A sensação de bem-estar foi imediata. Ela sorriu e acreditou estar sendo amparada por um anjo protetor. Sorriu e agradeceu mentalmente ao mentor e aos espíritos de luz.

Ágata e Berenice beijaram o rosto dela. Ágata disse:

— Precisamos partir. O mentor dela vai retornar ao posto. Você pode ir embora comigo.

— Vou sentir saudades dela.

— A separação é temporária. A família espiritual é formada por laços sinceros de afeto. Um dia vão se reencontrar.

— Sim. Acredito.

— Despediu-se de Durval?

— Passei na casa dele ontem. Deixei um beijo nele e em Inês. Foi estranho, Ágata...

— O quê?

— Foi como se eu nunca tivesse tido nada com ele. Eu me senti na casa de um estranho.

— Vocês não têm mais afinidades. É normal.

— Adoraria, antes de partir em definitivo, dar um abraço em Toninha.

— Podemos passar na casa dela. Está sozinha, tranquila, descansando. É um bom momento.

— Vem comigo?

— Será um prazer.

As duas sumiram no ar e em instantes estavam num apartamento gracioso, bem decorado, confortável.

Gustavo o comprara recentemente, havia alguns meses. Depois da morte do irmão, passados três meses, propusera a Toninha se unirem e viver a vida deles, pois se amavam, a vida era frágil, curta e, a qualquer momento, poderiam também não estar mais vivos.

— Para que adiar? Somos adultos, nos amamos. Seus parentes moram longe. Você perdeu sua irmã e eu perdi meu irmão. Para mim, é um sinal claro da vida de que não podemos perder tempo com bobagens, protocolos sociais.

— Viver junto é um passo importante, Gustavo — ponderou Toninha. — E, de mais a mais, sua mãe não aprovou nosso namoro, não gosta de mim.

— Estou me lixando para o que minha mãe ache ou deixe de achar. Você sabe que não quero mais me relacionar com ela.

— É sua mãe!

— E daí? Se ela não aprova nosso namoro, se ela não gosta da mulher que amo, por que deveria manter laços com ela? Só vai atrapalhar nossa vida. Não quero nada de ruim em nosso caminho. Veja o inferno que ela tentou fazer da vida do meu pai com Luciano.

— É. Dona Elisa joga pesado.

— Não quero gente assim na minha vida. Quero paz. Se ela mudar, aceitar você, conviver numa boa com a gente, ótimo. Caso contrário, não vejo alternativa. Não guardo mágoa, nem ressentimento, mas não quero que ela nos perturbe.

— Entendo seu ponto de vista.

Toninha ficou quieta. Entendia Gustavo e também não queria suscitar dúvidas na cabeça dele de que suspeitava ter um dedinho de Elisa na morte de Guilherme.

— É loucura da minha cabeça — ela disse para si. — Melhor esquecer e viver a minha vida com Gustavo.

Aceitou morar com ele no apartamento. Contudo, viver naquele ambiente não estava sendo bom para Gustavo. Tudo ali o fazia se lembrar do irmão. Os móveis, os objetos... Decidiu comprar um apartamento e mobiliá-lo de acordo com o gosto dele e de Toninha.

Dali a seis meses se mudaram. Por intermédio de seu pai, soubera que Luciano estava desolado por ter perdido Vera, a amiga e também seu braço direito na empresa.

Gustavo teve uma ideia e, como Toninha estivesse desempregada, indicou-a para a vaga. A entrevista dela com Luciano foi ótima. A empatia entre ambos foi imediata, Toninha conseguiu o emprego e decidiu cursar Relações Internacionais em uma faculdade bem conceituada da capital. Era particular, mas o novo salário de Toninha cobria o valor da mensalidade e ainda sobrava para dividir as despesas com Gustavo.

Por mais que ele insistisse em não aceitar o dinheiro, Toninha fazia questão de rachar as contas da casa. Sentia-se bem, útil, independente. E Gustavo, a cada dia, sentia-se mais apaixonado por ela.

Humberto e Luciano iam, religiosamente, todo domingo almoçar no apartamento deles. O relacionamento entre os quatro era harmonioso.

Às vezes, Toninha e Luciano confortavam pai e filho por conta da imensa saudade que sentiam de Guilherme. Com o passar dos meses, entendendo que a vida é eterna, a dor da perda foi diminuindo, e ambos conseguiram lidar de uma forma melhor com a saudade.

Berenice entrou no quarto. Toninha estava deitada na cama, de camiseta e short, bem confortável. Acabara de sair do banho e estava lendo *Enfim, a felicidade*, de Eduardo França, indicado por uma colega da faculdade. Estava devorando o romance. Já havia lido todos os livros de Zibia Gasparetto, Mônica de Castro, Amadeu Ribeiro, Ana Cristina Vargas e outros escritores espíritas.

— Quando lê um romance dele, parece que está assistindo a uma novela — revelou a colega, convicta.

Toninha se interessou e comprou o livro. Estava ali, entretida, rindo, se emocionando, ao mesmo tempo que tentava entender os mistérios da vida e aceitar melhor a morte da irmã.

De repente, no meio da leitura, a imagem de Berenice veio forte na mente. Toninha precisou parar de ler. Pegou o marcador, posicionou-o na página, fechou o livro e colocou-o sobre a mesinha de cabeceira. Olhou para o teto, respirou fundo e murmurou:

— Berenice, quanta saudade de você, minha irmã!

E deixou que uma lágrima escapasse pelo canto do olho.

Berenice também deixou que uma lágrima rolasse pela face, mas estava alegre. Aproximou-se e disse, contente:

— Toninha, se soubesse como estou bem, minha irmã querida! Continue lendo o romance porque é tudo verdade. A vida continua depois da morte do corpo. O espírito é eterno. A vida no planeta é só um treino para que a gente possa amadurecer, dominar nossos impulsos, alcançar a paz e descobrir que a felicidade é um estado e, por esse motivo, podemos alcançá-la a qualquer momento. Qualquer hora é hora de ser feliz. Você escolhe. Não tem minuto, data, tempo certo. Escolhe e pronto. Portanto, minha querida, procure sempre estar alegre, contente, bem-humorada, porque a alegria na vida faz toda a diferença.

Toninha esboçou um sorriso e lembrou-se de quando ela e Berenice eram crianças, no interior, e brincavam no Parque da Represa, em São José do Rio Preto. Lembrou-se de uma cena em que as duas riam, gargalhavam sem parar.

O ambiente no quarto ficou mais leve, as energias foram transformadas, e Berenice prosseguiu:

— A alegria levanta a gente, não precisa de motivo, mas, lembre-se, ela precisa ser cultivada. Jamais se esqueça de cultivar a sua no dia a dia.

Ágata finalizou:

— A alegria renova energias, ela limpa o ambiente do lar. A alegria, Toninha, torna a vida mais fácil.

— Bom, creio que podemos ir embora. Estou feliz em ver minha irmã bem.

— Então se despeça dela e vamos.

Berenice beijou Toninha no rosto e as duas partiram, deixando o ambiente repleto de energias de alegria, saúde e paz.

CAPÍTULO 46

Nesse tempo que passou, quem estreitara amizade com Toninha e Gustavo, e aparecia na casa deles de vez em quando, era Danusa. Às vezes ia acompanhada de Conrado, passavam horas ali juntos, conversando, contando histórias do passado, relembrando fatos divertidos com Guilherme, trazendo informações sobre Manuela no Canadá, desfrutando de momentos agradáveis. Muitas vezes, ia sozinha. Adorava ser chamada de tia, vez ou outra, pelo casal.

Toninha a adorava. Sempre pedia para Danusa ensiná-la a preparar um prato diferente, o que Danusa fazia com o maior prazer e total dedicação.

Houve um fim de semana em que Gustavo teve de acompanhar o pai e o tio numa viagem por conta de uma obra em outro estado. Danusa ligou para Toninha e a convidou para ir à casa dela. Dessa forma, Toninha poderia conversar com Manuela, por meio do computador.

Marcaram no domingo por volta do meio-dia. Na hora marcada, a campainha tocou. Danusa foi pessoalmente atendê-la.

— Adoro pessoas pontuais!

— Vim no horário combinado — cumprimentou-a Toninha.

— Hora marcada, para mim, é algo sagrado!

— Seja bem-vinda, minha filha.

— Obrigada.

Danusa conduziu-a pelo corredor lateral até a cozinha. No caminho, Toninha encantou-se com o jardim bem cuidado e observou mais ao fundo a estufa, repleta de orquídeas.

— São o meu passatempo, meu xodó — revelou Danusa.

— Também gosto de plantas.

Danusa mostrou as orquídeas a Toninha e apontou as que ganhara de Guilherme.

— Essas são especiais. Foram presente de Guilherme.

— Você era bem ligada nele, não?

— Eu o amava como se fosse meu filho — confessou, numa voz carregada de emoção.

— Sinto muito, Danusa. Sei como deve se sentir.

— Os trabalhos da perícia foram concluídos de maneira muito rápida. Detectaram uma falha no motor, um aquecimento fora do normal. Eu... — ela se calou e caminhou para a saída da estufa.

Toninha acompanhou-a em silêncio. Na ampla cozinha, Danusa preparava o almoço. Havia verduras cortadas sobre um balcão ao lado da pia, panelas fumegantes sobre o fogão, um aroma delicioso impregnava o ambiente.

Ela serviu uma taça de vinho para Toninha e a convidou para se sentar à mesa, próximo do balcão em que Danusa trabalhava.

— Precisa de ajuda? — quis saber Toninha.

— Não é necessário. Está quase tudo pronto. Depois, na hora de arrumar a cozinha, como dei folga à empregada, poderá me ajudar a pôr tudo em ordem, se quiser.

— Será um prazer.

Toninha mordiscou os lábios. Desconfiava de que aquele acidente fora proposital. A cena da conversa entre Elisa e Paula, antes da viagem à praia, não lhe saía do pensamento. Arriscou:

— Você acredita que a explosão tenha sido acidental?

— Para ser sincera, não. Uma das boas coisas que herdei da época do Hare Krishna foi a meditação. Depois que Guilherme morreu, voltei a praticá-la, por horas. Sabe, certo dia tive um *insight*, uma clareza súbita de ideia.

— É? — indagou Toninha, curiosíssima.

— Sim. Sonhei que estava na lancha, antes do acidente. Acho que eram momentos antes da explosão. Foi como se tivesse feito uma viagem com a minha consciência pelo tempo e espaço. Senti que alguém adulterava alguma coisa na embarcação. Foi tudo muito rápido, bem sutil, mas forte a ponto de eu voltar da meditação com a certeza de que aquele acidente foi planejado.

— Acredita que queriam a morte de Guilherme?

— Sim.

— Mas quem o queria morto? Além do mais, eu e Gustavo éramos para estar na lancha.

Danusa voltou o corpo para Toninha, surpresa.

— Vocês iriam ao passeio naquela manhã?

— Exato. Bem na hora de irmos ao encontro de Guilherme e Paula, recebemos a notícia de que minha amiga Vera havia sido ferida num assalto. Mal sabia que ela já tinha morrido.

— Ah! — Danusa entristeceu-se. — Foi um dia horrível para todos nós. Principalmente para você. Imagino. Pensando melhor, com essa informação, que, não me lembrava se comentaram comigo ou não, as minhas suspeitas agora são completamente infundadas. Perdem o sentido.

— Não estou entendendo. O que quer dizer?

Danusa encarou-a com seriedade.

— Sei que nossa amizade brotou de forma espontânea e gosto de você com sinceridade.

— Também sinto um carinho especial por você, tia — brincou Toninha.

— Então, eu posso lhe confessar que, de certa forma, suspeitava de Elisa. Achava que ela havia tramado algo contra o próprio filho, ainda mais depois de ter certeza sobre o passado podre dela.

— É mesmo? O que é?

— Não interessa o que aconteceu. Não vem ao caso fofocar sobre o passado, mas, depois de descobrir alguns detalhes sórdidos sobre o que Elisa já foi capaz de fazer, não ficaria admirada de saber que quis dar um fim em Guilherme.

— Mas era filho dela! — exclamou Toninha.

— E daí? Elisa só enxerga o próprio umbigo. Ela venderia a alma ao diabo para se dar bem, salvar a própria pele. Você não a conhece.

— Pior é que a conheço. Por que acredita que sua teoria da conspiração não faz sentido?

— Porque você e Gustavo iriam ao passeio. Por mais que Elisa seja do tipo que venderia a alma ao diabo, não seria tão louca a ponto de também colocar em risco a vida de Gustavo, entende?

— Olha — Toninha hesitou, mas resolveu dizer —, não sei, entretanto, acredito que Elisa faria sim, de tudo para salvar a si mesma.

Toninha revelou a conversa que ouvira entre Elisa e Paula antes da viagem ao Guarujá. Em seguida, emendou:

— Veja só: Elisa se livraria do filho que não amava, de Paula, que de certa forma a deveria estar incomodando...

— Tudo bem. Ela se livraria dos dois problemas. E você e Gustavo? Porque Elisa, caso suspeitasse do seu namoro com Gustavo... — Danusa refletiu —, mas nem desconfiava que vocês dois se conheciam.

— Pode ser. Estou intrigada, Danusa. Eu e Gustavo iríamos morrer por conta de um efeito colateral?

— Sim.

— Diz isso como se fosse algo natural! — espantou-se Toninha.

— Já disse. Conheço a Elisa. Tem traços da personalidade dela que tem muito a ver com os de um psicopata. Na cabeça dela, os filhos não são filhos, não são pessoas, mas coisas, peças descartáveis.

— Entendi. Qualquer coisa que a atrapalhe, ela tira do caminho.

— Mais ou menos por aí. Não se explica racionalmente por que alguém mata o outro assim, sem mais nem menos. Pode elencar várias desculpas: vingança, traição, salvação... mas matar alguém? Em sã consciência? Eu não consigo matar uma flor, arrancar uma pétala de uma orquídea. Imagine tirar uma vida — observou Danusa. — Não dá para pensar sobre o assunto. Por isso, digo que é coisa de psicopata. Elisa é uma. Não a enxergue com uma pessoa comum, como eu e você.

— Começo a entender seu ponto de vista — avaliou Toninha.

— É maldade na enésima potência? Sem dúvida — Danusa estava perplexa. Entristecida, ponderou: — Se Elisa articulou todo o plano, jamais teremos como juntar provas para incriminá-la. Nunca pagará por esse crime.

— Falando em pagar sobre um crime, preciso lhe confessar outra coisa.

Toninha contou sobre a denúncia que fizera contra Elisa e as investigações que corriam havia mais de um ano.

— Não vai demorar muito para deflagrarem uma operação bombástica que vai colocá-la atrás das grades, Danusa.

— Rica do jeito que é, vai conseguir recorrer em várias instâncias e responder ao processo em liberdade.

— Veremos. Em todo caso, de alguma forma, Elisa vai para a cadeia.

— Deus a ouça, querida. Deus a ouça.

⁂

Três meses depois da conversa entre as duas, num início de manhã de primavera, agentes federais encostaram com viaturas no prédio onde Elisa morava, munidos de um mandado de prisão nas mãos, para espanto de vizinhos e deleite da imprensa.

Mal deu tempo de Elisa se arrumar. Foi colocada num cam-burão da Polícia Federal e presa por sonegação de impostos.

Na delegacia, já com o advogado ao lado, foi acusada por crimes de formação de quadrilha, falsidade material e ideo-lógica e lesão à ordem tributária, numa operação em con-junto entre o Ministério Público do Estado, a Polícia mais a Receita Federal.

— Quero sair já! — exigiu ela ao advogado, depois de mais de três horas prestando esclarecimentos.

— Não funciona assim, Elisa. Eles têm documentos, provas, evidências, conversas telefônicas, estão monitorando suas atividades da butique há mais de um ano. Não será fácil, mas vou solicitar um habeas-corpus o mais rápido possível. Você não tem antecedentes criminais, mas terá de passar um ou dois dias na prisão.

Ela teve uma síncope, um ataque de fúria.

— Não quero saber! Não fico aqui nem meia hora.

— Não há o que fazer. É a lei.

Ela baixou o tom de voz e fungou, irritadíssima:

— Diga-me, Moraes. Foi denúncia?

— Sim. Se eles têm documentos, planilhas da loja, cópia de notas fiscais, claro que foi denúncia. Estão com mandados de prisão contra seus tios Edmundo e Eduardo. Acabei de saber que os dois estão prestando depoimento lá no Rio de Janeiro.

Imediatamente Elisa lembrou-se de Toninha.

— Por que você não estava na lancha? — indagou a si mesma.

— O que foi que disse? — perguntou Moraes.

— Nada. Você pode me chamar o Humberto? Peça para ele vir aqui, por favor.

— Verei o que posso fazer. Desde o divórcio, depois do que você tentou aprontar com ele e com o companheiro dele... Bem, não sei se será possível.

— Por caridade — ela choramingou. — Veja minha situação. Há um bando de abutres aí fora querendo me devorar viva. Sou a sensação do momento. O país inteiro não deve estar falando em outro assunto.

— Tem razão. Há um monte de repórteres e emissoras de tevê na porta da delegacia. Sabe que a população entra em êxtase quando prendem uma pessoa de posses como você. Estão mais interessados em você do que nos seus tios.

— Malditos! — ela bradou. — Minha família sempre foi abastada, de posses. Sempre demos de comer, sustentamos muitos desse povo pobre e ignorante. Agora querem me esfolar, viva ainda por cima!

Moraes meneou a cabeça, de forma negativa.

— Preciso correr com a papelada.

— Ligue para Humberto, por favor.

— Está bem.

Elisa foi conduzida, a contragosto, até uma cela.

CAPÍTULO 47

No comecinho da noite, quando as equipes de reportagem haviam deixado a delegacia porque um político de renome tinha acabado de morrer num acidente aéreo, Humberto entrou na delegacia e logo foi conduzido até Elisa.

Ela veio e se jogou sobre ele, chorosa. Ele se desfez do abraço e a olhou de maneira odiosa.

— Por que me olha desse jeito? — indagou ela, um tanto irritada. — Esqueça o que fiz depois do fim do nosso casamento. Veja que parei de importunar você e aquele *outro*.

— Não estou aqui por causa disso.

— Sabia que Moraes iria convencê-lo a vir. Preciso de seu apoio.

— Para quê?

Ela o olhou surpresa.

— Ora, para me ajudar a sair daqui o mais rápido possível. Apenas deixei de pagar um ou outro imposto. Bobagem. Depois faço um acordo e parcelo tudo com a Receita Federal. Encho os cofres do governo e voltaremos, eu e o Estado, a sermos amiguinhos novamente. Passa logo. Este processo não vai adiante, a minha família é poderosa. Logo, meus tios vão conseguir fazer com que arquivem o processo. Mexeram com as pessoas erradas.

Humberto olhou-a com repulsa.

— Você me dá nojo. É uma das piores pessoas que conheci na vida. Não sei o que há de pior no mundo que possa ser comparado a você. É venal, baixa, repugnante.

Ela riu, irônica.

— Se a *tia* veio me ofender, está perdendo seu tempo. Só queria seu apoio, mas penso que me enganei. Não passa de uma bicha velha e rancorosa.

— Nada disso. Sou um ser humano normal, aliás, um homem com agá maiúsculo por ter me assumido e ter me bancado. Não permito mais que tripudiem sobre minha condição ou orientação sexual. E, se quer saber, vou me casar com Luciano.

Elisa debochou:

— Casar?

— É. Casar. De papel passado. A lei hoje nos dá esse direito.

— E quem vai ser o marido? Quem vai ser a esposa?

— Dispenso o seu veneno.

— E no topo do bolo, vão colocar dois noivos abraçadinhos ou duas noivinhas?

— Não decidi, ainda — rebateu, sarcástico.

— Espero que vocês sejam infelizes para sempre, isso sim.

— Pode praguejar, rogar praga. Não pega. Somos pessoas de bem. A sua maldade não nos atinge.

Elisa bufou:

— Não quero saber se vai casar, se vai comprar vestido de noiva na rua São Caetano, se vai organizar festinha. O que me interessa é se vai me ajudar a sair daqui.

— Vim pessoalmente para dizer que eu desejo, do fundo do meu coração, que você apodreça na cadeia, que passe o resto dos seus dias presa e que morra na mais completa solidão.

— Idiota. Cretino. Acha mesmo que vai medir forças comigo? Sairei daqui e o esmagarei como mato um verme, pisando sem dó nem piedade sobre ele. Você nunca pôde contra mim, Humberto. Esqueceu que eu sempre ganhei? Esqueceu que eu tirei Renato de você e menti sobre a verdadeira paternidade de Guilherme? Que mandei matar o pai biológico dele? Até esses deslizes fiscais na loja, eu os escondi de você. Sempre foi manipulável, um bonequinho tonto, uma marionete que usei como bem quis.

— Mas o tonto acordou, tomou um chá fortíssimo de esperteza. Agora a marionete, o palhacinho aqui, vai acabar com você.

— Não admito que uma bicha velha me ameace e...

— Cale a boca! Chega! — a voz de Humberto fez Elisa sentir medo.

Ele a encarou com os olhos avermelhados, voz grave:

— Vim pessoalmente apenas para informar que seu joguinho acabou, assassina! Não só será presa por sonegação fiscal, mas também por encomenda de morte.

Elisa sentiu as pernas bambas. A saliva secou. Ela tentou articular as palavras, porém não saíam. Demorou, mas balbuciou, num fio de voz:

— Não sei do que está falando...

— Mandou matar Guilherme e Paula. Eu sei. Danusa me contou.

Ela recuperou as forças. Respirou fundo e riu.

— A louca e desequilibrada que canta hare hare? Sei. Deviam interná-la num sanatório. Essa é a prova que tem contra mim? Era só o que me faltava.

— Deduzi que iria me dar essa resposta. Mas, por uma ajuda divina, seu matador de aluguel foi preso em Goiânia no comecinho desta semana, por conta das *suas* gravações telefônicas grampeadas. Imagine o que foi revelado em mais de um ano de conversas...

Elisa gelou e o rosto ficou pálido. Humberto prosseguiu:

— A polícia está há anos atrás do Boris. Anos! Não tinham como rastreá-lo e pegá-lo. Graças a você, ligaram-no à morte de um seringueiro, morto há pouco mais de um ano no Acre.

— Não sei de nada, não o conheço.

Humberto fez que não a ouviu.

— Por uma espécie de delação premiada, a fim de pegar menos tempo de cadeia, Boris está contando tudo, absolutamente tudo para a polícia. Ontem, ele deu depoimento sobre como fez um certo motor de lancha superaquecer com bastante material inflamável ao redor. Ah — Humberto levou a mão à testa, num gesto cínico —, a lancha explodiu nas águas do Guarujá, num sábado de carnaval. Essa tragédia lhe é familiar?

Elisa nada disse. Humberto finalizou:

— Vou fazer de tudo para que você apodreça na prisão. Vou mover céus e terras, contratarei os melhores advogados criminalistas do país para destruir você e jogá-la atrás das grades até o fim de seus dias. Afinal, uma mãe que encomenda a morte do próprio filho merece apodrecer na cadeia, ou coisa pior. Adeus, Medeia!

Elisa sentou-se numa cadeira e ficou um bom tempo tentando concatenar as ideias. Estava perdida.

Se Boris abrir a boca, de fato, será o meu fim, pensou. Mas observou:

— Gostei. Medeia.

❧

Humberto, por sua vez, despejou toda sua revolta sobre a ex-esposa e saiu. Bateu a porta, seguiu pelo corredor apertando o passo e deixou que as lágrimas escorressem livremente pelo rosto.

Estava um pouco aliviado pela justiça que faria ao filho morto, mas seu coração apertava. Era uma mistura de vazio e saudade. Não queria que as coisas terminassem desse jeito, contudo, fazer o quê?

Deixara-se manipular por Elisa, fora fraco, não assumiu sua força, não conduziu seu destino. Talvez, se tivesse tido uma atitude diferente...

Chegou à porta da delegacia e Luciano ali estava, pronto a recebê-lo, com os braços abertos. Humberto entregou-se àquele abraço afetuoso e chorou muito.

Por mais que tentasse, era-lhe difícil lidar com a perda do filho amado, apesar de saber que Guilherme não era filho de Renato.

Luciano esperou que ele se acalmasse. Sugeriu:

— Vou levar você até um centro espírita que gosto de frequentar, não muito longe daqui. Gostaria de tomar um passe para acalmar-se?

— Estou precisando. Eu me excedi com Elisa. Joguei toda minha raiva reprimida sobre ela.

— Tudo bem. Você é humano. Faz bem chorar, gritar, espernear, enraivecer-se. Não por acaso estamos aqui, no planeta, aprendendo a lidar com vários sentimentos e emoções. Não se critique. Lembre-se de que precisa estar sempre do seu lado. Você é e sempre será seu melhor amigo!

— Sim. Obrigado pelas palavras que sempre me levantam o astral.

— Deixe Elisa com a mente dela. Deixe-a colher o que plantou. Não a julgue.

— É difícil.

— Eu sei, Humberto. Mas não é impossível. Cada um faz o melhor que pode. Ela ainda está presa num mundo de muita ilusão, que valoriza as aparências, estimula a vaidade, corrói a verdade do espírito. Se ela é ou não responsável pela morte de Guilherme, não sabemos. Por isso, entregue essa questão nas mãos de Deus.

— E faço o quê?

— A sua parte. A todo momento, lembre-se do seu filho alegre, bem-disposto, sorridente. Sempre tenha a lembrança dos bons momentos que viveu com Guilherme. Só recorde e cultive as boas lembranças. E, toda vez que bater a saudade, diga: "Ah, filho, que saudade de você!". Mas diga com alegria, afirme com contentamento. Diga a ele que você está bem e deseja que ele também fique bem onde está. Que Guilherme siga sua vida, procure ampliar a consciência, reencontre afetos, amigos, não deixe de estar sempre alegre. A alegria ajuda bastante na recuperação do espírito. É como se fosse uma forte medicação que, além de ajudar na rápida readaptação do ser no mundo espiritual, também o rejuvenesce, o mantém ativo, forte e saudável. Você não quer que seu filho fique bem?

— É o que mais quero.

— Então pense nele com alegria. Deseje a ele toda a felicidade do mundo. E não fique triste. Porque, mais cedo ou mais tarde, vocês vão se reencontrar. Um dia você também vai morrer. É a única fatalidade da qual não poderá escapar. Nem você, nem ninguém que vive neste mundo.

Humberto sorriu e entrou no carro, já bastante calmo.

— É por isso que o amo. Você me faz muito bem.

— Também amo você. Agora coloque o cinto de segurança e vamos tomar um passe.

— Sim, senhor!

CAPÍTULO 48

Era sempre manhã naquela cidade do astral. Não havia tarde ou noite. O sol brilhava o tempo todo.

Renato despertou e saltou da cama num pulo. Sentia-se bem, com disposição. Foi direto para a porta-balcão que substituía a janela, abriu-a e uma brisa suave acariciou seu rosto. Pisou na varanda e encostou os cotovelos no parapeito.

Adorava ver aquele sol, o brilho intenso a aquecer-lhe o rosto e aquela arquitetura de aspecto antigo, porém simétrica, com construções baixas, templos, pirâmides, muito verde ao redor.

Sumailla entrou no quarto e foi até a varanda. Encostou delicadamente o dedo no ombro.

— Bom dia, querido.

— Bom dia, Sumailla.

— Aprecia esta vista, não?

— Eu me sinto como se estivesse em Machu Picchu, no alto das cordilheiras.

— Não estamos muito distantes delas.

— É magnífico o lugar. E este sol? — apontou Renato. — É maior, mais brilhante e, ao mesmo tempo, mais suave.

— Por ser maior dá a impressão de que vai nos torrar — os dois riram —, mas seus raios atingem nosso corpo perispiritual de maneira suave, para nos energizar e nos alimentar. É que, de acordo com nossa cultura inca, ou como nosso povo quíchua era conhecido séculos atrás no planeta, venerávamos Inti, o deus sol. Segundo reza nossa lenda, Inti enviou seu filho Manco Copac para a Terra a fim de ensinar às pessoas a arte da civilização. Nossa história é muito bonita.

— Estou aqui há um bom tempo. Precisei me recompor. Estava bastante debilitado.

— Quando Ágata o trouxe até nós, você não estava bem. Havia ficado preso na casa de Elisa, atormentava-a, tentava se alimentar do fluido vital dela. Não faz bem ficar no mundo dos, digamos, vivos, quando já não temos mais ligação com o planeta.

— Hoje reconheço que perdi muito tempo ali, mas estava indignado, queria que Humberto soubesse a verdade.

— No fim das contas, ele soube.

— É. Fiquei contente por ele ter recebido as cartas que eu lhe escrevi.

— Não sinto que ficou contente — observou Sumailla. — Falou num tom sem emoção. Você queria que Humberto soubesse a verdade. Até desejava mal a Elisa. De certa forma, conseguiu tudo o que pretendia. Humberto soube das mentiras dela, sobre seu amor por ele e Elisa foi presa. Por que está com essa cara de chuchu desidratado?

Renato riu, sem graça.

— Não sei dizer. É como se ficasse um vazio aqui no peito. De que adiantou saber que Elisa se deu mal? Senti o doce sabor da vingança. E daí? Não me acrescentou nada. Depois que tive alguns lampejos de memória do passado, sinto compaixão por ela. Quanto a Humberto, ao descobrir toda a verdade, se refez. Está amando outra pessoa. É feliz.

— Você não está feliz.

— Não — admitiu Renato.

— Está desse jeito porque Humberto está amando outra pessoa?

— Também não é isso. Sinto que preciso aprender a me amar, a me colocar em primeiro lugar. Era ciumento, possessivo, controlador. Soube que você vai dar um curso intensivo sobre a diferença entre domínio e controle. Seria perfeito para mim.

Sumailla piscou o olho.

— Faremos uma prévia, se quiser.

— Agora, por favor — pediu ele.

— Sim. Veja bem. Controlar não é dominar, é querer de um jeito, dentro de uma determinada regra. Já aquele que domina tem o domínio de si. No domínio, você vê tudo de maneira livre, ou seja, quanto mais largado, despreocupado você for, mais facilmente você segue adiante. Domínio é seguir com jeito; controle é seguir com regra.

— Começo a entender.

— Nada é sólido na vida, tudo é temporário. A vida é oscilante, não é estável.

— Eu gosto de estabilidade e constância — rebateu Renato.

— Entenda que a civilização teve estalos e saltos. Olhe a nossa, que teve seu apogeu, foi dizimada, mas hoje presta contribuição enorme ao planeta por meio de outra dimensão. Tudo o que era não é mais. Por isso, confie na vida, solte-se!

Renato fechou os olhos e nova brisa acariciou-lhe o rosto. Ele respirou fundo e Sumailla prosseguiu:

— Diga: "Estou indo com a vida, estou me deixando levar por ela. Não sou mais o mesmo de um minuto atrás. Eu não me defino porque quem se define se controla. Eu sinto".

— Entendi. Vou indo, indo, seguindo...

— Isso mesmo! Você não segura a vida. Só se segura. Pare de querer assim ou assado. Largue tudo do jeito que está. Entregue-se para a vida, Renato.

Ele respirou fundo e disse:

— Eu acredito na vida. Mudar é bom.

— A única segurança que você tem é saber que não se segura em nada. Não se agarre em nada, em ninguém. Vai na "sua". Faça só o que é bom para você. Afinal, você está no mundo, qualquer que seja a dimensão, não para lutar, mas para viver.

Renato repetiu:

— Não vim para lutar. Eu vim para viver!

— Exato, querido.

Uma força de ânimo e coragem tomou conta dele.

— Quero ser aventureiro, viver bem; nunca mais vou deixar de ser moleque. Vou viver sempre rindo, sem drama!

— Coloque essa verdade em você. Encha seu espírito com essas palavras.

— Puxa, que coisa boa! Melhor que ir para o mal é ir para o bem. Quem sabe de mim sou eu, não os outros. Faço o que gosto, do meu jeito!

— Certíssimo — tornou Sumailla. — Por isso, tome muito cuidado quando ouvir que precisa tomar jeito na vida. Aquele que toma "jeito" sempre arruma encrenca na vida. Agora — Sumailla pediu — feche os olhos.

Renato os fechou e ela prosseguiu:

— Desligue-se da cabeça, dos pensamentos e concentre-se no seu peito. Agora, chame aquele meninão e veja como se sente.

Renato começou a sorrir e declarou, olhos ainda fechados:

— Sinto uma grande motivação de vida!

— É isso que vou ensinar no curso: que as pessoas vivam de maneira leve, soltas, alegres. Quero que acabem com o "tem que". Na verdade, vou ensinar o "destem que"...

Os dois riram.

— Eu vou amar esse curso!

— Depois, poderá passar um tempo inspirando Humberto com essas ideias novas, da mesma forma com que Berenice inspirou uma colega no orbe terrestre.

— Sei que, depois desses cursos, serei outro.

— Já está diferente, Renato. A energia em volta do seu corpo é outra.

Ágata entrou no quarto naquele momento e sorriu ao ver Renato tão disposto. Atrás dela estava Guilherme. Eles já haviam se conhecido. Guilherme estava bem. As energias boas que recebia de Danusa e Humberto o ajudavam bastante em sua recuperação no mundo astral.

No comecinho, quando sofrera o acidente, sentiu certa revolta. Tanto ele, quanto Paula. Depois, com o carinho e a ajuda de Sumailla, Ágata e até de Berenice, os dois foram se acalmando e aceitando a nova realidade.

Ocorre que, seis meses depois do desencarne, veio a curiosidade. Simples curiosidade. Guilherme assim como Paula indagaram aos mentores se seus pais biológicos ainda estavam vivos e se, positivo, poderiam visitá-los, vê-los, nem que fosse por um minuto, somente para agradecê-los, num abraço, pela oportunidade de eles terem lhes dado a chance de reencarnarem. Um gesto bonito, dos dois.

Primeiro organizaram a visita de Guilherme até a casa do pai. Jean Luc era um homem de pouco mais de sessenta anos, casado com uma mulher de quase a mesma idade, Gabrielle.

Depois do trágico episódio com Elisa, traumatizado, ele se mudara para Lyon, casou-se com Gabrielle, trabalharam duro, arrendaram um bar e tiveram uma filha, Claudine. Ele se tornou um marido exemplar e um pai amoroso. Jean Luc jamais soubera que tinha engravidado Elisa, portanto, desconhecia ter um filho solto no mundo. Além do mais, depois de quase ter sido morto, decidiu apagar da mente aquela época de sua vida.

Aos vinte e cinco anos, Claudine conhecera Jacques, um rapaz que se formou em engenharia e recebera convite irrecusável para trabalhar em uma multinacional do ramo farmacêutico cuja matriz ficava em Montreal, no Canadá.

Claudine e Jacques, agora casados e bem instalados em Montreal, viram o ponto de um bar ser colocado à venda, perto da casa deles. Tiveram a ideia de comprar o ponto e oferecê--lo aos pais dela para que tivessem a chance de montar um estabelecimento similar ao que tinham em Lyon. Jean Luc e Gabrielle, saudosos da filha, aceitaram a proposta e fazia um ano que viviam no Canadá.

Numa noite, durante o sono, tiraram Jean Luc do corpo físico e realizaram o encontro entre pai e filho. Jean Luc nada entendeu, acreditou estar em um sonho. Ao ver Guilherme, na sua frente, notou certa semelhança quando ele, Jean Luc, era jovem. Pensou estar diante de um parente, algum conhecido.

Guilherme o abraçou com tanto carinho, com tanta ternura, que Jean Luc retribuiu o abraço e sentiu uma emoção diferente. Ficaram assim por um tempo até que Guilherme lhe disse obrigado em francês e partiu.

Depois, foi a vez de Paula. Ágata pediu, com jeito:

— Nada de chiliques ou fortes emoções.

— Ora, por quê? Já morri mesmo. De que adianta ter um chilique? No fundo, me dá até um certo medo de, finalmente, saber quem engravidou minha mãe durante uma orgia regada a bebidas e drogas.

Entraram também num quarto à noite e descolaram o homem do corpo físico, um senhor beirando os setenta. Quando Paula o viu, espremeu o olho e ficou muda. Claro, teve um chilique, seguido de um palavrão.

— Estão de brincadeira comigo! — ela gritou, na sequência.

O homem, tadinho, nada entendeu. O mentor dele fez um sinal com a mão e Ágata saiu de lá com Paula, para não tumultuar o ambiente. Já no jardim da residência, acompanhada de mais três auxiliares, Ágata foi categórica:

— Que modos são esses?

— Aquele é meu pai?!

— É.

— Sou filha de um dos homens mais ricos do Brasil? É isso?

— Você queria saber quem foi o corresponsável que a ajudou a reencarnar no planeta.

— Era melhor não ter sabido.

— De que adianta não enfrentar a verdade?

— Você não está entendendo, Ágata. Passei uma vida de privações. Se a louca da Célia soubesse, ao menos, que tinha transado com um bilionário, minha vida teria sido melhorzinha, não acha? — rosnou, entredentes, irritadíssima.

— Se continuar assim, nervosa, terei de fazê-la dormir, à força.

— Quero voltar. Reencarnar já. E ser filha, ou neta dele. Exijo!

— As coisas não funcionam assim. É preciso traçar um plano.

— Que plano, que nada! Quero nascer nesta família. Vai. Faz ele transar com a esposa, com a empregada, com o raio que o parta!

Paula se soltou de Ágata e correu para dentro do casarão. Atravessou paredes, correu feito uma doida ensandecida atrás do homem. Ágata fez sinal para os auxiliares e girou os olhos sobre as órbitas.

— Minha intuição afiada gritava que isso ia acontecer...

Os três rapazes, fortes, agarraram Paula. Dois a seguraram pelos braços e outro mobilizou suas pernas. Ela começou a gritar, espernear. Ficou fora de si. Ágata aproximou-se, meneou a cabeça negativamente, tirou uma injeção do bolso do jaleco e aplicou-lhe um sedativo.

A cena em questão tinha ocorrido havia meses. Paula entrara em choque. Encontrava-se em estado semivegetativo. Acordava, balbuciava algumas palavras, desconexas na maioria das vezes, e voltava a dormir.

— Por isso vim pedir sua ajuda, Sumailla — tornou Ágata.

— O que quer?

— Creio que, se a levarmos para um tratamento no templo dedicado ao deus sol, ela sairá mais rapidamente deste estado.

Sumailla considerou:

— Precisarei consultar nossos superiores.

— Está bem.

O lugar em questão era uma sala toda dourada, chamada Coricancha, similar à que fora construída no planeta, para homenagear o deus sol. A câmara tinha um poder de cura excepcional. Ali apenas era permitida a entrada de pessoa indicada pelas altas esferas da cidade.

E, na sequência ao tratamento, havia sessões de terapia fortíssimas, muito breves, em que o paciente melhorava em questão de pouco tempo.

— Então, por que ela está há tanto tempo nesse estado, alheia? — indagou Renato.

— Boa pergunta — tornou Ágata. — Cada um é responsável por si, por tudo o que lhe acontece de bom e de ruim. Paula sempre deu muito valor às coisas externas. O dinheiro, o luxo, o requinte são atributos que o espírito muito admira; no entanto, devem ser utilizados com sabedoria. Paula culpa a mãe por não ter-se lembrado de quem fora o homem que a engravidara. Acredita que, se Célia soubesse quem fora, talvez a vida delas tivesse sido diferente. Mas quem garante que Paula também não poderia ter tido uma vida próspera e abundante? Todos são capazes de conseguir o que quiserem na vida. Paula fez suas escolhas. Precisa reconhecer que está colhendo somente aquilo que ela mesma semeou.

— Entendi — tornou Renato, compreensivo. — Também cometi besteiras e, no fim das contas, você — apontou para Guilherme — me perdoou.

Guilherme o abraçou.

— Não tenho nada para perdoar. Você foi mais prejudicado que eu. Poderia ter tido uma vida diferente ao lado de meu pai.

— Mas foi morto a mando de sua mãe. Não fica revoltado?

— Já fiquei, Renato. Hoje entendo que nada acontece por acaso. Eu iria morrer de uma forma ou de outra. O meu espírito havia determinado meu tempo na Terra. Não há vítimas no mundo. Hoje tenho outra compreensão das coisas.

Ágata sorriu feliz.

— Guilherme é um espírito lúcido.

— Tão lúcido e tão bem comigo mesmo que pedi autorização para retornar ao mundo.

Renato arregalou os olhos, espantado.

— Não vai aproveitar as benesses do mundo espiritual?

— Não vou negar que poderia rever outros amigos queridos, estudar mais, aprender, ajudar Paula... Meu espírito clama por um recomeço ao lado daqueles que amo verdadeiramente. Pedi autorização para, se possível, reencarnar-me filho de Manuela. Seria um filho amoroso e um ótimo neto para Danusa.

Renato riu com gosto.

— Você seria uma bênção naquela família tão unida e tão feliz. Manuela tem por você um amor incondicional e Danusa o ama de uma forma lindíssima. Seria um afortunado caso nascesse perto delas. E elas ficariam felicíssimas!

— Ainda, segundo me disseram — confidenciou Guilherme —, há boas chances de Manuela e Claudine tornarem-se grandes amigas e eu ser afilhado de Claudine. Imagine ser neto postiço de Jean Luc? Não seria a vida completando o ciclo, colocando as peças em seus devidos lugares? A vida faz tudo certo.

Renato emocionou-se.

— Nossa, não havia pensado nessa possibilidade. Por anos acreditei que Jean Luc tinha sido morto. Ele sobreviveu. Está vivo e você tem a chance de viver ao lado dele. Como a vida é mágica.

— A vida é maravilhosa, perfeita. Feliz aquele que ama a vida, que sabe aproveitá-la, que sabe viver cada minuto da existência!

— Suas palavras me tocaram o coração — ponderou Renato, comovido. — Creio que, além do curso que vou fazer, também quero ajudar na recuperação de Célia. Será que poderei ajudá-la?

Ágata respondeu, de pronto:

— Será um prazer. Sua irmã ainda está debilitada por conta da doença, mas ficará muito feliz se receber seu apoio e, acima de tudo, seu carinho.

— Agora vamos nos preparar para a despedida de Berenice. Está quase na hora — informou Sumailla.

— É hoje? — indagou Renato.

— Sim — confidenciou Ágata. — Hoje ela deixa de ser Berenice e volta a se chamar Yamay, que na língua oficial do império inca significa *minha amada*.

— Berenice merece — interveio Sumailla. — Progrediu de maneira fantástica em pouco tempo. Tornou-se mais lúcida, recuperou sua força.

Estavam já se despedindo quando Renato perguntou, curioso:

— O que significa seu nome, Sumailla?

Ela sorriu e não respondeu. Ágata sussurrou no ouvido dele:

— Luz bela.

— O nome condiz com o espírito — observou ele, contente.

CAPÍTULO 49

Mais três anos se passaram. Nesse meio-tempo, outras coisas aconteceram. Algumas valem a pena ser relatadas para esclarecimento e, porque não, satisfação ao leitor...

Esmeralda chegou a sua casa depois de mais um dia de trabalho no instituto de pesquisas ligadas à paranormalidade. Estava animada porque um neurocientista norte-americano que vivenciara a experiência de EQM – Experiência de Quase Morte viria ao país para uma série de palestras e ela fora escolhida para assessorá-lo durante a estadia dele nas principais capitais brasileiras. Estava orgulhosa de si.

Não tinha muito o costume de ligar a televisão.

Geralmente chegava a sua casa, guardava a bolsa num armário, tirava os sapatos de salto, preparava um drinque, colocava uma música clássica para harmonizar o ambiente e acendia dois abajures, tornando o apartamento um local acolhedor. Sentava-se na poltrona da varanda e passava um bom tempo apreciando a bebida, a música, contemplando a vista parcial da cidade.

Deu uma olhada nas correspondências e entre elas estava o convite de casamento de João Carlos e Regina.

— Eu bem que sabia — disse num sorriso. — Eles combinam em tudo. Sempre combinaram. Mesmo que ele se casasse com Paula, tenho certeza de que iriam se separar e ele se casaria com Regina. Que coisa boa!

Colocou o envelope sobre o balcão da cozinha. Esmeralda, naquela noite, mudou a rotina. Fez seu drinque, acendeu os abajures e, em vez de ligar o som e ir à varanda, teve a intuição de ligar a tevê e passar pelos canais, de maneira aleatória.

Parou em um canal de notícias, do qual ela gostava bastante, por conta do jornalista bonitão que geralmente apresentava o jornal naquele horário.

Suspirou e sorriu:

— Quem me dera namorar um homem assim. Vamos, Esmeralda — dizia para si, alegre —, faça mentalização positiva e acredite! Um dia vai aparecer um moço parecido com esse no seu caminho.

Ela riu bem-humorada, bebeu um pouco do suco de tomate com um leve toque de vodca e botou o copo sobre a mesinha lateral. Ajeitou-se no sofá e ficou surpresa com a foto de Elisa estampada na tevê:

"O Tribunal do Júri condenou Elisa Brandão a trinta e oito anos de reclusão, mais seis meses de detenção, pelo assassinato de seu filho Guilherme Brandão e da namorada dele, Paula Marques, mortos numa explosão no litoral sul de São Paulo, há quatro anos. A pena-base foi de dezessete anos, mais dois pelos agravantes, para cada uma das mortes. Embora condenada a quase quarenta anos, a lei brasileira só permite que um condenado fique preso por, no máximo, trinta anos.

A sentença só foi anunciada às quatro horas da tarde de hoje, horário de Brasília, no Fórum Criminal da Barra Funda, na capital paulista. A situação de Elisa Brandão se agravou porque ela já havia sido condenada a sessenta e cinco anos de prisão pelos crimes de formação de quadrilha, fraude em importações e falsificação de documentos. Em razão da condenação proferida dois anos atrás, ela não poderá mais permanecer em liberdade. Elisa Brandão seguirá hoje para a Penitenciária Feminina do Carandiru e depois será encaminhada para a Penitenciária de Tremembé, no interior de São Paulo. Apelidada de Medeia..."

Esmeralda meneou a cabeça para os lados:

— Meu Deus! O apelido Medeia colou em Elisa... uma das personagens mais terríveis e fascinantes da história. Na mitologia grega, Medeia, esposa de Jasão, mata os próprios filhos. Que sorte mais triste.

Ela se levantou e foi até a bolsa, apanhar o telefone.

— Vou ligar para Toninha. Preciso saber como está Gustavo. Por mais que tenha rompido relações com a mãe, é duro assistir a uma notícia dessas. Aproveito também para saber se ela recebeu o convite de casamento do João Carlos e da Regina. Combinamos vestido, acessórios, essas coisas...

Esmeralda foi até o armário em que havia colocado a bolsa e nem prestou atenção na próxima matéria apresentada:

"O capitão da Polícia Militar Leônidas Ferreira dos Santos foi preso pela suspeita de ter assassinado sua companheira, Soraia Mendes, com dois tiros, em sua casa, no bairro da Freguesia do Ó. De acordo com o delegado que apura o crime, tudo indica que foi um crime passional. O casal tem um filho pequeno que já está sob a guarda dos avós maternos, que vivem na cidade de Maringá, interior do Paraná. Contudo, a hipótese de que o crime tenha sido motivado por legítima defesa da honra..."

$\backsim\!\!\mathcal{Q}\mathcal{C}\!\!\sim$

Ondina terminava de contar os cheques, arrumar umas notas fiscais, fechar o caixa. Não prestou atenção no noticiário.

Inês aproximou-se meio sem jeito, devagar, barrigão de sete meses, esperava gêmeos. Mordiscou os lábios e, um tanto aflita, indagou:

— Viu a notícia?

— O que foi?

— O pai.

— Que tem ele?

— Foi preso. Suspeitam que ele tenha matado Soraia.

Ondina sentiu ligeiro mal-estar. Fechou os olhos. Imediatamente fez uma prece dirigida a Soraia. Em seguida, com os olhos já abertos, encarou Inês:

— Soraia não está bem.

— Mãe, ela morreu.

— Inês, digo que o espírito dela não está bem. Precisa de muita, mas muita oração.

Inês sentiu um arrepio pelo corpo. Passou as mãos pelos braços.

— Nossa, mãe. Sério?

— Sim.

— Na tevê, desconfiam de crime passional. Acha que...

— E o que interessa para nós saber por que ele a matou? Precisamos saber da criança.

— Você teria coragem de pensarmos em adoção?

— E por que não, Inês? Já passou. Hoje sou outra mulher. Soraia deixou uma criança sozinha no mundo. Não sei se os avós têm condições de criá-lo. Quantos anos ele tem? Cinco anos?

— Por aí. Quando o pai saiu de casa, acho que o menino devia ter um ano. Meu Thiago fez três... Deve ser por aí — respondeu pensativa.

— Além do mais, estamos tão acostumadas a cuidar de crianças, não é mesmo?

Inês sorriu.

— Sim. Uma criança sozinha no mundo, que não tem culpa de nada. Eu e Durval amamos crianças. Não nos importaríamos em criar mais um, embora dois estejam quase chegando — Inês acariciou a barriga.

— Isso mesmo, filha. Pensemos no bem. Somos pessoas abençoadas, prósperas, cheias de saúde e disposição; somos felizes. Não se esqueça de que foi seu pai quem praticou um crime. Leônidas é que deve estar mal.

Inês suspirou fundo.

— Tem razão. Vou falar com o Durval. Vamos ligar para a polícia, vou ver se consigo saber para onde levaram o pai e saber sobre a criança, os avós dela.

Ondina assentiu com a cabeça. Inês saiu e ela fez nova prece para o espírito de Soraia. E, nos dias que se seguiram, Ondina escreveu o nome de Soraia em um papelzinho e o colocou em uma caixinha que havia lá no centro espírita em que trabalhava, destinado para orações a desencarnados, isto é, exclusivamente dedicada, obviamente, àqueles que tinham morrido.

Ondina não guardava mais raiva ou rancor de Soraia, tampouco de Leônidas.

Descobriu-se, mais adiante, que o motivo que levou Leônidas a praticar o crime ocorreu porque o menino precisou de sangue para uma transfusão. Soraia tentou esconder, mas o resultado do sangue do filho era incompatível com o do pai. Desconfiado, Leônidas fez, escondido, um teste de paternidade e descobriu o óbvio. O menino, registrado como Júnior, não era filho legítimo dele. Foi tirar satisfações com Soraia, ela confessou o adultério e, no calor da discussão, ele a matou.

Leônidas foi julgado, condenado e preso. A criança, num primeiro momento, foi viver com os avós em Maringá. Eles eram lavradores, de idade, pobres, e ficaram muito contentes em saber que Inês estava interessada na educação do pequeno. Em alguns meses, com todos os papéis de adoção em ordem, a criança veio morar com Inês e Durval.

Léo, como carinhosamente chamavam Leônidas Júnior, era um doce de menino e agarradíssimo a Ondina. Quando lhe perguntavam o que seria quando adulto, respondia na lata: policial.

Na primeira visita depois do julgamento, Ondina e Inês foram juntas até o presídio militar, mas Leônidas as tratou mal, achando que estavam ali para tripudiar sobre ele.

— Não as quero aqui. Sumam!

— Estamos cuidando do seu filho — tornou Ondina, para tranquilizá-lo.

— Aquele bastardo não é meu filho. Nunca mais quero ver vocês ou saber dele. Nunca mais!

Inês nem se despediu, de tão inconformada. Ondina meneou a cabeça para os lados e não ligou para os impropérios de Leônidas. Saiu de lá sentindo-se bem, sem culpa. Tinha uma nova maneira de encarar a vida. Era outra pessoa, uma nova mulher. Sempre afirmava, fosse para si ou para as mulheres a que atendia na triagem, no centro:

— Agora é a minha vez de brilhar na vida. Não dou mais licença para ninguém. Nunca mais vou apagar a minha luz. Nunca mais darei poder, ouvido ou consideração aos outros. Ninguém mais vai tirar nada de mim. Eu vou arrasar no mundo, botar para quebrar!

As mulheres a que atendia ficavam extasiadas. As que chegavam tristes, deprimidas, logo botavam um sorriso no rosto, levantavam o astral. Ondina tornara-se uma mulher disputada no atendimento porque queriam ser atendidas por ela. "Por aquela mulher que levanta a autoestima da gente", costumavam dizer.

E ela se enchia de positividade e passava isso para as pessoas, mesmo se valendo de leituras dos livros de Kardec.

— Não me deixo acuar por nada. Não me deixo empurrar para trás, senão a energia do outro toma posse de mim, de tudo na minha vida! Não dou mais importância aos outros, só para mim!

As mulheres ficavam fascinadas. E ela dizia, sorridente:

— Não enrole você, senão ficará sem pique! Diga: "Eu sempre me dou bem na vida! Eu vou vencer a mim mesma!".

Ondina ficou conhecida, no boca a boca, por uma frase que se tornou sua marca registrada:

"Nasci para ser justa, não para ser boa!"

Essa era a nova Ondina.

CAPÍTULO 50

Danusa terminava de embalar algumas louças quando escutou um som característico de seu aparelho, chamando-a. Logo imaginou quem seria. Colocou o objeto sobre a mesa, caminhou até a bancada, apertou a tecla em seu dispositivo e, quando Manuela apareceu no visor, ela sorriu, contente.

— Estou morrendo de saudades de você!

— Mamãe, venha logo!

— Estou um pouco aflita — redarguiu Danusa.

— Por quê?

— Deixar o país por tempo indeterminado? Eu e seu pai já não somos tão jovens.

— Ué? Você não é tão solta, desapegada das coisas? O que deu agora? Medo?

— Não é isso. Deixar minha casa, meu jardim, a estufa, minhas orquídeas...

— Entendi. Está presa às memórias afetivas. Compreendo. Mas queria tanto ter você aqui, mãe. Vai amar onde estamos morando. O Plateau é um dos bairros mais charmosos de Montreal.

— Já pesquisei. Tem casas lindas.

— Vai adorar. Conheci uma garota fantástica, Claudine. É a irmã que nunca tive. E os pais dela são encantadores, um amor de casal. Também parece que os conheço, sabe?

— Sei. Quem sabe não são amigos do passado?

— Devem ser — tornou Manuela, animada. — Jean Luc e Gabrielle, os pais de Claudine, são como pais para mim.

Danusa sentiu ciúme.

— Acho bom repensar as ideias e me desapegar logo. Daqui a pouco vai esquecer que tem mãe e pai.

— Sabia que uma chantagem emocional seria capaz de fazê-la largar tudo mais rápido — avaliou, rindo.

— Vamos embarcar semana que vem. Só estou esperando o nascimento da filha de Toninha e Gustavo.

— Já vai nascer?

— Sim. Esta semana. Assim que a bebezinha nascer, partimos. Juro.

Fernando apareceu no visor. Cumprimentou Danusa.

— Oi, sogrinha. Quanta saudade!

— Oi, meu querido. Continua bonito, rosto mais corado.

— É o amor, sogrinha. É o amor.

— Para, Fernando — Manuela deu um tapinha na mão dele.

— Mamãe, venha logo, sim? Estamos loucos de saudade.

— Louquinhos — falou Fernando.

— Sim, sim. Semana que vem estaremos aí.

— Beijos. Amamos vocês — os dois falaram juntos.

— Também amo vocês — devolveu Danusa.

Ela desligou o aparelho e olhou ao redor. A casa estava praticamente com os móveis cobertos, aparelhos desligados, somente a geladeira funcionando. Um casal de empregados, de confiança, viria a cada mês para abrir, arejar e limpar a casa, pegar as correspondências, aparar a grama e as plantas do jardim. Um orquidófilo, amigo de Danusa de muitos anos, também viria para cuidar da estufa de orquídeas.

Tudo estava programado para que ela e Conrado pudessem ficar um ano, ou o tempo que quisessem, em Montreal. A empresa de Luciano se associara à empresa dele e de Humberto. Conrado estava tranquilo em saber que os negócios eram bem administrados por Humberto, Gustavo e Luciano. Pretendia se distanciar dos negócios e, quem sabe, fazer um curso livre em alguma universidade canadense.

Tudo pronto, arrumaram as malas e, três dias depois, a bebezinha de Toninha e Gustavo veio ao mundo. Maria Eduarda era uma menina linda, moreninha, cabelos pretos, grandinha, saudável. Uma graça.

Despediram-se alegremente de Gustavo, feliz da vida. Humberto e Luciano acompanhavam tudo, também realizados.

⚬ᨁᨂ⚬

Quando chegaram a Montreal, a temperatura estava amena, para os padrões canadenses. O dia estava ensolarado, os termômetros marcavam algo em torno de dez graus.

Danusa adorava o frio e, com um belo casaco de lã cobrindo-lhe até os joelhos e óculos escuros, seguiu com o marido de braços dados até o desembarque, depois de passarem pela imigração e pegarem as malas.

Abraçaram Manuela com grande emoção. Fernando também ali estava e os cumprimentou com um abraço bem apertado.

Foram os dois homens na frente, mãe e filha no banco de trás, tagarelando sem parar.

— Manuela — observou Danusa. — Está tão bonita! Diferente, mais madura. Mais segura, eu diria.

— Mamãe, mudei muito. Fernando me ajudou bastante no processo. Sou outra pessoa.

— Ela é a pessoa mais segura que conheço — afirmou ele, voltando o rosto para trás e depois encarando-as pelo retrovisor. — Manuela é quem dá as ordens, quem me veste, quem organiza tudo lá em casa. Não sei o que seria da minha vida sem ela.

— Estou admirada. Então você agora é uma mulher decidida!

— Aprendi a ficar do meu lado, a me valorizar, a ser minha amiga, mãe.

— E fisgou um maridão — completou Fernando.

— Convencido — disse Manuela, batendo levemente no ombro dele.

— A filhinha de Gustavo é linda — interveio Conrado.

— Queria tanto estar lá, papai, junto dele.

— Se visse a cara do Humberto. É o avô mais feliz do mundo. E o Luciano então...

Conrado parou de falar, envergonhando-se do comentário e olhou para a filha meio sem graça. Manuela fez um ar interrogativo:

— O que foi? Só porque tio Humberto e Luciano estão juntos? Corta essa, pai!

— Pensei que você...

Manuela o cortou.

— Pensou errado. Todos têm o direito à felicidade. Luciano e eu não éramos felizes juntos. Ele seguiu o caminho dele, e eu, o meu. Eu me acertei com Fernando. Luciano se entendeu com o tio Humberto. Poderia ser com Maria, Josefa, Manuel...

— Ela tem razão — ponderou Fernando. — Luciano se apaixonou por outra pessoa. A questão de sexo ou gênero é irrelevante.

— É verdade — concordou Conrado. — Conheço meu primo desde que nascemos. Sempre o respeitei. Hoje, tenho a certeza de que ele é, de fato, muito feliz.

— Isso é o que importa, não é mesmo? Que possamos viver bem — avaliou Danusa.

Todos concordaram e seguiram a viagem admirando a paisagem e tentando colocar os assuntos em dia, embora se falassem praticamente todos os dias por meio de computador. Ao vivo, como sempre, uma conversa, um bate-papo sempre se torna muito, mas muito mais agradável.

Chegaram à casa de Manuela e Fernando. Era uma graça de sobradinho. Toda de tijolinhos, numa rua arborizada, com as folhas das árvores mostrando que já era tempo de primavera.

Danusa olhou ao redor e ficou deslumbrada. Logo uma moça, branquinha, com os cabelos ruivos curtinhos e algumas sardas espalhadas no rosto, aproximou-se e Manuela abriu os braços. Saudaram-se em francês.

— Claudine, que bom vê-la! Deixe-me apresentar meus pais.

Um senhor de meia-idade mais uma senhora de cabelos curtos, tingidos de louro, apareceram. Sorriram. Danusa, que sabia falar um pouco de francês, arriscou e os cumprimentou.

— Prazer em conhecê-los. Manuela fala sempre de Claudine e de vocês. Confesso ter ficado com ciúme.

A simpatia entre todos foi imediata. Conrado arranhava no francês e tentava uma conversa com Jean Luc. Fernando se fazia de intermediário, ajudando Conrado e Jean Luc a se entenderem.

Danusa puxou Gabrielle, mais tímida, e foi tagarelando. Logo também pareciam amigas de infância.

E, conforme o tempo passava, os encontros foram se estreitando. Almoços, jantares, reuniões. Danusa descobriu que Gabrielle gostava de cozinhar e trocavam receitas. Dali surgiram pratos maravilhosos.

Jean Luc e Conrado trocavam ideias e impressões sobre vinhos e em poucos meses Jean Luc fez a proposta de sociedade a Conrado. Danusa e Gabrielle ficariam na supervisão da cozinha, misturando pratos franceses e brasileiros para serem servidos no bar.

Deu muito certo. Conrado alugou uma casa ali nos arredores e Danusa se adaptou muito bem à vida que levava em terras canadenses. Só sentia falta mesmo das suas orquídeas.

No mais, tudo corria bem. Muito bem por sinal.

Certa noite, Danusa viu um documentário sobre plantas e viu muitas orquídeas e, por essa razão, sentiu uma saudade muito grande de Guilherme. Bateu aquela saudade forte, de chorar. Ela foi ao banheiro, pretextou a Conrado que iria tomar banho, abriu a ducha e deixou as lágrimas escorrerem livremente pelo rosto.

— Está muito forte, meu filho. Muito forte. Tento vê-lo bem, quero que seja feliz onde quer que esteja, mas hoje está demais. Sou humana, não dá para segurar, caso contrário, vai virar uma doença em mim. Preciso botar para fora essa saudade...

Danusa chorou bastante. Chorou a perda, a saudade do abraço, do sorriso, do cheiro do perfume, da falta das orquídeas, das gargalhadas quando assistiam aos filmes de terror e suspense. Chorou por tudo isso e muito mais.

Depois de uns dez minutos, sentindo-se aliviada, mais calma, tomou um bom banho quente, passou hidratante pelo corpo, cuidou dos cabelos, penteando-os com carinho. Vestiu um pijama confortável e, quando foi se deitar, Conrado já dormia a sono solto.

Ela olhou para o marido com um amor profundo. Beijou-o e deitou-se. Puxou a coberta, apagou o abajur, fez uma mentalização do seu jeito agradecendo pelo dia bom que tivera e logo adormeceu.

Passou um tempo e seu perispírito desprendeu-se do corpo. Danusa levantou-se da cama e viu um halo de luz à sua frente. Era seu mentor, de que ela não se recordava o nome, mas cujo rosto lhe era familiar. Ela sorriu e ele a cumprimentou:

— Oi, minha amiga, como está?

— Estou bem. A vida segue bem.

— Hoje eu vim atender a um pedido seu.

— Um pedido?

— É. Vamos fazer uma viagem rápida?

— Pode ser — ela falou, um pouco sonolenta.

— Feche os olhos e me dê as mãos.

Danusa fechou os olhos e, ao tocar nas mãos do espírito, sentiu um calor gostoso invadir-lhe o corpo. Em instantes, não estavam mais no quarto. Ele ordenou, voz suave:

— Pode abrir os olhos, Danusa.

Ela olhou ao redor e estavam sentados em um banco, num jardim repleto de orquídeas, das mais variadas cores, que exalavam delicado perfume. Danusa sentiu uma emoção muito forte. Olhou para o espírito e ele sorriu.

— Veja quem está vindo ao seu encontro.

Ela virou o rosto e Guilherme apareceu. Estava lindo, numa roupa clara, expressão serena, sorriso fácil. Ela se levantou e o abraçou, as lágrimas já escorrendo.

— Quanta saudade! Meu Deus, isso é real?

Ele a abraçou com carinho.

— É, Danusa. É real. Também estava morrendo de saudades.

— Meu filho, como eu amo você. Como você faz falta!

Guilherme limpou as lágrimas dela e a conduziu de volta ao banco. Sentaram-se.

— Calma. Se você se emocionar muito, seu mentor vai levá-la embora.

— Está bem. Prometo que vou me controlar.

— É só um encontro. Somos eternos. A morte só faz com que fiquemos em dimensões diferentes por um certo período. Depois nos reencontramos.

— E a saudade? O que faço com ela?

— É bom ter saudade. Mostra o quanto amamos quem partiu. Deve ser vista como algo bom, não como algo pesado e ruim. Só as pessoas dramáticas veem ou sentem a saudade como algo pesado e ruim. Não é. É algo que liga positivamente quem está no mundo físico e quem partiu para outro mundo.

— Sinto falta do seu abraço, do seu sorriso, do seu cheiro, do seu carinho, da sua companhia, de cozinhar para você.

— Sei disso. Também sinto falta. Mas tudo tem ciclos. A vida é renovação, nada fica parado.

— Você partiu tão cedo...

— No mundo, as pessoas têm chance de viver suas experiências, contudo, todos têm o livre-arbítrio. Meu espírito decidiu terminar a experiência ali. Além do mais, tudo tem um porquê. Nada acontece ao acaso. Nada.

Ela acariciou o rosto de Guilherme com delicadeza. Em seguida, ele tomou a mão dela entre as suas e a beijou. Depois considerou, num sorriso maroto:

— Diante da vida, as pessoas têm as mesmas condições de progredir e todos nós temos o poder de escolha. E, se quer saber, Danusa, você tinha razão.

— Sobre o quê?

— Você foi minha mãe em outra vida.

— Não me espanta. Minha alma sempre soube disso.

— Então. Já vivemos muitas vidas. E muitas outras vamos viver.

— É um menino de ouro. Você vai me esperar voltar? Quando eu ficar bem velhinha, vai me buscar?

Guilherme riu.

— Acredito que não.

— Adoraria que você viesse me buscar.

— Eu vou voltar, Danusa.

— Como assim?

— Levou um tempo, mas recebi autorização há pouco. Vou poder voltar. E estarei junto de você.

— Não estou entendendo.

— Serei filho de Manuela.

Danusa o encarou com alegria efusiva:

— Está falando sério? Você vai voltar e vai ser meu neto?

— É. São os ciclos da vida. Estarei de volta, em novo corpo, numa nova chance. E rodeado de pessoas que amo muito e que também muito me estimam.

Ela o abraçou com força.

— Não sabe como fico feliz com essa notícia. Porque eu serei a avó mais feliz do mundo. Não sabe como vou amá-lo.

— Sei disso, por essa razão quis lhe contar a novidade. E não quero que chore mais a minha morte.

— Eu vou me lembrar deste sonho? Saberei que você será meu neto?

— Não. O seu espírito saberá, mas você, quando voltar ao corpo, não vai se recordar. Esta visita só nos foi permitida para que você não sinta mais tristeza e acredite, com toda a certeza, que a vida continua. Apenas para deixar seu coração mais leve.

Ela o abraçou com extremo carinho e o beijou várias vezes no rosto.

— Eu o amo muito. Sabe disso!

— Claro que sei, vovó.

Danusa sentiu forte emoção. O mentor avisou:

— Precisamos partir. O tempo de visita acabou.

Danusa e Guilherme despediram-se emocionados. Ela voltou ao corpo, continuou dormindo e, quando acordou, só teve a sensação de que sonhara com Guilherme, mas não lembrava o que tinha sonhado.

— Mas foi um sonho bom. Disso eu tenho certeza! — confessou ao marido.

EPÍLOGO

Um ano depois do sonho, durante um almoço oferecido por Jean Luc e Gabrielle na casa deles, enquanto Jacques foi à cozinha pegar a sobremesa, Fernando piscou para Manuela, sorriu e ela tomou coragem para dizer:

— Pessoal, tenho uma novidade — anunciou, enquanto batia com um talher em sua taça de vinho, chamando a atenção de todos.

Fizeram silêncio em volta da mesa, na varanda do quintal da casa, rodeado de um belo jardim. A tarde estava linda, com um sol agradável, e Manuela prosseguiu:

— Estou grávida!

A comoção foi geral. Vivas, abraços, lágrimas, congratulações a ela e Fernando. Danusa e Conrado ficaram emocionados e felizes com a notícia.

Fernando emendou:

— Queremos que Claudine e Jacques sejam os padrinhos do nosso bebê e Jean Luc e Gabrielle se tornem os avós paternos, visto que meus pais são falecidos.

O casal de franceses emocionou-se sobremaneira. Claudine e Jacques abraçaram-se ao casal e Claudine passou a mão sobre a barriga de Manuela.

— Será uma linda criança. Vamos amá-la muito.

— E seremos avós maravilhosos, presentes — tornou Jean Luc. — Sempre quis ter um filho homem. Quem sabe a vida vai me presentear com um neto do sexo masculino, não?

Comemoraram com vinho, doces e muita alegria. Danusa estava feliz, leve, sentindo uma emoção inexplicável. Nunca pensara em ser avó. Acreditava que Manuela não tivesse vontade ou disposição para ter filhos. E agora estava ali, diante da filha, grávida!

Conrado a abraçou e a beijou.

— Nossa família está crescendo. Teremos descendentes!

— Quem diria! — exclamou Danusa. — Vamos ter um neto.

— Ou uma neta.

— É, pode ser.

Gabrielle aproximou-se meio sem jeito, com as mãos escondidas nas costas e arriscou, tímida:

— Danusa, desde que aventei a possibilidade de Manuela ficar grávida, me veio a vontade de, caso isso se concretizasse, presentear você.

— Eu, ser presenteada? Mas a mãe é que deve ser presenteada — considerou Danusa, com seu jeito engraçado.

— Não. A mãe já foi agraciada com o dom da maternidade, com o milagre da vida. Eu tive forte intuição de presenteá-la com isso. Não me pergunte o porquê.

Dos braços de Gabrielle surgiu um vaso com uma linda orquídea branca. Danusa olhou para a orquídea e, num primeiro momento, ficou sem ação, sem articular pensamento.

Em seguida, como num lampejo de consciência, ela sentiu um calor invadir-lhe o peito e uma voz familiar a lhe sussurrar:

— Eu vou voltar!

Danusa pegou o vaso das mãos de Gabrielle como se fosse a joia mais preciosa e delicada do mundo. Beijou a pétala branca com tanto amor e carinho que comoveu a todos.

Em seguida, encarou Conrado e declarou, convicta:

— Vamos ter um neto. Homem!

E sentou-se à mesa, apreciando e dedilhando com suavidade cada pétala daquela flor belíssima, cujo significado era muito especial para ela. Uma lágrima desceu tímida pelo canto do olho.

Danusa não teve mais dúvida de que as coisas acontecem simplesmente porque têm de acontecer, o milagre da vida se manifesta de várias formas, e a beleza e o amor de Deus podem se expressar até mesmo por meio de uma simples flor.

Naquele momento, Danusa teve a certeza de que a felicidade só é possível quando valorizamos as coisas simples da vida.

Levamos o livro espírita cada vez mais longe!

Av. Porto Ferreira, 1031 | Parque Iracema
CEP 15809-020 | Catanduva-SP

www.**lumeneditorial**.com.br
www.**boanova**.net

atendimento@lumeneditorial.com.br
boanova@boanova.net

17 3531.4444

17 99257.5523

Siga-nos em nossas redes sociais.

@boanovaed   boanovaeditora

CURTA, COMENTE, COMPARTILHE E SALVE.
utilize #boanovaeditora

Acesse nossa loja   Fale pelo whatsapp